韓吉洙 四柱學 講義書

四柱學 天干·地支와 日主論
第 四 卷

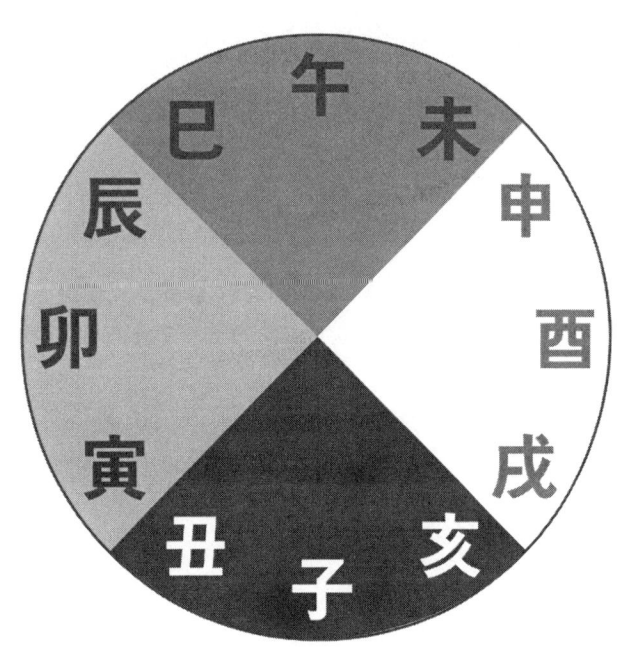

韓吉洙 四柱學 講義書

第 四 卷 四柱學 天干. 地支와 日主論을 펴 내면서

命理學을 공부함에 있어 어느 부분 중요하지 않는
부분이 없지만, 기본적으로 六十甲子를 구성하고 있는
글자를 이와 같이 天干과 地支로 구분하고,
또, 干과 支를 合하여 日主로 구분하여 공부하는 것은
글자 하나하나 속에 들어있는 고유의 情報를 보다 더
명확히 이해하고자 함이다.

著者는 이 命理學 공부를 시작하면서부터는 책가방을
손에서 놓아본 적이 거의 없으며,
심지어는 차를 운전 할 때도 쉬지 않고, 강의 테이프
를 듣는 습관이 들었다.

독자 여러분께서도 이 책에서 論한 天干 10字와 地支
12字, 그리고, 日主論 등을 통달하고, 더불어 더욱 더
연구 발전시켜 더 많은 지식과 정보를 後代에게 전해
주기 바란다.

본 著者는,
韓吉洙 四柱學 講義書 第 一 卷 四柱學 基本論,
　　　　　　　　　　　第 二 卷 四柱學 基本論,
　　　　　　　　　　　第 三 卷 四柱學 氣象論,
　　　　　　　　　　　第 四 卷 四柱學 天干. 地支와

日主論,
第 五 卷 四柱學 通辯術,
第 六 卷 四柱學 通辯術
에 이어 앞으로도 집필 활동을 멈추지 않을 것이다.

아직도 미흡한 부분이 너무 많지만 아무쪼록 이 책을
통하여 독자여러분의 학문의 발전에 기여하길
바라면서 더욱 精進해서 더 좋은 책을 만들 것을
약속하는 바이다.

끝으로, 이 책의 출판을 위해 도와주신 주위 여러분들
께도 감사를 드립니다.

2007. 2. 7. 立春大吉日.

韓吉洙 四柱學 研究院
曉檀 韓 吉 洙

< 題 目 次 例 >

第 四 卷을 내면서.................1
題目次例... 3

第 四 卷 天干. 地支와 日主論

第 1 章   天干論

  1) 甲木論......................7
  2) 乙木論......................18
  3) 丙火論......................29
  4) 丁火論......................46
  5) 戊土論......................57
  6) 己土論......................73
  7) 庚金論......................86
  8) 辛金論......................99
  9) 壬水論......................109
  10) 癸水論.....................119

第 2 章   地支論

  ☯ 地支三合論....................130
  ☯ 寅午戌火局....................132
  ☯ 巳酉丑三合 金局...............133

- ☯ 申子辰水局．．．．．．．．．．．．．．．．．．．134
- ☯ 亥卯未木局．．．．．．．．．．．．．．．．．．．135
1. 寅木．．．．．．．．．．．．．．．．．．．．．．．．．．．139
   - ☯ 寅巳申三刑．．．．．．．．．．．．．．．．．．．143
2. 卯木．．．．．．．．．．．．．．．．．．．．．．．．．．．147
3. 辰土．．．．．．．．．．．．．．．．．．．．．．．．．．．159
   - ☯ 子卯刑．．．．．．．．．．．．．．．．．．．．．．．161
4. 巳火．．．．．．．．．．．．．．．．．．．．．．．．．．．166
5. 午火．．．．．．．．．．．．．．．．．．．．．．．．．．．175
6. 未土．．．．．．．．．．．．．．．．．．．．．．．．．．．183
7. 申金．．．．．．．．．．．．．．．．．．．．．．．．．．．192
8. 酉金．．．．．．．．．．．．．．．．．．．．．．．．．．．198
9. 戌土．．．．．．．．．．．．．．．．．．．．．．．．．．．206
10. 亥水．．．．．．．．．．．．．．．．．．．．．．．．．．．216
11. 子水．．．．．．．．．．．．．．．．．．．．．．．．．．．227
12. 丑土．．．．．．．．．．．．．．．．．．．．．．．．．．．241

第 3 章　日主論

1) 甲木 日主論．．．．．．．．．．．．．．．．．．．．．252
2) 乙木 日主論．．．．．．．．．．．．．．．．．．．．．265
3) 丙火 日主論．．．．．．．．．．．．．．．．．．．．．287
4) 丁火 日主論．．．．．．．．．．．．．．．．．．．．．310
5) 戊土 日主論．．．．．．．．．．．．．．．．．．．．．335
6) 己土 日主論．．．．．．．．．．．．．．．．．．．．．355
7) 庚金 日主論．．．．．．．．．．．．．．．．．．．．．378
8) 辛金 日主論．．．．．．．．．．．．．．．．．．．．．391
9) 壬水 日主論．．．．．．．．．．．．．．．．．．．．．402
10) 癸水 日主論．．．．．．．．．．．．．．．．．．．．．416

第 1 章　天干論

1) 甲木論
2) 乙木論
3) 丙火論
4) 丁火論
5) 戊土論
6) 己土論
7) 庚金論
8) 辛金論
9) 壬水論
10) 癸水論

第 1 章　天干論

1. 甲木論

1) 寅午戌火局은 木이 탄다
   그러나, 卯午는 濕木이라 타지 않는다.

2) 四柱에 甲木이 있는 사람은 長男이라 리더가 된다.

3) 甲 + 甲 : 森林이 우거진 숲이다. 값이 안 나간다
            일반격에서는 貴格이 안 된다.

4) 甲 + 乙 : 잎과 가지가 많은 나무로 雜木이다.
            못된 친구가 따라 다닌 것과 같다.
            木多火滯나 木多火熄이 잘된다.
            乙木이 있어 땅이 습하다.

5) 甲은 巨木으로 곧게 자란다.

6) 乙 : 화초와 같은 넝쿨나무다. 옆으로 크는 나무다.
        乙木이 있어야 曲直格이다.
        甲木만 있으면 曲直格이 안 된다.

7) 甲乙 : 成長하는데 丙火가 있어야 자란다.
          火生木의 原理다.
          그래서, 甲木이 丙火를 보면 美男이다.

8) 生命(甲乙)이 있는데는 調喉를 이루어야 1등급이다.
   辰 + 未 = 生土다.
   丑 + 戌 = 操土다.

9) 甲丙 : 잘 자라는 나무. 윤기 있는 나무다.
          戌土나 辰土가 있으면 값이 나간 나무다.

第 1 章   天干論

10) 甲丙癸는 비가 온 後에 태양이 떴다.
11) 甲癸丙는 비가 와서 태양을 가려 能力이 없다.
    앞을 가려 눈이 나빠진다.

☯ 사주에 正用神이 있으면,
    ① 眞實한 사랑. ② 眞實한 慈悲(자비)다.

12) 甲 + 丁는 丁火는 地熱이기 때문에 地支에 火氣가
    없으면 火로 보지 않는다.
    조후가 안 되면 신체이상 : 火旺하면.
    그러나, 死木일 때는 火旺해도 괜찮다.

13) 甲 + 丁이 있는데, 地支에 寅午戌이나 巳午未
    火局이 되면 나무가 타버리거나 傷處받은 나무다.

14) 甲木이 뿌리가 없고, 겨울에는 丁火가 있고,
    庚金이 있어 木을 쪼개 태워 熔金成器하니 이를
    三朋格이라 한다.

15) 甲 + 戊는 戊土는 높은 산으로 巨山에 巨木이 서
    있는 格이라 大格이다.
    그러나, 외롭다. 高潔하다. 修道하는 팔자다.
    명상, 기공, 호흡하는 사람이 많다.
    戊土가 많으면 밖의 소식이 없다 : 첩첩산중이라서.

16) 甲 + 己 = 己土는 濕土로 甲과 合이 되어
    썩어버리므로 쓸모없어진다.
    그러나, 己土가 甲을 보면 일년 내 내 곡식이 있는
    것과 같아 吉 할 수도 있다 : 흙으로 될 것인가
    나무로 살 것인가는 旺弱으로 구분한다.

17) 己甲구조면 곡식을 자식한테 모두 물려주고 빈털터리
    가 된다.
    甲己○○ 구조면, 곡식을 내한테로 오기 때문에 吉할
    수도 있다.

第 1 章　天干論

18) 甲 + 庚(단단한 肅殺의 氣) = ① 쇠　② 과일
봄철 庚金이 木을 치면 滅門家庭이다.
깡패, 조상의 음덕이 없다.

19) 甲 + 乙 + 庚 = 兩刃合殺로 吉하다.

20) 甲木이 봄에 身弱한데 庚이 오면 깡패, 무법자다.
이때 丁火가 와서 庚을 녹이면 藥神으로 쓴다.

☯ 官 = 조상, 혈통인데 봄에 甲이 弱한데 庚(官)이
　　와서 자른다면 祖上의 業이 내려온 것으로
　　조상 때문에 신세 망친다.
　　　: 봄에 庚辛金이 나타나 生命(木)을 자르면.

21) 甲 + 辛(날카로운 칼, 보석) : 나무가 어리거나
弱할때는 나무에 傷處를 주기 때문에 凶하다.
낫으로 나무를 자른다.
甲+辛이 있는데 丙火가 오면, 丙辛합으로 甲木에게
피해를 준다.
여름 = 연장. 가을, 겨울 = 씨앗이고, 완성품, 보석, 주옥이다.

22) 甲 + 壬(땅의 물)은 나무를 키우는데 길러다 줘야하기 때문에 힘이 든다.
水가 많으면 물속에 잠겨있는 격이다.
단명, 음주, 마약, 질병, 방탕한다.

23) 甲 + 癸(비)로 丙火 태양을 가리기 때문에 陰氣가
강해서 성장을 못한다.
비 맞은 나무다. 습기속에서 크는 나무다.
겨울에 나타나면 삶이 고달프다.
여름 調喉로는 쓸 수 있으나 부모덕이 없어 어렸을
때 家出한다.
그래서, 가급적 癸水는 비록 正印라도 쓰지 않는다.

第 1 章 天干論

24) 甲+丁은 가을, 겨울에 死木으로 活人業한다.
    活人業은 사회에 유익한 일한다.
    가을, 겨울에 火多益善이다.

25) 木多火熄 = 短命한다.
    甲 庚 丙 = 死木이다. 火用神이다.
    戌 子 戌

26) 甲丙戌 = 태양이 떠 있다.

27) 甲戌丙 = 태양이 山에 가려있다.

28) 甲癸癸 = 비가 내려 태양을 못 보니 꽃이 안 피어
           열매가 없다. 쭉정이 농사다.
           줏대가 없다. 단명하다.

29) 死木(7월-12월)이 巳午未를 만나면 암, 종양, 술로
    인한 고질병이 발생한다.
    만약, 겨울생이면, 겨울에는 꽁꽁 얼어있다가 봄에
    火氣가 오면 죽는다.

30) 甲木이 巳月에 태어나 寅木이 오면,
    寅巳刑이 되고, 태워서 不具者가 된다.
    巳申에 庚金이 들어있어서 그렇다.

31) 甲은 어느 계절에나 乙을 보면 싫어한다.
    나쁜 친구가 따라 다닌 격이다. 흉조다

32) 甲丙辛이면 :
    甲이 丙火를 봐야 하는데 丙辛水가 되어 일이 안되니
    한숨만 나온다.
    주위 환경이 나빠서 외롭고 불행하다.
    이때, 地支에 火가 旺하면 辛金이 없어지고, 地支에
    申이 旺하면 丙火가 안 보인다.

第 1 章   天干論

33) 甲이 丙火를 보아 妨害를 받지 않으면 진짜사랑,
    아름다운 사랑을 하는 것과 같다.
    이때 壬癸가 나타나면 사랑이 식는다.

34) 甲癸丙이면 : 아름다운 사랑을 하려하나 癸水가
    妨害하여 슬픈 離別을 한다.

35) 甲丙癸이면 : 妨害가 있어 곡절 끝에 사랑을 한다.

36) 甲의 正用神은 丙火다.
    正用神을 가지면 진실한 사랑으로 가식이 없다.

37) 忌神 = 희망의 방해자다.
    사랑의 능력이 상실한다.

38) 用神이 沖이나 克을 받으면 욕망과 희망과 생각의
    변동이 온다.

39) 甲 日主는 고집이 세기 때문에 정직하다.
    甲 日主는 정직하게 감정해 줘야 좋아한다 :
    사실대로.
    甲 + 壬 + 壬이나 甲 + 壬 + 癸
    移民을 많이 한다.
    甲丙을 보면 밝은 곳, 앞이 확 트인 곳을 좋아한다.

40) 甲이 戊土를 보면, 태양이 잠든 산에 외롭게 서 있는
    나무로 명상, 수도하는 사람이다.

41) 甲木이 있는 곳은 항상 따뜻하다.

42) 木生火는 活人之命 = 종교가. 의사.

43) 生木이 丁火를 보면, 인덕이 없고, 단명, 급사, 불구
    자다.

第 1 章   天干論

44) 甲木이 巳月에 生하여 庚金을 보면 열매가 익는다.
    : 丙火를 보면 태양열 속에서.

45) 甲庚丁이면 : 6월 지나서 섯가래감이고 9월 지나면
    대들보감이다.

46) 甲木이 巳月에 庚辛이 나타나면 편법으로 돈 번다.
     : 탈세, 야간업소, 밀수 등

47) 甲丙이면 : 앞이 훤히 보인다. 인물이 훤하다.

48) 丙火는 甲乙木에서는 꽃이요, 향기다.
    밝음. 길잡이가 나타난다.

49) 겨울 甲木에 丁火가 뿌리 없이 나타나면 성냥불이다.
    망상이다. 허황된 생각.

50) 甲丙이 있고 戊土가 나타나면, 먼지나 흙 구름이고,
    己土가 나타나면 구름이다.

51) 甲이 봄에 출생하고 乙木이 있으면 색감, 예체능,
    미술과 인연이 있다.

52)   壬 乙 甲 壬
        午 亥 辰 戌
    大運에서 丙火가 뜰 때 길신이면 명성이 진동하고,
    흉신이면 흉성이 진동한다.

第 1 章 天干論

☯ 三刑殺의 원리

丑戌未. 未戌丑 : 순서대로 배열되어야 성립한다.

戌　未 : 은혜를 모른다. (辛金이 乙木을 죽인다)
↓　↓
辛 沖 乙

子 卯 刑 : 겨울에 卯木을 봐야 성립한다.

53) 甲 = 人間眞理의 標本이다. 생명을 대표한다.

54) 甲木은 곧게 크는 기질이며 두령격이고, 장남이다.
    寅卯辰月 = 生長木
    巳午未月 = 活木
    申酉戌月 = 結實木
    亥子丑月 = 死木, 休木

    甲木은 ① 과일 木 ② 木 ③ 棟樑木
    ④ 亥子丑月에는 약초(화초)다.
    丙火가 뜨면 하늘이 맑다 : 번창의 神
    辰土가 있으면 沃土다.

55) 　　丙 甲 ○ ○
    　　寅 ○ 봄 ○
    木火通明이다. 時에 丙寅을 보는 것이다.
    丙戌時는 木火通明이 아니다.
    木火通明은 活人之像이다.
    大活人者는 자기의 榮華가 없다.
    正用神을 가진 사람은 진실한 생각을 갖는다.
    가을 겨울에는 甲木에 火가 많을수록 좋다.
    火多益善이다.

第 1 章   天干論

56) 겨울에 甲이 뿌리가 없으면 死木이고,
　　　　甲 丁 庚 = 三朋이다. 用金成器. 정승이다.
　　　　○　○　○

57) 　　　丁 甲 庚 = 雜木이다.
　　　　○　○　○

58) 　　　甲 庚 丁 = 賤格이다.
　　　　○　○　○

59) 　　　甲 ○ ○　羊刃格이다.
　　　　○ 卯 ○
　　羊刃合殺格은 貴格이 된다.
　　甲은 乙을 보면 雜格이다.
　　그러나, 乙은 甲을 보면 등라계갑하여 좋다.

60) 辰卯 구조면 木克土하여 자궁 수술한다.
　　性生活을 많이 한다.
　　辰中에는 乙木(털)이 있어서 음모가 많다.
　　그러나, 辰土 옆에 寅木은 괜찮다
　　　: 辰土는 물항아리, 자궁, 성기

61) ○ 甲 庚이면 : 木을 키울 수 없어 廢農이다.
　　○ 戌 辰
　　① 廢農이면 남편이 무능해진다.
　　②　　〃　　자식농사가 안된다.
　　③　　〃　　말년이 허망하다.
　　　辰戌冲은 6년마다 온다.

62) 甲 ○　木(생명)은 뿌리가 冲하면 廢農이다.
　　寅 申

第 1 章 天干論

63) 丁 甲 庚 乙   乙庚合金되어 雜木이다
    卯 辰 辰 亥
    甲 日主가 地支에 寅卯辰이 있는데 巳酉丑이면
    뿌리에 돌자갈이 많이 있어서 좋지않다.
    뿌리를 때려 머리까지 죽는다.
    甲 日主는 病이 있는데 藥이 있으면 大局이다.
    甲 日主에 土가 凶神이면 土는 胃腸으로 胃癌 등의
    疾病이 온다.

64) 甲 日主가 겨울에 調喉가 안되면 가난하다.
    甲 日主가 丙을 보면 말을 잘한다.
    甲 日主는 남의 밑에 있으려 하지 않고 나선다.
    辰戌丑未月에는 木을 가져야 正格이다.
    土는 나무가 있어야 가치가 있다.
    土에는 나무가 많을수록 좋다.
    땅도 넓어야 한다.

65) ○甲庚辛이면, 나무에 상처가 나서 흉하나 丁이
    있으면 藥으로 쓴다.

66) 甲 日主에 庚辛金이 나타났는데 丁火가 나타나면
    傷官制殺格인데 丙火가 뜨면 小局이다.

67) 陽干은 모두 陽干을 좋아하는데 庚金만은 陰日干인
    丁火를 좋아한다

68) 金과 木이 相戰할 때 强者沖發 = 發展한다.
    金과 木이 相戰할 때 弱者沖拔 = 뽑힌다.

69) 사주에 巳火가 있으면 生命을 키우면서도 자르는
    2중 인격을 갖고 있다.

70) 地支 끝자인 亥水는 고물상, 변혁, 혁신하는 것을
    좋아한다.

第 1 章 天干論

71) 甲木이 地支에 寅卯辰이 있으면 巳午未로 갈 때
    돈이 있고, 寅卯辰 뿌리가 없으면 火運으로 가도
    돈이 적다.

72) 亥水는 휘발유, 석유로도 보기 때문에 午火나 未土를
    보면, 溫水가 된다.
    亥水는 精水, 子水는 濁水다.

73) 木은 地支(일지)에 沖되면 부부 이혼한다.
    그래서, 木일주는 辰戌沖이 나쁘다.
    그러나, 戌일주는 辰戌沖이 있으면 괜찮다.

74) 壬 丙 庚 甲
     辰 戌 午 辰 ⇒ 이런 사주는 辰戌沖이 좋다.
     戌中 丁火用神이다.
     사주가 剋으로 이루어져 있어 머리가 좋다.

☯ 마누라를 볼 때 = ① 용신, ② 일지 ③ 육친

74) 棟梁木(동량목)을 만들려면 가을, 겨울이라야 쓴다.
    劈甲引丁 = 죽은 나무라야 한다.
    甲木 = 6월(未月)부터 棟樑木으로 쓸 수 있으나 10월
    (長生), 11월, 12월이라야 가장 좋다.

75) 甲일주에 봄, 여름에 庚金을 보면 깡패가 된다.
    : 濕木이라서 안타므로
    가을, 겨울은 쪼개어 火木으로 쓸 수 있다.

76) 申酉戌 亥子丑 죽은 나무는 巳午未火局으로 가면
    송진이 나온다.
    胃에 종양(암)이 생긴다. 生地 空亡이다.

77) 香氣木 丙丙丙   酉時까지는 나무가 클 수 있다.
            申酉戌 = (病死墓)

第 1 章 天干論

78) 甲木은 比劫이 많으면 진실한 친구가 없다.
    甲木은 특히 가을, 겨울에 태어나면 丙火를 봐야하는데 水가 오므로 부모덕이 없다.

79) 甲木은 丙火를 못 보면 클 수 없고,
    甲木은 남보다 앞서려는 성격으로 공격대상이 된다.

80) 너무 강해도 부러진다. ⇒ 木強卽折
    甲木이 너무 많으면 간경화가 온다

81) 甲 日主에 火가 太旺하면 간염, 간경화 온다.
    甲은 신경과, 火는 안과, 土는 위장, 金은 치과의사다.

82) 丑土는 丑中에 辛金이 있어 자갈이 들어있는 나무다.
    뿌리가 잘 자라지 못하여 좋은 학교를 못 간다.
    戌土에도 辛金이 있어서 좋은 학교를 못 간다.

82) 甲戌일주는 死木으로 본다. 키우지 못한다.
    쪼개서 火木으로 쓸 수 있다.

83) 乙丙甲 = 木多火滯
    乙丁甲 = 木多火熄 = 심장마비로 죽는다.

84) 甲丙癸 구조면, 初年에 많이 배우나 癸水에 가려 써먹지 못한다.
    食神은 자기의 精氣, 하는 것, 힘, 능력이다.

85) 甲木이 己土를 보면 甲己合土가 되어 守錢奴로 돈에 인색하다.

86) 甲木일주에 癸水 뜨면 못생겼다.

第 1 章 天干論

87) 甲木이 庚金을 보면, 우박을 달고 있는 것과 같다.
    너무 庚金(우박)이 旺하면 봄, 여름에 깡패다.
    官이 凶神이면 조상에 누를 끼친다.

88) 庚甲丁庚 : 官을 다스려 나를 보호하는 格이라
              권력직 공무원이다.

89) 甲木에 水는 地支에 있어야 좋다.
    壬水는 괜찮으나 癸水는 凶神이다.
    壬癸가 混雜하면 濁水다.

90) 巳午未에 甲木이 調喉가 안되면 短命하다.

91) 甲丁인데 地支에 寅午戌이나 巳午未면 땅에 불이 난
    格이라 수술하거나 火傷을 입는다.

第 1 章 天干論

2. 乙木論

1) 乙木이 甲을 보면, 배경이 튼튼하고 꿈이 있고,
   고난을 극복할 수 있다.
   잘 자라는 나무다.
   비바람에 흔들리지 않는다.
   향기가 있다.
   쓸모있는 나무로 사람이 모여든다.
   그러나, 大運에서 甲이 나타나면 巨木인 甲이 태양을
   가려 흉하다.

2) 乙木이 乙을 보면, 乙은 풀이기 때문에 잡초로 본다.
   흔한 풀이라서 값이 안 나간다.

3) 乙木은 환경에 적응력이 강하기 때문에 서비스업
   같은데 소질이 있다.

4) 乙木이 丙火를 보면, 태양을 보기 위해 집에 가만히
   못 있고 밖으로 돌아다닌다.
   자연적으로 자란 나무다.
   빛깔과 향기가 좋다. 씨앗이 좋다. : 貴格이다.
   과일이 열리면 맛이 좋다.
   인물이 좋다.
   그러나, 丙火 옆에 癸水가 있으면 시력이 나쁘거나
   혈압이 있다.

5) 乙木의 正用神은 ① 丙火 ② 辰土

6) 乙木이 丙火를 보면 너무 일찍 꽃이 피는 격이라
   일찍 貞操를 잃기 쉽다.

7) 乙木은 벌, 나비가 있을 때 꽃을 피워야 인기가 있다.

第 1 章 天干論

8) 겨울에 乙木이 꽃을 피우면 꽃으로 보지 않고 달로 본다.
   달빛으로 보기 때문에 외롭다.
   감상적, 예술적인 소질이 있다.

9) 늦가을, 겨울에는 꽃으로 보지 않고 약초로 본다.
   아주 貴하기 때문이다.

10) 乙木이 丁火를 보면,
    地熱이기 때문에 火가 많으면 신체 불구자가 많다.
    乙木이 많고 火가 부족하면 못 큰다.
    겨울에 추워 丁火가 온실로 쓰일 때는 좋다.
    調喉가 깨지면 갈초(마른풀) : 調喉 우선.
    조후가 안 되면 恨을 안고 산다.
    상처 입은 나무다 : 수명이 짧을 수 있다.
    丁火 = 심성, 밤, 감성적이다.

11) 乙 일주가 丙子時를 보면 육음조양격으로 貴格이다.

12) 乙木이 戊土를 보면,
    큰 산, 큰 길, 고속도로다.
    陽地의 풀이다.
    깨끗하고 맑으나 외롭다. 고고하다.
    : 사람이 안 찾아오니까
    高山 花다 : 높은 산의 꽃.
    고지식한데 맑고 깨끗하다.
    현실적응이 부족하다. 장수한다.

13) 乙木이 己土를 보면, 낮은 산, 적은 길, 小路다.
    陰地에서 자라는 꽃(풀)이다.
    濕한 흙속의 풀이라 要領과 수완이 있다.
    야생화다 = 들판의 꽃 : 賤하다.
    남자는 술집, 홍등가. 여자는 기생, 창녀다.
    女子는 술집, 창녀 등 賤한 직업을 갖는다 : 정조를 일찍 잃는다.

第 1 章   天干論

14) 乙木은 향기(아름다움)이기 때문에 값이 안나간다.

15) 乙木이 庚金을 보면 우박 맞은 나무다
    그러나, 乙木이 튼튼하면 큰 열매로 본다
    : 巳월(戊庚丙)부터 酉월까지.
    戌월부터 봄(辰月)까지는 쭉정이, 망상이다.
    남에게 피해를 준다.

16) 乙木이 辛金을 보면 완성된 器物이다.
    낫. 도기, 연장이다.
    상처투성이다. ⇒ 몸에 상처가 있다.
    時에 있으면 末年에 고질병이다.
    乙木 바로 옆에 있으면 신경이 날카롭다.

17) 생사를 넘나들 구조이면 극도로 머리가 발달한다.

18) 乙木이 辛金이 大運에서 오면 죽거나 重病이나 기로에 서있다.

19) 乙 丁 辛
    ○ ○ ○이면 갈등을 한번 겪은 후에 재결합한다

20) 乙木이 壬水를 보면, 水多木浮다 = 유랑자, 빈상이다. 水多土崩되어 가난하다.
    水多하면 결국 水를 다루는 職業을 가진다.
    : 음식점. 술집.
    水生木되면 흉하다.

21) 乙木이 癸水를 보면,
    正用神인 태양을 가리므로 逆神이다. = 비를 맞고
    크는 화초로 아주 나쁘다 : 천하다(이슬, 안개속의 꽃이다)
    비가 오면 바람이 함께 불어오므로 열매가 흩어져 가난하다.
    겨울에 癸水가 뜨면 눈보라로 냉혹한 사신이다.

第 1 章 天干論

눈물속에 산다.
죽을 때까지 "어머니 왜 나를 낳으셨나요"한다.
어머니를 원망하면 산다.
비오는 날 태어나면 게으르다.
떳떳치 못한 직업을 갖는다.
水가 旺하면 旺할수록 슬픔을 안고 산다.
가을, 겨울은 우수의 꽃, 눈물의 꽃이다.
밤중에 癸水가 왕하면 앞이 깜깜하여 감옥속에서 산다.
雜格으로 말썽만 피우며 산다.
乙木이 癸水를 보면 밖으로 나 돌아다니기를 좋아한다.

22) 乙木이 亥子丑月에 태어나면 :
① 丙火를 보면, 매력적이고, 아름답다.
   공상이 많아 예술성이 발달한다. = 명예추구
② 丁火를 보면, 情을 그리워하므로 피부접촉 性生活을 좋아한다.

23) 乙木이 ○乙甲○ 초년 등라계갑하여 좋다
         ○○○○

24) 乙木이 甲乙○○ 울타리 밖에서 등라계갑하므로 남의 덕을 본다

25) 乙木이 金이 너무 旺하면 官이 혈통이므로 아들이 貴하다.
그래서, 노후준비를 잘해야 한다.
乙木은 향기 때문에 준재하기 때문에 향기 있을 때 준비해야 한다.

26) 辛乙○○ 구조이면 末年이 굉장히 불행하다.
    巳○○○

第 1 章 天干論

27) 乙일주가 火가 없으면 무화과다.
    물 속에서 크는 水草와 같아서 씨앗이 없기 때문에
    자식 두기가 어렵다.
    특히, 남자면 부인, 자식 두기 어렵다.
    가정이 공중분해 되기 쉽다.
    陰地 草로 妾으로 살거나 남자면 무위도식한다.

☯ 용신 = 감성의 숨결이다.
        有力하면 사랑이 넘치고,
        無力하면 냉정하다.

28) 乙木이 사주에 있으면, 정보가 빠르다.

29) 乙木이 시들어 떨어지면 이별의 아픔이 있다.

30) 乙木은 미남, 미녀가 많다.

31) 乙일주는 마누라, 자식궁이 나쁘다.

32) 乙이 丁火를 보면 직감력이 발달하고, 편고되어 너무
    허약하면 무당이 된다.
    丁火가 心腸이기 때문이다.

33) 乙이 庚金을 보면, 乙庚合金되어 하늘이 준 님이다.
    사람을 사귀고 쉽다.
    애인을 사귀고 싶다.

34) 2월부터 7월은 곡식이 자라므로 좋은 사람 만나고,
    8월부터 12월은 강패만난다.

35) 乙일주가 戌 大運을 만나면, 火가 墓에 들어가므로
    자라는 것이 올 스톱된다.
    그래서, 戌 大運을 만나면 슬픔과 아픔을 겪는다.

第 1 章   天干論

☯ 12운성에서 丁이 酉를 보면 生하고,
　 丙이 酉를 보면 死한다.
　 丙, 丁이 戌을 보면 무덤에 들어간다.

36) 乙木이 卯月에 태어나면 (陽圈으로 가면) 꽃피고
　　열매맺고 향기있다.
　　그래서, 색상계의 주인이다.
　　멋을 부린다.

37)　　癸　　○　　○
　　　○　　卯　　戌
　　　　　(장생) (불 창고).

38) 乙 木은 濕地다. = 물을 품고 있다. 습지다.
　　卯　　　　그래서, 水生木이 아니고 木生火다.

39) 甲木이 乙木을 보면 곧게 못 크고, 마음이 흔들린다.
　　그러나, 乙木은 甲木을 보면 得된다.

40) 乙丁庚 보면 내 몸을 불태워 庚金으로부터 보호되
　　어야 하므로 苦痛속에 살아간다.

41) 乙己己
　　○○○이면, 땅 바닥에 떨어진 꽃이라 좋은 나무가
　　될 수 없다.
　　己土는 끈끈한 土로 끈끈하게 밀고 나간다.

42) 乙戊己를 보면 산길, 들길을 가야하기 때문에 직업
　　변화가 많다.

43) 乙巳를 보면, 꽃봉오리가 맺은 꽃으로 청아하고
　　탐스런 꽃이다.
　　그러나, 酉丑大運이 오면 巳酉丑이 되어 金克木하여
　　배반하므로 大凶이다. 이별의 종착역이다.
　　乙木이 반드시 큰 고난이 따른다.

第 1 章　天干論

44) 巳火 = 변화 무쌍하다.
　　　　너무 화려하게 핀 꽃이라 변하기 쉽기 때문
　　　　이다.

45) 乙丁이 庚辛金을 보면 안 좋다.
　　: 乙木이 庚金 官을 丁火 때문에 受用하지 못하므로.

46) 丙乙乙戊
　　○○卯○ = 여기서 戊土는 높은 뜻이다.
　　　　　　포부가 큰 花草다.
　　　　　　희망과 포부가 큰 花草다.

47) ○乙○
　　未亥卯 = 2월 잔디밭으로 아름답다.

48) ○乙○
　　亥卯未 = 화초밭이다. 바람기가 많다.

49) ○乙○
　　未卯亥 = 갈대밭으로 삭막하다.
　　　　　　土를 막아 가정이 나쁘다.

50) 乙일주가 丙火가 없고, 巳火가 있으면 속살이
　　아름답다.
　　감성적이라 예술성이 있고, 말 속에 향기가 있어
　　인기가 있다.

51) 乙일주가 봄에 丙火를 보면 꽃바람에 취해 연애걸고
　　싶어진다.
　　일찍 애정이 싹튼다.

52) 乙일주가 地支가 燥熱하면 물가를 많이 간다.
53) 乙일주가 壬壬을 보면, 큰 바닷물 같아 해외 입양
　　자가 많다.

第 1 章   天干論

54) 乙일주가 乙大運을 만나면 乙은 갈대와 같아서 다정한 우정에 상처가 난다.

55) 乙일주는 부드럽고 손재주가 있어 컴퓨터, 기계 같은 것을 잘 다룬다.
   : 丙火가 뜨면 명성을 얻을 수 있다.

56) 辰土는 沃土로 乙木을 잘 키울 수 있는 土다.

57) 土 = ① 辰土 = 꽃을 發火之神 = 生土
       ② 未土 = 果實之神   = 生土
       ③ 戌土 = 休土. 저장과 보관을 하는 土다.
              (火를 저장)
       ④ 丑土 = 休土. 저장과 보관을 하는 土다.
              (金을 저장)

58) 乙일주가 丙火 태양을 보면 인물이 곱고, 丙火가 乙을 보면 여성적이다.

59) ○乙○○
    ○亥寅○이면, 접붙인 나무로 유실수다.
    큰 나무에 작은 나무를 접붙였다.
    寅亥合木하여 봄에서 겨울로 가니 나쁘다.

60) ○乙○○
    寅亥○○   寅亥合木하여 겨울에서 봄으로 가니 좋다.

61) 乙庚(大運에서 오면) 合이 찾아 왔으므로 나를 부르고, 나를 찾고, 연애하는 것이다.

62) 乙木이 酉월에 태어나면, 乙○
                        ○酉(완성된 기물)
    酉+水는 술이므로 술을 마시는 格이라 악기를 잘 다루고 낭만적인 기질을 가졌다.

第 1 章 天干論

63) 乙癸에 戊土가 오면 막혔던 일을 성취한다.

64) 乙 = 잎
    卯 = 줄기. 잔디밭에 비유한다.

65) 乙일주가 地支에 乙
              未丑冲하면 폐농이다.
    노동의 대가로 산다.

66) 地支에 寅卯辰이 있어 상처가 안 나야 희망을 갖고 살 수 있다.

67) 乙丙에 甲대운이 오면, 태양을 가리므로, 그늘 속에 들어간 화초로 향기가 없다.
    가치없는 꽃이 된다.

68) 乙일주가 地支에 亥卯未木局이면 꽃밭이다.
    그래서, 丙火가 뜨면 꽃이 핀 것이고, 없으면 꽃이 안피었다.
    그래서, 乙木이 丙火를 보면 아름다운 사랑을 한다.
    만약, 火가 없으면 火는 食傷으로 감성, 표현력이 없다.
    멋없는 사랑을 한다.

69) 남자 乙木일주에 뿌리가 있고 丙火가 있으면 연애한다. 여자도 마찬가지다.

70) 丁乙丙이면 변덕이 많다.
    丁은 육체적인 사랑, 丙은 감성적인 사랑이다.

71) 丁乙丙乙
    ○未子亥이면, 감성이 풍부하여 변덕이 죽 끓듯한다.
    가정이 불안하다. 情 때문에 망한다.

72) 乙木에 丙丁이 凶神이면 감성이 메말라 흉하다.

第 1 章   天干論

73) 乙庚이면 봄이라 추운데 우박이 붙어있어 흉하다.
     ○申

74) 乙日主가 巳午未月에 丙火를 보면 丙火(꽃)이 예쁘기 때문에 꽃보다 아름다운 인물이다.

75) 乙日主가 甲이 凶神이면 藤蘿繫甲을 하는데,
     乙甲
     ○○이면, 남의 그늘 밑에 크는 격이라 妾이나 離婚 한다. 음지 草다. 후실이다. 현지 妻다

76) 乙日主가 壬癸가 뜨면 어머니가 나를 너무 먹여서 병든 것과 같다.

77) 壬乙壬癸이면 多印綬 身旺으로 부모 등살에 못산다. 이런 구조면, 비를 맞고 크는 화초로 태양이 없어서 환경이 나빠 고통스럽게 산다.

78) 乙日主가 丁火를 보고 庚申金이 있으면 濕木으로 丁火가 金을 녹이려고 하므로,
     예)   乙 丁(악신) 庚(병)이면, 濕木이 丁火를 生하려 하니 고통이다.

79) 乙日主가 寅卯辰 : 진달래, 개나리로 신선미 있는 꽃이고,
              巳午未 : 장미, 목단으로 탐스런 꽃.
              申酉戌 : 나비가 있어 청초한 꽃이다. 외롭다. 고고하다.
              亥子丑 : 매화, 온실화로 보는데 乙木이 뿌리가 있으면 약초로도 본다

80) 乙日主는 옆으로 뻗어 나가려는 기운 때문에 부풀려 말하는 기질이 있고 運이 나쁘면 흉하다.

81) 乙日主가 調喉가 안되면 남을 의심한다.

第 1 章 天干論

3. 丙火論

1) 氣象 : 宇宙의 熱이다.

```
                    녹  왕  쇠
                    巳  午  未

              辰    양권지    申 병

  丙火 =  卯                  酉 사

        장생 寅   음권지     戌 묘

                    丑  子  亥
                    양  태  절 :丁火에 의지한다.
```

2) 丙火가 겨울에는 甲木(연료)을 달고 다녀야 좋다.

3) 丙火가 겨울에 丁火(겁재)에 의지하기 때문에 떳떳하지 못하고, 치사한 삶을 사는데 그래도 자기(丙火)는 丁火의 도움을 받아 편하게 산다.

4) 甲木을 본 丙火는 먹을 福이 있다.

5) 丙甲 = 甲木은 곡식, 열매, 돈으로 보기 때문에 食福이 있다.
   희망과 포부가 있다. 棟樑木이다.
   情을 가지고 있다. 인물이 좋다.
   乙木이 또 오면 雜木이다.

6) 正用神 = 자기가 가고자 하는 길, 소망, 뜻대로 간다.

第 1 章 天干論

7) 四柱에 木火가 吉神인 사람은 어디가도 인기가 있다.

8) 四柱에 甲木이 있으면 맏아들, 리더가 되거나 그런 구실을 한다.

9) 四柱에 丙火가 乙木을 보면 화초를 키우는 태양이다.

   丙乙
   ○○이면 꽃을 기르는 태양이다.
   꽃은 변화가 많기 때문에 丙火가 乙木을 보면,
   예술 감각이 발달한다.
   乙木은 宇宙의 색상계의 주인이다.
   乙木은 화초로 일찍 시들어지므로 노후관리에 신경써야 한다.
   旺한데 甲木이 오면 하늘을 가려 흉하다.

10) 우주는 생명이 있기 때문에 중요하다.
    그래서, 乙일주가 노래를 잘하고, 시도 잘 쓰고, 재주가 있다.

11) 乙 日主는 卯가 桃花인데 벌, 나비가 많이 찾아들기 때문에 女難이 많거나 인기가 좋다.

12) 乙木은 태양(丙火)과 더불어 예술과 감성을 촉진한다.

13) 가을에 丙火가 乙木(꽃)을 보면 벌, 나비가 없기 때문에 번식이 없이 그늘진 곳에서 외롭게 산다.

14) 丙丙
    ○○이면, 나도 뜨거운데 또 태양이 떠서 말려 죽이는 格으로 질투가 많다.
    德이 없고, 가치가 상실한다.
    구설이 많이 따른다. 마음속에 질투와 시기가 많다.
    투쟁을 잘하고, 지는 것을 싫어한다.

第 1 章   天干論

15) 丙火가 8월(酉月) 이후에는 날이 추워지기 때문에
    또, 丙火가 와도 좋다.

16) 여름에 丙丁이면, 나도 뜨거운데 귀찮은 존재나
    친구가 따라다닌다.

17) 丙丁이면 간사하다. 치사스러운데가 있다.
    그러나, 가을부터는 丁火로 추위를 막아야 하므로
    남의 덕으로 돈 번다.
    만약, 凶神이면 남 때문에 망한다.

18) 丁火 옆에 甲이 또 오면 타버려 흉하다.

19) 丙 戊 = 丙火가 높은 산에 걸려있는 석양노을과
    같아 힘이 없는 태양이다.
    높은 산에 태양이 뜬 格이므로 일을 해도 소득이
    없다 : 가치없는 태양이다.
    그러나, 생명이 존재하면 길하다.
    그래서, 戊己土가 옆에 오는 것을 싫어한다.
    丙火가 가을(申酉戌)生이면 태양이 病死墓로 가니
    運이 없어 한이 많다 : 제 갈 길을 못 간다.

20) 丙 戊 = 외로운 사람이다 : 방향감각이 안 선다.

21) 丙火는 자존심이 强하기 때문에 굽히지 않는데
    戊土를 보면 자존심을 굽히게 된다.

22) 丙戊戊
    ○○○이면, 산속에 숨어버린 태양으로 어둡고
    밤이 되어 가는 길이 어둡고, 고난이 많다.
    식복이 없거나, 돈이 안 따르고 고생한다.

第 1 章   天干論

23) 丙己
　　○○이면, 하수구에 떨어진 태양으로 火灰無光(화회무광, 불에 타서 빛이 안난다는 뜻)이다.
　　사람이 어리석고 멍청하다.
　　빛이 변색된 태양이다.
　　남이 알아주지 않으니 우왕좌왕하고, 마음의 갈등을 겪는다.
　　죽은 깨가 많거나 피부색깔이 나쁘다.
　　限을 남기고 죽는다
　　습지. 농로 길. 小路다.
　　조후는 필요하나 그렇지 않은 경우는 가치없는 태양이다.
　　구설, 시비가 많이 따른다.

24) 丙庚이면, 庚金은 하늘에서는 구름으로 丙火를 보면 구름이고, 壬水를 보면 비로 본다.
　　단단한 기운. 열매. 미완성의 열매로 본다.
　　財가 떠서 할 일이 많다.
　　겨울은 우박.
　　땅에서는 농사, 과일, 열매로 본다.
　　庚金은 巳午未月에는 열매로 본다.
　　산에서는 광산이나 돌로 보고, 보석으로도 본다.
　　겨울 또는 밤에는 丙火나 庚金을 보면 달빛이나 별빛으로 본다.
　　丙火가 庚金을 보면 돈이기 때문에 부지런하고 좋다.

25) 丙火 = 甲, 寅이 있으면 자기의 책무를 다하고 사는 격이다.
　　　　　 丙火는 밝음이다.
　　　　　 癸水가 있으면 욕먹는 직업으로 돈 번다.

26) 丙火 = 火土가 많아 조열하면 암에 잘 걸린다.
　　　　　 女子가 燥熱하면 남자의 성기능이 떨어져 힘이 없다.

第 1 章   天干論

27) 丙辛
    ○○이면, 아주 싫어한다.
    丁壬合木과 丙辛合水는 酒色이다
    태양이 合이 되어 연애를 하느라고 본분을 잃는다
    구름이 태양을 가려서. 雜技로 빠진다.
    旺하면 줏대가 있고, 身弱하면 줏대가 없다.
    주색잡기, 도박, 경마 등을 하다가 신세망친다.

    여자가 辛日主라면, 正官인 丙火를 끓어 안고 있는
    格이라 남편 없이는 못산다.
    여자 丙日主가 辛金과 합하면 돈을 탐하여 옆 길로
    간다.

28) 丙辛庚乙
    ○○○○ 合은 有情을 뜻하므로 연애, 사랑으로 본
    다.

29) 丙壬이면 :
    壬水는 바닷물, 큰물, 大海水이기 때문에 운치가
    아름다워서 크고 고상한 생각, 큰 포부를 가져 大局
    이 나온다.
    壬水는 하향성이다.
    바다(큰물)에서 빛이 나는 격이다.
    희망이 있다.
    정신이 건전하다.
    활동력이 강하다.
    조후가 되면 인물이 좋다 : 귀상이다.
    일출과 같다.

30) 여름에 丙火 일주가 調喉가 잘되어 있으면 후덕하고
    인정있고, 調喉가 안되면 독하다.
    현실에 어둡다. 처세가 부족하다.

第 1 章   天干論

31) 丙이면, 장생지에 떠 있어 힘이 있다.
    寅

32) 丙癸
    ○○구조면 癸水는 안개이기 때문에 안개속에 갇힌
    태양으로 조심성이 많고 답답한 일이 생기고 눈이
    나쁘다.
    원래, 癸水가 있으면 환경이 나쁘고 時에 있으면
    말년에 나쁘다.
    丙火에 癸水가 떠서 凶神이면 癸水는 눈물로 조심성,
    눈물 흘릴 일이 많다.
    丙火에 癸水가 있는데 또 癸水를 보면 삶이 답답하
    다.
    계획성이 없다.
    습기 안개속의 태양으로 빛을 상실하여 아무도 알아
    주지 않는다.
    안개속의 태양이라 앞이 안보여 의심이 많다.
    조심성이 있다. 시력이 나쁘다.
    꼼꼼하고 소심하다.
    남들이 갖지 않는 탐구력, 아이디어가 있다.
    그래서, 실수하지 않는다.
    남에게 사랑을 못받는다.
    女命은 남의 사랑을 못받는다.
    男子는 직장에서 사랑을 못 믿는다.

33) 癸戊
    ○○이면, 戊土가 癸水를 合하여 묶으니 새로운
    희망이 있다.

34) 丙壬이면, 바다에서 태양이 뜨니 아름답다.
    ○○

35) 丙火 = 태양이기 때문에 부정을 싫어해서 밝음을
            추구한다. 아름다운 사랑을 한다.
            개혁의 神이다. 문명의 神이다.

第 1 章　天干論

※ 그래서, 癸水는 변화의 반대 개념으로 응큼하다.

36) 丙癸
　　○○이면, 癸水는 먼지 묻은 물이라 지지저분하다.
　　값이 없어진다.
　　겨울에 癸水는 눈보라로 보기 때문에 死神으로 천박하다.
　　고통스럽게 산다.
　　만물을 얼어 죽인다.
　　癸水는 祖上이기 때문에 조상덕이 없거나 조상 때문에 禍를 당한다.

36) 丙火 = 丑土, 己土가 힘을 빼므로 싫어한다.

37) 　　　丙　　　　　　辛
　　　　　↓　　　　　　↓
　　　아름답다.　　아름다운 보석으로
　　　빛나다.　　　미인이고, 자색이다.
　　　　　　　　　둥글다.
※ 丙火가 辛金을 보면 미인을 만난다.
　　잘생겼다. 눈에 확 띈다..

38) 丙火가 길신이면 환경이 좋다.

39) 癸水가 있으면 지저분하다.

40) 丙火가 겨울에 태어나면 壬癸가 많아서 從殺格이 되어도 丙火는 큰소리를 잘 친다.

41) 丙火가 또 丙火를 보면 여름에는 성격이 유별나고 겨울에는 괜찮다.

42) 丙일주가 癸
　　　　　　　巳 時를 보면 장애물이 있기 때문에 凶하다.

第 1 章   天干論

43) 丙火가 겨울생은 봄이 올 때까지 할 일이 없어 자기 자신밖에 믿을 수 없으므로 자기 자신만 믿고 살아야 한다.
: 木을 키우지 않으므로 : 인성이 없어서.

44) 丙甲己 合되거나 丙乙庚
○○○   ○○○이면 생명이 없어지므로 희망이 없고, 소득이 없다.

45) 丙日主는 투시력이 발달한다.
말로 하는 직업.
상식이 많다
이치가 정돈하다.
달변가. 설득력. 호소력이 있다.
지는 것을 싫어한다.
도덕관념이 강하다.

46) 사주에 丙丙丙이나 地支에 巳午未 火가 많으면 밤에도 눈뜨고 사는 사람이다.
남을 의심하여 눈뜨고 있다.
가정궁이 안좋다.
자식이 안좋다
음양의 바란스가 깨져 나쁘다.

47) 사주에 火가 많으면 밤이 없어 신경이 예민하고 살이 안찐다.

48) 水旺者는 陰이 많아 살찐 者가 많다.

49) 사주에 木火가 많은 사람은 仁禮 : 정신세계를 중시하고,
사주에 金水가 많은 사람은 물질세계를 추구하기 때문에 돈이 많다.

☯ 사주에 財가 없어도 金이 많으면 돈이 많다.

第 1 章 天干論

50) 丙火 日主가 壬癸가 있으면 제 갈 길을 못가기 때문에 戊己土가 막아줘야 한다.

51) 癸丙癸癸
○○○○ 구조면, 장마속에 꼼짝 안 하고 집에만 있는 사주로 妾사주다.
남편이 깡패로 구박 속에 산다.
그렇게 살 수 밖에 없다. 운명이다.

52) 壬癸丙 癸癸   從殺이 되어도 生命이 있어야 좋다.
辰巳子 亥卯   生命이 없으면 쓸모없다.

53) 丙火 = 태양. 밝다. 따뜻하다. 붉다. 멋있다.
깔끔하다. 확산의 氣. 화려하다. 초능력.
광명. 영광. 문명.

54) 丙火 = 生命을 키우는 因子의 에너지다.

55) 寅卯辰月에는 生命을 키우는 계절이라 丙火가 떠줘야 한다.

56) 丙壬甲이면, 相生이 잘되어 大局이다.

57) 四柱에 어디 있어도 丙火가 生命을 키우면 좋다.

58) 가을, 겨울에는 乙木의 향기가 없어 일의 댓가가 안 따른다.

59) 丙日主에 癸水가 旺하면 내 스스로 구설들을 일만 한다.

60) 丙日主는 調喉가 안되면 고달프게 사는데 자존심이 많아서 고달프게 산다.

第 1 章   天干論

61) 丙日主에 癸水가 있으면 조심성이 많아서 지나간 뒤에 후회한다.

62) 봄, 여름에 丙火가 調喉가 안되면 주변머리, 융통성이 부족하다.
사는 것이 막혔다.

63) 丙 日主는 일덕격으로 辰中 乙木과 癸水가 있어 厚德하여 신왕하고 調喉가 되면 좋다.

64) 陽 일주는 힘이 있어 偏財가 좋다.
陽 日主가 陰干을 만나면 합해져서 일을 안 하므로 나쁘다.

65) 丙 일주가 丙辛합, 甲己합이면 태양이 나무를 키워야 하는데 못 키우게 되므로 재산을 날리게 된다.

66) 丙火가 甲木을 用神하고, 壬水가 調喉되면 장관급이고,
丙壬　 : 調喉되면 장관급.
丙甲壬 : 돈과 명예기 따른다.
丙乙壬 : 예술. 연예계에 명성이 높다.

67) ○丙○○
巳午未○이면, 官인 水가 발을 붙일 수 없어 부모궁이 나빠서 버린 자식, 양자로 가거나 자식을 키우기 어렵다.
자식을 낳아도 타서 없어진다.

☆ 天干에 있는 글자는 沖을 맞으면 없어지지만 地支는 안 없어진다.

68) 丙火가 寅卯辰月에 태어나면 첫째 포부, 희망, 이상이 높고,
財와 물질이 풍부하고, 분주하며, 바쁘게 산다.

第 1 章 天干論

69) 丙日柱가 巳午未月에 壬水가 나타나 調候가 잘되면 만물이 잘 자라고 있어 大局이 나온다.

☆ 調候 = 계절에 알맞은 온도.= 活人業. 積德之家

70) 丙 일주가 申酉戌月에는 甲乙木을 보면 값나가는 일을 했으므로 부자다.

71) 丙火가 가을에 丁火(겁재)를 보아 鑛山을 개발하면 부자다.

71) 丙火가 甲乙木의 도움없이 丁火에 의지하고 살면 치사한 삶이다.

73) 丙火가 地支에 寅卯가 잘 크고 있으면 존경받는 사람이다.

74) 丙火가 甲乙木이 떴는데 沖되면 빛 좋은 개살구다.

75) 丙火가 木多하면 火滯, 丁火가 木多하면 火熄.
기술직이나 독자사업 한다. = 貴局이 아니다

76) 丙甲乙 = 甲乙木은 곡식으로 富다.
    丙壬   = 貴다.
    丙戊己 = 賤하다.
    丙辛   = 외도한다.

77) 甲乙木이 살아 있으면 鑛山이다.
沖을 맞거나 부러지면 風波가 있다.

78) 丙火가 辰用神이면 자비로운 사랑(진실한 사랑)을 한다.

79) 丙火가 假用神이면 현실을 직시할 수 있는 능력이 부족하다. 위선자다.

第 1 章 天干論

80) 丙火 = 宇宙의 香氣를 만들어 내는 주체다.

81) 丙火가 神을 보면 오후 3-5시로 석양빛이므로
    자신감이 없다.
    그래서, 심사숙고 한다.

81) 丙火가 酉를 보면 死다.

82) 丙火가 戌을 보면, 丙火가 墓에 들어가므로 비밀이
    많다.
    죽은 자가 많다.
    피부가 곱지 않다.

83) 丙火가 辛大運이 오면 : 갈등을 유발한다.
    육친에 따라서 징후가 나타난다.

84) 丙 일주의 1, 2, 3월 용신은,
    寅月 = 인성, 도덕, 교육, 학자로 가야한다.
    양육, 배양의 神.
    寅을 보면 희망차다.
    木(생명)을 키우는 것이 주된 임무다.
    活人之神.

85) 丙火가 癸水를 보면, 癸水가 안개이므로 안개가
    태양 빛을 가리는 格이므로 앞이 안보여 조심성이
    많다.
    평지풍파다.
    욕을 얻어먹는다.
    勞多功小格이다.
    戊土가 나타나면 藥神作用한다.

☆ 寅. 卯月이 戌이나 午火가 오면, 나무를 태워버리므로
   흉하다.

第 1 章 天干論

86) 丙火가 辰土를 좋아한다.
    丑土 = 고철을 암장하여 싫어한다.

☆ 陽은 항상 陽을 좋아하고,
   陰日干도 陽干을 봐야한다.

    乙 庚
    丁 壬
    己 甲 = 유정하다. 조화를 이룬다.
    辛 丙
    癸 戊

87) 丙火가 辛을 보면, 사랑밖에 모르는 잡격이다.
    노름이나 잡기, 바람이다.

88) 丙火가 戊土를 보면,
    나무가 없어 민둥산이므로 값어치가 없다.
    산만 쳐다보는 格이므로 丙火가 할 일이 없다.
    무위도식한다.
    地支에 寅卯亥가 있으면 싹이 있어 할 일이 있다.

89) 丙火가 己土를 보면, 丙火의 빛을 흐리게 하므로
    賤하다.
     : 賤한 직업. 賤한 생각.

90) 丙火가 卯月 = 미적 감각 발달.
    戌月 = 미적감각이 없다.

91) 丙 일주가 乙木을 보면,
    丙 일주가 戌月에 태어나 乙木을 보면 풍부한 감성을
    지녀 예술성이 발달한다.

91) 겨울 丙火는 할 일 없어 자숙한다. 빈둥빈둥 논다.

第 1 章   天干論

92) 丙乙壬이면 = 봄에 화초를 기르므로 사치가 심하다.
            = 乙木을 보면 중년이후 노후 관리를 잘
              해야 한다.

93) 丙火가 戊己土가 많으면 = 사고가 건전하지 못하다.
    丙火의 빛을 차단하고 흙을 덮어 싹이 늦게 튼다.

94) 丙甲己 구조면, 木을 잘 키웠으나 己土가 木을 망쳐
    버려 흉하다.

95) 丙乙庚이면, 쭉정이다. 값이 안나간다.

96) 丙火가 甲을 보면, 비밀이 없고 진실하다.

97) 丙火가 乙木을 보면, 밑이 그늘져서 비밀이 많거나
    간사하다.
    乙木이 무성해 지면 주체의식이 흔들려 잡기에 빠지
    기 쉽다.

98) 丙火 = 자기를 나타내는 관능이 강하므로 흉신이면
           과장, 히풍이디.

99) 丙火가 甲木이 旺하면 木多火滯다.
    乙木이 旺하면 목다화체로 冷해진다.
    흉신이 되면 가식, 비양심이다 : 오만방자하여 남을
    잘 속이고, 약자를 깔본다.

100) 우주의 주인은 생명이다.

101) 欄江灣 = 난강에서 고기를 잡으면서 생명의 원리를
              터득하여 水火를 만듬.

第 1 章 天干論

102) 丙火 = 巳午未月은 調喉를 으뜸으로 친다.
　　　　　생명을 키워 꽃을 피우고 열매를 맺어야
　　　　　하기 때문이다.
　　　　　희망적이고, 활동적이고 능력있다 : 水火가
　　　　　맞을 때 생명체인 寅卯辰未가 있어야 한다.
　　　　　亥中에는 甲木이 있으나 싹이므로
　　　　　다음해에야 키울 수 있다.

103) 丙火가 가장 싫어하는 것.
　　　丙辛合水 : 태양이 구름에 갖혀 水로 변함 :
　　　착각한다.
　　　丁壬合木 : 雜싹.(접붙인 나무) = 1월부터 6월
　　　　　　癸　　　　　己
　　　　(습기, 안개)　　(습토)

104) 丙火 = 壬水를 좋아한다 : 壬水는 태양을 가리지
　　　　　않으므로.

105) 丙火 = 壬甲이 뜨면 貴格이다.

106) 丙火 = 여름에 地支에 寅午戌이 있으면 나무의
　　　　　뿌리가 타버려 修道人 또는 獨身 사주다.

107) 未月 = 子水가 있어 辰土가 되어 좋다.
　　　戌土는 子水가 있으면 丑土가 된다.

108) 亥未合木 = 木局이 잘된다.
　　　亥中에 싹인 甲木이 들어 있기 때문에 잘못되면
　　　가정파괴도 될 수 있다.

109) 天干 = 활동 무대, 현실이다 : 보이는 것.
　　　地支 = 의식의 생각, 미래관이다 : 실속여부.

第 1 章 天干論

110) 戊己土 = 민둥산이다. 木이 있어야 한다.
調喉가 되어 있으면 장래 희망이 있다.
戊己土에 木이 있으면 현실의 자기 희망이다.
부지런하다.
戊己土에 木이 없으면 할 일이 없어 게으르다.
행동이 불규칙하다. 남에게 의지하려 한다.

111) 丙火에 丁火가 뜨면, 여름 丁火는 불필요하므로
식객 또는 나쁜 친구다.
이때는 藥神인 癸水가 나타나 丁火를 쳐줘야 한다.

112) 丙火에 丑戌未 = ① 3글자 중에 용신이 있으면
　　　　　　　　　　　권력기관에 근무.
　　　　　　　　② 三刑글자가 흉신이면 사고를
　　　　　　　　　　　당한다.
　　　　　　　　③ 희신 = 권력기관과 인연이다.

☆ 刑殺이 있으면 法과 관련된 일이 발생한다.

113) 丙火가 巳午未月에 戌土가 나타나면, 너무 더워
태워 없애므로 싫어한다.
1년 12달 항상 싫어한다.

114) 丙火가 巳午未月에,
① 용신이 有力하면 大局이다.
② 용신이 無力하면 무위도식한다.
③ 용신이 剋破冲되면 말썽피우고 되는 일이 없다.

第 1 章 天干論

※ 身弱
  ① 食傷太過.
     가식과 허풍이 들어있다.
     붕 띄워줘라 : 감정받으러 온 손님은 잘난척하고
     다루기가 어렵다.
     거짓과 위선이 많다.
     傷官星의 공감대를 형성하라.
     남을 비방하기를 좋아한다.
     좌충우돌하는 성격이다.
     잘만 띄워주면 쉽게 다룰 수 있다.

  ② 官이 弱한 사주
     신약하다는 것은 주체의식이 약함을 뜻한다.
     신약한데 官弱하면 주체의식이 약한데 겁이 많아
     흔들리기 쉬운 사람이다.

※ 신약사주는 생부, 상생, 칭찬을 해줘라.
※ 旺한 사주는 꾸짓어라.
※ 合이 많은 사주는 有情, 和合, 힘 : 용기가 많다.

※ 戌月에 炎上格은 파격이다.
  丙火가 墓에 들어가 있을 때라 착각으로 산다.
  炎上格이 되려면 7월 이전에 되어야 한다.

※ 女命이 戌月에 寅午戌이면 水氣가 없어서 그런
  女子와 性交하면 남자가 일찍 죽는다.

※ 木 = 風(혈압)이 잘 온다.
  木 = 향기의 산물이다 : 값이 나간다.
       의식 걱정이 없다.

第 1 章   天干論

4. 丁火論

1) 地熱이다 : 丙火가 없으면 丁火도 없다.

2) 丁火는 인공 火다.
   모든 것 成物
   혁신의 因子

3) 丁火는 身弱을 제일 싫어한다.
   그래서, 甲木(印星)을 좋아한다.
   身弱할 경우 의지하려는 심리 때문에 종교인이 많다.
   의지하려고 하는 본능이다.
   시집가서 부모, 형제에게 의지하려고 한다.
   身弱사주는 巫堂이 제일 많다.
   종교에 방언하는 者.

4) 丁火는 심장인데 五觀을 통해서 전달하는데 감성이
   발달하여 호소력이 강하다.

5) 丁火가 甲을 보면, 봄과 여름은 물기가 많아 장작이
   잘 안타므로 丁火가 뿌리가 없으면 눈물을 흐리면서
   태워야 하니까 印星은 내가 태어난 환경이 나쁘다.
   그래서, 성장하면서 애를 태우면서 크거나 눈물을
   많이 흘리면서 큰다.
   丁火가 旺하면 태울 재료가 있어 길하다.
   그러나, 甲木이 2개 이상이면 태울 수 없어 木旺火熄.
   그래서, 庚金을 봐야 吉하다 : 庚金이 쪼개주므로.

6) 丁火가 9월-10월 바짝 마른 계절에 甲이 오면 좋다.
   : 三朋이면 好.

7) 丁火가 가을에 甲이 나타나도 地支에 水局이루면
   木多火滯와 같다.

第 1 章 天干論

8) 丁火에 乙木을 보면, 乙木이 濕氣가 많아 연기만 나고 꺼질 수 있어 싫어한다.
   乙木이 月上에 떠 있으면 부모 형제 때문에 고생한다.
   답답하고 눈물 날 일만 나타난다.
   그래서, 丁火가 乙木을 가장 싫어한다.
   그러나, 가을, 겨울 乙木은 마른나무라서 丁火가 싫어하지 않는다.

9) 丁火가 丙火를 보면, 丁火는 달빛으로 丙火는 태양이므로 태양빛에 가려 힘을 쓸 수 없다.
   현지처가 많다 : 태양이 가려지므로 남편이 바람둥이거나 나를 버리고 떠난다.
   남이 알아주지 않는다.
   태양빛에 가려 일생에 내 이름을 낼 수 없다.
   남에게 귀여움을 받고 존경받을 수 없다.

10) 丁火는 丙火가 없는 밤에 태어나야 좋다.

11) 丁火는 봄, 여름 火가 旺할 때 태어나면, 돈을 벌어도 貴格이 아니다.

12) 가을, 겨울에 丁火가 태어나야 칭찬받는다.

13) 丁火가 丙火를 보면, 妾室, 寡婦로 외롭게 산다.

14) 丁 日柱가 庚 庚
              戌 子 → 깜깜할수록 빛이 난다.
    겨울에는 해가 일찍 지므로 덜 나쁘나,
    여름에는 환해서 나쁘다.

15) 丁火가 봄, 여름에는 身旺해도 천덕꾸러기다.

16) 丁火가 丁火를 또 보면, 밤의 화신이다.
    질투가 심하다
    감성(질투)가 많다.

第 1 章   天干論

情의 산물이다 : 부부관계 할 때 소리낸다.
그런데, 1개가 있으면 좋은데 옆에 또 丁火가 있으면
그늘이 져서 의심이 많고, 비밀이 많고 감정싸움을
많이 한다.

17) 丁火는 하늘에서는 밤에 달빛에 비유한다.

18) 丁火가 戊土를 보면, 산에 가려 빛을 멀리 볼 수
없어 답답해진다.
큰 산. 높은 산. 마른 흙.
공기(바람)이 많아 마음이 흔들린다.
불(丁火)이 바람이 흔들리는 격이라 답답한 일이 발
생한다.
더울 때는 먼지가 되어 앞을 가리므로 천해진다.
겨울에는 제습하여 괜찮다.
戊土는 傷官이 되어 명예에 손상이 온다.

19) 丁火가 己土를 보면, 땅에 떨어진 달빛이다.
빛이 없는 달. 천한 불빛
己土가 열기를 흡수하므로 정신착란이 생긴다 :
심장이 약히디.
좌불안석인 된다. 마음의 중심이 흔들린다.
己일주에 己土가 있으면 食傷인 己土가 凶神이라
잠자리가 나쁘다.
그래서, 己土는 눈물의 화신이다.
年. 月에 己土가 있으면 初年, 時에 있으면 末年에
나쁘다.
불안하다. 丁火가 언제 꺼질지 모른다.
眼目이 좁고 이기적이다.
人德이 없고 공이 적어 삶에 굴곡이 많다.

20) 丁火가 己土를 가장 싫어한다.
또, 甲木이 丁火의 印星인데 己土가 甲木을 合하여
가져가므로 속상하다.

第 1 章 天干論

21) 丁火는 달빛인데,
    丁   庚이면 : 운치가 있어 아름다움으로 貴格이다.
    ↓   ↓   똑똑하고 섬세하다.
　(달빛)(별빛)   身旺財旺하면 힘이 좋아 돈이 많다.
                    부자다.

22)   甲丁   甲庚
       ↓   ↓
     (文官)   (武官)

23) 丁 庚이면,
    庚金이 별빛이다.
    똑똑하다.
    丁火 = 달빛. 庚金은 별빛이므로 운치가 있다.

24) 丁火가 辛金을 보면, 丁火가 완성된 金을 녹이므로
    조상의 재산을 없앤다 : 망해 버린다.
    辛金이 있는 위치에 따라 초, 중, 말년에 망한다.
    보석을 녹이면서 자화자찬한다.
    병신 짓한다.
    돈에 환장한 사람이다.
    인물이나 돈을 보고 결혼한다.
    丁火가 辛金을 보면 성격이 예민하고 더럽다.

25) 丁일주가 辛金을 보면, 자기 修養이 필요하다.

26) 丁火가 癸水를 보면, 하늘에서 비가 오는 格이다.
    깜깜하다.
    비가 많으냐, 습기냐를 알려면 地支에 뿌리가
    있느냐, 없느냐로 구분한다.

27) 丁일주가 壬水를 보면,
    丁壬   ⇒ 일찍 사랑이 싹튼다.
    ○○   ⇒ 조상궁에 있으면 윗대에 그렇다.
    연애를 많이 한다. = 애기를 갖고자 한다.

第 1 章　天干論

　　　한번 맺으면 안 떨어진다.
　　　억지로 때려하면 죽을 수도 있다.
　　　丁壬合木하여 사랑에 눈멀어 腹上死한다.
　　　丁壬合, 丙辛合 = 사랑 合이다.
　　　봄. 여름은 雜싹이다.
　　　丁火에 壬水가 官이므로 망상이다.
　　　水가 많은 사주는 火를 밝힌다 : 오입쟁이다.

28) 丁火가 癸水를 보면 水克火 당해 女子는 시집가면
　　 男便과 사이가 안 좋고 癸水는 눈물과 같아 답답한
　　 일, 앞이 깜깜한 일이 많다.

29) 丁火에 癸水는 시련이다.
　　 丁火에 癸水는 가을, 겨울에는 死神이다.
　　 예민하다. 정신적 病이 온다.

30) 丁火는 情에 뭉쳐진 글자이므로 밤에 하는 직업이나
　　 전기, 컴퓨터 직종이 좋다.

31) 丁火는 호소력이 强하여 감성변화가 많다.
　　 그래서, 身弱히면, 많이 흔들린다.

32) 丁火가 癸水가 있는데 戊土가 戊癸合火하면 좋아
　　 진다.

33) 丁일주가 壬丁壬으로 爭合되면, 丁일주가 丁壬丁으로
　　 妬合되면, 복상사의 우려가 있다.

34) 壬丁
　　 寅○ → 빛을 잃어간다.

35) 丁丙이면 : 할 말도 못하고 산다.
　　 자기 주위에 괴롭히는 사람이 있다.
　　 항상 고개숙이고 산다.

第 1 章 天干論

36) 丁火가 庚을 보아 身旺하면 구두쇠다.
    돈이 많다
    시집을 가면 가난한 집안도 부자 만든다.

37) 丁火가 甲을 봤는데 甲의 뿌리가 있으면 정직하다.
    성실하다.

38) 地支에 丁火의 뿌리가 없으면 꿈만있고 결실이 없다.

39) 丁火가 甲木의 심지가 없으면 건강이 나쁘다.
    木多火熄되면 건강이 나쁘다.

40) 丁 庚 → 陽이고 크다.
    자기는 등치가 작은데 妻는 등치가 크다.

41) 만약에 男子가 丁庚이면, 女子가 너무 커서 엄마한테
    의지하려한다.
    그래서, 어머니하고 마누라하고 갈등 생긴다.
    丁火자신이 어머니한테 일러주어 갈등을 야기한다.
    丁火가 身弱하면 그렇다.

42) 丁火가 身弱한데 初年에 財가 들어오면 印星을
    치므로 부모속을 썩이고 공부 안 한다.

43) 丁丁丁丁이면, 人의 長幕이 많다.= 질투가 많다.

44) 1월, 2월 木旺할 때는 庚金으로 制木하여야 길하다.

45) 丁火는 빛인데 癸水는 비이므로 癸水가 오면 성질이
    괴팍하고 악발이다.
    강박관념이 생겨 잘 못건들면 폭발한다.
    癸水는 丁火를 끄므로 앞이 안 보이는 격이다.
    丁火가 자식(무기)를 낳으면 官인 癸水를 치므로
    이혼한다.
    丁火는 심장인데 癸水가 자극을 주므로 신약사주는

第 1 章 天干論

가만히 있지를 못하고 돌아다닌다.

46) 丁戊癸이면, 戊癸合火하여 희망과 포부가 있다.

47) 2월 丁火 = 좋은 格을 세우기가 어렵다.

48) 4월, 5월, 6월에는 빛바랜 불이다.

49) 丁火는 調候를 가장 많이 따진다.
    조후는 감성의 본능이기 때문이다.

50) 丁火가 寅木을 보면, 새벽(寅時) 별(丁火)이므로 변화가 곧 온다.

51) 丁火가 戊 庚을 보면, 산이 가려 사랑하는 님을 보지 못한 격이다.

52) 丁 일주가 丙火가 뜨면 妾 사주로 얼굴이 창백하고 불안하다.

53) 丁 일주가 甲을 보면,
    정직, 곧다, 성실한 사람이다.
    甲 = 곧고, 고지식, 고집, 아부를 싫어한다.
    甲이 많아 태울 수 없을 때 기억력이 일찍 감퇴한다.
    甲이 없으면 심지(연료)가 없는 격이다.

54) 사주에 生이 많으면 칭찬하는 것, 사랑하는 것, 배푸는 것, 주는 것이고,
    사주에 剋이 많으면 욕하는 것, 협박(탄압), 빼앗는 것, 독선적, 이기적인 것이다.

第 1 章 天干論

55) 順生 (相生) = 死木.
    逆生 (예 : 水生土) = 生木(木生火)
    마른 土에 水가 가면 沃土.
    生剋 = 丁 乙乙(旺)
         = 丙 甲乙(旺)

56) 丁火 = 적색이다. (충동 파괴, 다혈질)- 열기다.

※ 火 = 有刑無禮 = 心 = 변화무쌍하다.
※ 심장은 情의 산물이다.

57) 丙火 = 확산(擴大) : 陽은 위에서 밑으로 내려오는
                      성분이고,
    丁火 = 上昇尖銳 : 정력이 强하다
                    陰은 밑에서 위로 오르는 성분.

58) 丁火 = 변혁. 변화가 많다 : 건드리면.
          건드리지 않으면 순수하다.
          자기 기분에 맞으면 헌신적이다.
          헌신적, 정열적이다.
          : 촛불, 기도, 종교인
          자비의 신. 봉사의 신. 밤의 화신.
          착하고 섬세 하다. 감싸주는 것.
          어루만져 주는 것을 좋아한다.
          丁火는 情의 산물이다. 눈물이 많다.
          지나치게 情에 치우치면 냉정해져 버린다.

※ 易學 = 인생이 무엇인가 ? 를 공부하는 학문이기
         때문에 丁火(감성)를 잘 알아야 한다.

第 1 章 天干論

59) 丁火가 흉신이면,
① 사회에 쓸모없는 불이다.
② 무법자, 깡패, 범인.
③ 情이 냉정하여 이기적이다.
④ 朱雀 = 말을 잘못하여 말썽을 일으킨다.
⑤ 丁火는 甲木을 쪼개주는 庚金을 좋아한다.
⑥ 木(생명)이 없으면 징검다리 역할을 하러 세상에 태어났다.
⑦ 봄, 여름은 丙火가 木을 키우는데 旺하면 凶하다
: 조후가 잘 되어야 좋다.
⑧ 봄, 여름에 丁火가 旺하면 木을 태워 없애므로 흉하다.
보통사람과 반대 행동을 한다.
심보가 나쁘다.
반대를 잘한다.
⑨ 여름에 丁火가 辛金을 보면 재산을 말아먹는다.

60) 丁火 일주가 甲乙木(印綬)가 많으면 인생설계만 하다 끝난다 : 木旺火滯
女子가 丁火로 태어났는데 丁火가 많으면 남편이 바람을 많이 피운다.
庚金이 길신이면 돈이 많거나 흉신이면 깡패다.
丁火는 꼼꼼하다.
丁火가 身旺하면 숨어서 좋은 일을 많이 한다.

61) 丁 일주가 庚甲이면, 庚金(애인)이 반드시 있어 도움을 준다.
① 丁火의 主임무는 木을 심지(재료)로 하여 庚金을 녹여 그릇을 만드는 格이 좋다.
② 겨울에는 調喉로 쓰면 좋다.
③ 광산이면 인공열로 녹여 개발하면 좋다.

62) 丁火가 허약한데 干上에 壬癸가 나타나면 戊己가 剋해주지 못하면 단명, 불구자, 질병(정신적질병)이 있다.

第 1 章 天干論

63) 辛酉金이 甲을 죽이면 허망한 일생이다.

64) 丁壬合 = 외도를 하고 사랑밖에 난 몰라.
    남자일 경우 壬이 官이요 망상이다.

65) 丁火가 辰土를 보면, 辰土는 女子의 자궁, 성기,
    생명의 보자기, 沃土로 인심이 후하다.

66) 未土는 子水를 봐야 辰土가 된다.

67) 丑, 戌 = 辛金이 암장해 있어 각박하다.

68) 丁火 일주에 辰土(자식)가 길신이면 자식이 좋다.

69) 丁日柱가 木을 키우는 격이면 향기가 있다.
    木은 향기다.

70) 丁火 일주가 比劫위에 앉아 있으면 나 또는 배우자가
    바람핀다.

71) 丁 일주에 土가 많아 흉신이면, 자식이 죽거나 불구
    자가 많다.

72) 丁火 = 地熱인데 地支에 巳午未, 寅午戌火局을 이루
    면 생명을 태우므로 사회에 반대되는 일을
    한다.

73) 生 = 살리는 것, 도와주는 것, 착하다. 사랑한다.
        칭찬. 베푸는 것. 주는 것. 자비의 神.
        적을 안 만든다.
    剋 = 죽이는 것. 방해. 빼앗는 것. 미워하는 것.
        파괴한다.
    刑 = 모독하는 것. 싸움하는 것. 괴롭히는 것.
        못살게 하는 것.

第 1 章 天干論

74) 　　　辛 丁 丙 甲
　　　　　丑 卯 子 午
　　　　庚 辛 壬 癸 甲 乙
　　　　午 未 申 酉 戌 亥

　　　5 : 3 身旺이나 冷濕하다.
　　　신약으로 변했다.
　　　戊土가 正用神. 冷하면 土 先用.
　　　濕하면 火 先用.
　　　戊土는 食傷이기 때문에 戊土가 필요한데
　　　없어서 쎅스를 밝힌다.

75)　丁火는 가늘한 것. 양기덩어리다.
　　　丁 = 고무래 정자
　　　　　장정 정자

76)　丙火는 환하고 둥근 것을 말한다.

77)　눈이 적으면 심장이 크다. = 겁이 없다.
　　　 "　크면　"　작다. = 겁이 많다.

78)　　　 庚 戊 辛 辛
　　　　　申 辰 卯 卯
　　　卯木이 양기덩어리라 없앨 수 없다.
　　　木用. 水吉. 金病. 土凶. 火藥

79)　生木 = 逆生法. ⇒ 火生木
　　　死木 = 順生.　⇒ 木生火

80)　丁火가 己土를 보면 무능해진다.
　　　또, 丁火에 己土가 2개 있으면 사기꾼이다.

第 1 章 天干論

5. 戊土論

1) 戊土 = 생명을 기르는 土.
   己土 = 생명을 보존하는 土.
   土 = 공기다. 木火 金水가 모두 土속에서 죽고 산다.

2) 土 = 停止의 神. (庚辛 쟁기질)
   ① 收用의 神
   ② 縮尺의 神
   ③ 튼튼하면 말수가 적다. 무겁다. 후덕하다.
      자애롭다.

3) 土 = 태산. 높은 산. 포부가 크다.
   戊土 : 큰 大路(고속도로)
          속을 알기 어렵다. 內面 투쟁을 끝없이 한다.
   己土 = 小路, 농로, 뱀, 벌레있는 흙이다.
          賤한 생각. 낭만적인 생각.

4) 戊土가 喜神이면 : 信(믿음)을 가장 중요시한다.
                   정의로운 투쟁을 한다.
                   스케일이 크다.
                   포용력이 있다.
                   사람이 따른다.

5) 戊土가 凶神이면 : 우둔하다. 무례하다.
                   예의가 없다.

6) 戊土가 病이 되면 : 무법자, 칼잡이.

7) 戊土가 용신이면 : 활인업. 의사. 약사. 교육자

8) 木일주에 土 財면 좋다.

第 1 章 天干論

9) 戊土.
   火無 = 향기가 없다. 생기가 없다.
          활동이 능률적이지 못하다.
          직업이 賤하다. 가정이 안좋다.
          火旺土操 = 먼지다.
   男子 = 처와 자식궁이 나쁘다.
   女子 = 남편과 가정이 편치 않다.

10) 戊土에 甲을 보면 : 巨山이다.
          乙을 보면 野山이다.
          丙을 보면 인물이 잘났다. 수려하다.
          미남. 미녀.

11) 丙火는 세상을 보는 안목이다.
    丙火가 있으면 영민하다.

12) 戊土가 乙木을 보면 : 예술성이다.

13) 戊土에 壬癸가 뜨면 水多土崩으로 생명을 기를 수 없다.

14) 戊土에 財(水) = 돈과 부인이다.

15) 戊土에 木 = 향기, 값어치다.

16) 戊土에 甲乙木을 보면 욕심이 많다.

17) 戊土가,
    甲木을 보면 : 제 짝을 만났다. 주인이다.
    乙木을 보면 : 민가 근처 산이다.
    戊土가 乙을 보면 甲을 찾아 헤맨다.
    戊土가 丙이 뜨면 : 땅이 온기고, 자연의 온기고,
                      모습이 아름답다. 명랑하다.
                      자식사랑. 건강한 체질이다.
                      밝히는 것. 자랑을 많이 한다.

第 1 章 天干論

　　　丁火를 보면 : 조후가 되고 丁火를 보면 길하다.
　　　　　　　　　丁火는 땅의 불이기 때문에 조후를
　　　　　　　　　먼저 본다.
　　　戊土를 보면 : 짐이 무겁다. 입이 무겁다.
　　　　　　　　　일복을 많이 타고났고, 고독하다.
　　　　　　　　　선무공덕이다. 욕망이 많다

18) 戊土는 많은 것. 무거운 것으로,
　　① 己土를 보면 : 己土는 戊土의 德을 본다.
　　② 반대로 戊土가 己土를 보면 잃는 것이 많다.
　　　戊己 이면, 己土가 자꾸만 戊土 땅을 개간해
　　　들어 한다.
　　③ 庚金를 보면 : 산에 철광석이 묻혀 있다
　　　　　　　　　木이 나타나면 돌산의 木이므로
　　　　　　　　　丁火로 金을 녹여야 한다.
　　④ 辛金을 보면 : 빛나는 광산 , 다이야몬드.
　　　　　　　　　丁火가 나타나면 보석을 녹이려
　　　　　　　　　하므로 대단히 흉하여 돈을 많이
　　　　　　　　　벌었다 하더라도 한꺼번에 나가
　　　　　　　　　버린다.
　　　　　　　　　戊土가 辛金을 보면 辛金이 식상
　　　　　　　　　이므로 보석을 갖고 있다고 생각
　　　　　　　　　하여 고상한 생각을 갖는다.
　　　　　　　　　戊土가 庚辛金이 많으면 생각이나
　　　　　　　　　공상이 많다.
　　⑤ 壬水를 보면 : 旺해도 돈 걱정.
　　　　　　　　　약해도 돈 걱정한다.
　　⑥ 癸水를 보면 : 戊癸合火하여 인성으로 변하므로
　　　　　　　　　돈을 쫓는 격이다.
　　　　　　　　　그래서 자신만 旺해진다.
　　　　　　　　　癸水가 많으면 비가 많이 내린
　　　　　　　　　격이다.
　　　　　　　　　재물에 풍파가 따른다.

第 1 章 天干論

19) 木이 오면 成長을 의미.
    火가 오면 名譽를 의미
    土가 오면 信用을 의미
    金이 오면 돈이다.
    水가 오면 財物이다.

20) 戊土에 戊土가 또 오면 깊은 산이므로 외로워진다.
    첩첩산중으로 이상이 끝없이 높다.

21) 戊土에 甲乙이 오면 갈등이 일어난다.

22) 戊土에   壬壬   癸戊
                | |
             (장소) (때. 시간)

23)   乙   戊   癸   丙
            | | |
          양이차지   암흑   희망
          않는다.   밤   광명
          불만스럽다   좌절   소망
          (乙木은 작기 때문) 실패   낮

※ 낮에는 희망을 갖다가 밤이 되면 눈물뿐이다.
   일찍 만난 남자는 추억속으로 사라진다.

24) 戊己戊이면 계속 산길이므로 힘든 삶을 산다.

25) 戊戊
    ○午이면 役馬殺을 갖고 있어 바쁘게 산다.

※ 봄. 여름 = 초목을 키워야 하므로 丙火가 관장하고,
   가을, 겨울은 = 丁火가 관장한다.

26) 戊丁 = 소극적이다(신약할 경우)

第 1 章 天干論

27) 戊土 일주는 財(水)를 좋아한다.
    마른 흑에 水가 스며들기 때문.
    재물 福 있다. 바람을 많이 핀다 : 여자가 따른다.
    戊土가 旺하면 처(財)를 때린다 : 의처증

28)   戊   甲   = 좋은 인연이다.
    (陽土)(巨木) = 戊土는 甲을 보면 살아갈수록
                   남편을 존경하고 사랑한다.
                   큰 산에 巨木을 심어 좋은
                   격이다. 값나가는 산이다.

29) 戊甲丙 = 값나가는 산에 거목이 심어져 있고,
            인물까지 좋아 인기 있고 명예가 있다.
            大運에서 등장해도 좋다.
            땅이 비옥하고 아름다워서 貴局이다.
            그러나, 調喉가 되어야 한다.

30) 戊土가 旺하면 乙木으로 다스리려고 하면 시시하게
    보므로 값이 안 나간다.

31) 戊土가 甲木을 보면 외롭다.
    높은 산의 나무라서 찾는 이가 없다.

32) 戊土는 木剋土를 당하면서 木을 키운다.
    그래서 戊土가 甲木을 보면 희생정신이 強하다.
    남편한데 헌신적이다.

33) 戊土는 자기가 희생하기 때문에 甲木의 남편을
    만나면 좋아한다.

34) 戊土가 乙木을 보면, 乙木은 野生花라서 생명이
    짧으므로 年 月에 있으면 젊어서 잠깐 인기가 좋다가
    시들고,
    時에 있으면 늦게 인기가 있다.
    그러나, 꽃이 늦게 피면 번식이 없다.

第 1 章　天干論

35) 戊土가 木이 없으면 민둥산이다.

36) 戊土가 乙木이 弱하게 있으면 없는 것만 못하다.
    : 찾아주는 사람이 없어서.

37) 戊土에 乙木은 억세풀이라 밑이 가려지니 秘密이 많다.

38) 戊 일주가 乙木이 있으면 남편을 무시한다.
    그래서, 戊일주의 正 主人은 甲이다.

39) 戊 일주가 乙木은 있는데 大運에서 甲을 보면 연애하고 넘어간다.
    틀림없이 애인이 생긴다.

40) 사주에 木이 하나도 없는데 大運에서 乙木이 나타나면 들떠있다.

41) 戊 일주가 丙火를 보면 草木을 키울 준비가 되어 있다.
    처녀라면 인기 있다.
    인물이 좋거나 호감 가는 인물이다.
    인물이 아름답고 웃는 얼굴이다.
    누가 봐도 귀엽게 보인다.

41) 戊丁 구조면, 산불이 난 산이다. 값이 안나간다.
    丙火는 생육하는 불이라서 좋은데 丁火는 태우는 불이라서 불이 난 산이다.

42) 戊 일주가 丁火를 보면 短命하다.

43) 戊 일주가 丁火를 봤는데 집에 가도 밖에 가도
    반겨줄 사람이 없다 : 가는데 마다 남의 신세 지거나 피해를 입힌다.

第 1 章 天干論

44) 戊 일주가 여름에 操하면, 水가 와도 흡수되므로
    財가 흡수되어 말라진다.
    남자는 여자를 너무 좋아한다.
    70 먹은 남자도 여자 좋아한다.

45) 戊土가 戊土를 또 보면, 첩첩산중이다.
    고독하다. 산 속에서 修道하는 사람이 많다.

46) 己土를 농토로 보면, 戊土는 고속도로로 본다.

47) 戊己土가 있는 사람은 산촌마을과 같다.

48) 財가 튼튼하면, 역마성이라 고속도로를 달리는 것과
    같다.

49) 戊庚이면, 庚金을 하늘에서는 별로 본다.
    庚金을 땅에서는 쇠로 본다.
    庚金이 壬水를 보면 구름이다.
    戊土에 庚金은 돌산이고, 戊土에 辛金은 보석산이다.

50) 戊庚일 때 木이 나타나면 안 된다.
    둘 중 하나는 버려야 한다.

51) 庚金은 완숙된 과일이고, 辛金은 씨앗(핵)이다

52) 만약, 戊辛을 보면 산속에 보석을 묻어두고 있어
    마음속에 사랑을 품고있는 사주다.
    사랑을 꿈꾸며 사는 사람이다.

53) 戊辛은 때로는 구름 역할을 한다.
    그래서, 보석을 땅에 묻고 있으나 캘 수 없어
    마음속에 불만을 품고 산다.
    자기 혼자서 애를 태우거나 불만을 안고 산다.
    이런 사주들은 좋은 기회가 잘 오지 않으므로
    팔자라고 생각하고 살아라.

第 1 章 天干論

54) 보석은 까다로워 캐기가 어렵다.
    그래서, 從, 外格으로 가는 것이 좋다.
    : 특히, 辛酉일주에서.

55) 戊壬 구조면 壬水는 돈인데 辛酉金이 金生水
    해주지 않으면 돈 갖다 버리거나 돈 때문에 고통이
    다.

56) 戊壬癸이면, 돈 때문에 걱정한다.
    수확이 없다.
    壬癸가 태양을 가려 쭉정이 농사다.
    또 비를 맞은 산이다.
    여름에 調喉가 된다 해도 局이 작다.
    壬癸가 있고 地支에 辰土가 있으면 濕氣다.

57) 여름에 태어난 戊土가 壬癸가 있어 戊癸合化되면
    내가 돈을 갖다 버리거나 내가 마누라를 쫓아버린
    사람이다 : 戊癸合化되어 내가 더 旺해 지므로.

58) 여름에 戊癸合化된 사주는 자기도취에 사는 사람
    이다.

59) 土는 믿음인데 身弱하면 신용을 못 지킨다.
    旺하면 신용을 지킨다.

60) 土 일주가 신왕하면 믿음. 信 = 과묵하다.
         "   신약하면 간교하다.
         "   旺하고 편고되면 고집불통이다.

61) 戊土 大運이 오면 가까이 지내던 사람과 멀어지거나
    소식을 듣지 못한다.
    그러나, 길신이면 신용이나 명예 회복한다.

62) 戊土가 사주에 여러개 있는 사람은 세상소식을 듣기
    싫어하여 현실 감각이 없다.

第 1 章 天干論

63) 戊土가 乙大運이 오면 좋아했던 사람과 離別 運이다.
    슬픈일이나 안 좋은 일이 생긴다.
    그렇지 않으면 인기나 향기가 없어진다.

64) 庚戊丙甲이나, 甲戊丙庚 이면 金이 木을 치지 않아서
    좋다.

☆ 金木相爭하면 교통사고 많다.

65) 戊 일주가 戌을 보면, 火와 戊土는 戌이 卯이므로
    힘이 없다.
    사업확장 하지 말아라.
    그래서, 戌은 명상의 神이다.

66) 戊壬戊   月 = 장소, 계절.
    ○○午   日 = 본인의 현실
              時 = 시간과 때

67) 甲 戊 戊 丙
    寅 辰 戌 戌
    58세. 辰大運에 남편이 辰戌沖을 맞아 죽었다.
    時에 福이 있다. 남편이 지방에 가서 있었다.
    첩첩산중이기 때문이다.

68) 戊土가 庚金을 보면, 丁火가 있어야 金을 캘 수
    있는데 이럴 때 壬癸가 나타나면 불을 끄므로 調喉가
    필요하다. 조후 안 따진다.
    土가 旺해도 火를 써야한다.

69) 戊土가 乙木을 보면, 시시한데 癸水까지 보면 값이
    안나간 土다
    戊乙癸 = 값이 안 나간 土다.
    戊癸丙 = 壬癸가 산통 다 깬다.
    戊庚癸 = 괜찮다. 나빴다 좋아지니까.

第 1 章 天干論

70) 金木土水火. 土가 주인이다.(中央)
    만물의 어머니와 같다.
    金木水火 四行을 受用한다
    四行을 生死旺衰 조절한다.
    中性子 조절의 神. 매개의 神.
    藥房의 감초(달다)와 같다.
    그래서, 사주에 土가 있어 줘야한다.
    土는 胃腸이다.
    土는 믿음. 중간역할을 한다.
    사람은 人 + 言 = 信이므로 정직하다.
    황색이다. = 임금이 입는다.
    중국이 지구의 중앙에 있어 결국 중국이 세계를
    지배하게 된다.

71) 戊土는 미 개척지이므로 순결로 시집간다.

72) 戊土와 己土는,
    ① 모든 것을 포용한다.
       수용. 축척. 후덕하다. 인정있다.
       모가 나지 않는다. 남의 말 안 한다.
    ② 중앙. 믿음. 신용.
    ③ 停止의 神이라서 木과 金으로 건드려 줘야한다.
       이런 구조면 부지런하다. 땅이 살아 있다.
    ④ 寅卯辰의 辰土는 자기가 剋을 받으면서 木을
       키우므로 인내심이 많다.
       干上에 또 木이 나타나면 남편의 강압이 심한
       사람이다.
       남편한테 매 맞고 산다.
    ⑤ 戊土는 태산이라 생활력이 强하다.
       자기 공상이 많다.
       자기 개발을 많이 하는 신이다.
       편고만 안 되면 성실하고, 부지런하다.
       편고되면 修道한다(밖의 소식을 안 듣는다.
       첩첩산중이라서)
    ⑥ 戊土가 財를 보면, 돈 벌기 위해 활동한다.

第 1 章 天干論

⑦ 戊土가 균형 잡히면 食性이 좋아 비만하다.
  : 축척의 神. 믿음을 가지고 있어.
⑧ 戊土가 흉신이면 우둔하고, 포악하고,
  자기식으로 산다.
⑨ 戊 일주가 太旺하면, 不法으로 산다.
⑩ 戊 일주가 자기가 약신이면, 의사, 활인업,
  사회봉사한다.
⑪ 戊 일주가 신왕하고 水가 허약하면 財를
  억압하므로 火가 도망간다 : 그렇지 많으면
  단명하다.

72) 사주에 어떤 일주도 財를 合하면 큰 그릇이 없다.

73) 財중에서는 土財가 좋다.

74) 木 일주가 土財를 가지고 있으면 妻德이 좋다.
    土는 午未를 中和하기 때문이다.

75) 土는 나무를 키우므로 나무를 키우면서 자기도
    좋아지니 좋다.

76) 水 일주가 火가 財인데 水剋火하여 財를 없애므로
    凶하다. 그래서, 水일주는 형제에게 돈을 빌려주면
    못 받는다.

77) 戊土者는 부자되면 후덕하다.

78) 戊 일주가 火가 없으면 생기가 없다.
    그래서 土의 정기는 火다.
    戊土는 火가 없으면, 죽은 土다.
      "   "   쓸모없는 土다.
      "   "   향기가 없다.
      "   "   천한 일, 남이 싫어한 일.
      "   "   비밀스러운 일. 숨어서 한다.

第 1 章   天干論

79) 戊 일주에 火가 많으면,
    火多土操하면 土가 먼지로 변한다.
    그래서, 결혼하면 책임 못진다.
    남의 신세진다.
    나중에는 修道僧이 된다.

80) 戊土의 가장 중요한 임무는 나무를 키워 결실을
    시키는 것이 기본 임무다. = 생명. 공식. 빵.
    그래서, 戊 일주가 나무를 기를 때 가장 보람있다.

81) 戊 일주에 甲丙이 나타나면 미남미녀다.

82) 戊土는 辰土를 달고 다니면 辰中 乙木이 있어 局이
    크다.
    戊土가 寅木을 봐도 그렇다.

83) 戊土가 壬癸가 나타나면 돈 때문에 고통 겪는다.

84) 戊土가 丙火를 보면, 얼굴이 밝다.
    丙火는 문명의 神이라서 상식이 많다.
    丙火는 밝음. 문명이 辛이라서.

85) 戊 일주가 水가 오면, 財인데 甲乙木도 돈이다.

86) 戊 일주가 신약한데 甲乙木이 너무 많으면 키울 수
    없는 나무가 많아 욕심이 많다.
    木은 향기라서 어디 있던지 인기가 있다.

87) 己土는 거목을 키울 수 없다.

88) 戊土가 乙을 보는데 꽃동산이라 인기가 좋다.
    그러나 木이 많으면 가시덤불과 같다.
    濕해서 그늘이 많이 져서 맑지 않다.

89) 戊土는 甲을 봐야 양이 찬데 甲을 못 보면 희망이
    없다.

第 1 章 天干論

90) 戊土에 甲이 없고 庚辛金이 나오면 돌산이라 광산을
    캐야하는데 從兒로 가거나 丁火로 캐야한다.
    火가 없으면 값없는 돌산이다.

91) 戊 일주가 庚辛金이 용신인데, 甲乙木이 있으면
    용신이 香氣를 자르는 직업을 가지므로 술집, 여관,
    돈놀이한다.
    그러나, 庚金이 旺하여 용신이면, 甲乙木을 다스리는
    직업이라 판검사, 경찰 등 권력직이다.

92) 金木이 나타나 용신도 아니면서 싸우면 아무 일도
    안된다.

93) 戊土 옆에 己土를 보면, 己土에게 힘을 빼앗기므로
    싫어한다.
    반대로 己土는 戊土를 보면, 농토를 넓히므로
    좋아한다.

94) 戊己 = 沖이다. = 소리없는 沖이다.

95) 土 일주가 辰戌沖이 있는 者는 돈이 없다.
    木을 키우지 못하므로.
    調喉로 戌中의 丁火를 쓴다면 괜찮다.

96) 戊土는 생명을 키울 때 값이 나간다.

97) 戊土가 甲乙 木이 있는 사주는 할 일이 있는
    사람이다.
    할 일이 있는 사람은 자비와 사랑이 있는 사람이다.
    그래서 이런 사람은 잘산다.
    木이 없으면 할 일이 없다.
    그러나, 調喉만 되면 괜찮다.

☆ 木이 있는 사람은 감성이 풍부하다.
   향기가 있기 때문이다.

第 1 章 天干論

98) 태양(丙)이 뜨지 않는 戊土는 생기가 없는 땅이다.

99) 戊土는 丙火가 印星이다.

100) 戊丙은 巳에 똑 같이 長生한다.
 그래서, 戊土는 태양과 같이 존재한다.

101) 戊丙乙 → 화초다. 고아가 많다.

102) 戊甲丁이나 戊乙丁 구조면 丁火(지열)가 나타나면 값이 안 나간다.

103) 巳午未月에 丁火는 값이 안나간다.

104) ○戊○
 寅午戌이나 巳午未 구조면 조상 재물을 모두 까먹는다.

105) 戊土가 木을 태우면 할 일이 없는 사람이다.

106) 戊土가 생명을 태우는 구조면 생명과 관계없는 곳에서 살아야 한다 : 수도. 스님. 숙녀.

107) 생명을 태우는 구조면 사회에 역행한다.

108) 용신이 刑되면 官災, 損財가 생긴다. 풍파다.

109) 여름에 戊土는 물이 필요하다.
 戊癸合火되면 물을 합하여 火로 바꾸었으니
 희망을 망각한 사람으로 운이 없다.
 용신을 合해서 흉신이 되면 안된다.
 戊土가 남자라면 마누라 도망간다.
 그러나, 겨울에는 괜찮을 수도 있다.

第 1 章 天干論

110) 戊乙辛 → 辛金이 食傷이다.
　　　　　　자기의 생각이나 행동이다.
　　　　　　金剋木하므로 생명을 자르니 벌, 나비가
　　　　　　안 온다.

111) 여름 戊土는 조후만 돼도 편하게 산다.
　　　여름에는 만물이 잘 자라기 때문이다.

☆ 調喉는 생명을 살리는 구조다.

112) 戊土가 甲을 보면 甲木이 향기로운 德이다.

113) 여름 戊土가 地支에 寅午戌이나 巳午未로 火局이
　　　되면, 산에 불이 난 격이라 가난하다.

114) 여름, 겨울에 調喉가 되면 積德地家다.
　　　활인업이다.

115) 여름에 戊庚 = 돌산이다. 잡석이다.
　　　　"　　戊辛 = 보석산이다. 까다롭다.

116) 戊辛庚이면 기암절벽이다.= 그대로 두어야 한다.

117) 戊辛 구조로 戊가 많아 보석을 묻은 구조면
　　　자기 스스로 남을 탓하며 산다. 자탄한다.

118) 戊辛丁 구조면 다루기가 힘들다.
　　　보석을 녹이면 안된다.

119) 戊庚丁이면 丁火로 庚金을 녹여 기계를 만드니
　　　좋다.

120) 戊土가 旺하고 甲乙木이 없으면 민둥산이라 할
　　　일이 없어 희망이 없다 : 날품팔이다. 노동자다.

第 1 章 天干論

121) 어느 일주라도 辛酉金은 용신을 쓰지 않는다.
     완성품이기 때문이다.
     건드리면 깨진다. 기스난다.

122) 만약, 여자가 辛
                    酉 金을 용신으로 쓴다면 남편하고
     살 수 없다 : 99% 이혼한다.

123) 戊土는 地支에 辰土를 가장 좋아한다.
     辰土는 沃土라서 乙木 생명(곡식)을 갖고 있어서
     더욱좋다.

124) 戊土가 庚金을 용신으로 쓰면 官(甲乙)을
     거부하기 때문에 官을 누르는 직업, 경찰, 검찰
     같은 권력직을 가져야 좋다

125) 戊庚
     ○申 金이 흉신이면, 甲乙이 나타나 官을 주므르는
     일을 하면 좋다 : 정상적이 아닌 뇌물주어서.

126) 여름에 戊土기 조후되면 사람이 몰려든디.
     調喉가 안되면 賤格이다.

127) 戊 일주가 여름에 丑戌刑이면 丑中의 癸水를 깨므로
     官災다.
     辰戌冲도 마찬가지다.

128) 戊 일주가 辰戌冲을 만나면,
     戊○
     辰戌 구조면, 항상 바쁘고, 분주한데 이득이 없다.

129) 乙甲己○ → 甲己合으로 병든 나무다
     丑戌卯○ → 丑戌刑으로 官災. 災殃이다.

第 1 章 天干論

6. 己土論

1) 己土 = 땅에서는 土지만 우주전체로 보면 空氣다.

2) 己土 = 亥子丑月에 태어나면 大吉인데 조상이
   잘산다.
   그래서 地支에 合이 들어와 木(생명)이
   크려고 하면 그 생명을 키울 수 없으므로
   대단히 흉하다.

3) 己土 = 裏面土라 보이지 않아 그 성격을 알기
   어렵다.

4) 己土가 甲을 보면,
   농토에 농사를 지을 수 있기 때문에 좋아한다.
   그러나, 甲木이 己土를 보면 생명이 클 수 없어
   흉하다.

5) 己土가 乙을 보면, 정신이상자가 많다.

6) 己土가 丙火를 보고 甲木을 보면, 己土가 戊土로
   변하기 때문에 좋다 : 괜찮다

7) 己土가 丁火를 보면, 조후를 먼져 봐야한다.
   만약에 地支에 寅午戌이 되면 己土가 너무 말라
   농사를 지을 수 없어 흉하다.

8) 己土는 농사지을 수 있는 물이 있으면 논과 같아서
   농사를 지을 수 있다.

9) 己土는 낮은 땅, 논, 적은 밭, 소로 길, 농로, 지방
   도로다.

第 1 章   天干論

10) 己土 옆에 戊土가 있으면, 己土의 땅이 넓어지므로 좋아한다.
    반대로 戊土 옆에 己土가 있으면 戊土의 땅이 좁아지므로 싫어한다.

11) 己 + 戊 = 남의 덕(빽)을 믿고 큰소리친다.

12) 己 + 己 = 사람과의 다툼이 많다. 게으르다.

13) 己土는 가을, 겨울에 比劫이 많으면 사기꾼이고, 허풍쟁이다.
    농사를 지을 철이 아니므로 비겁이 필요없다.

14) 己己己己
    巳巳巳巳 = 사기꾼이다.
           = 바싹 말라 있어서 물이 필요하니까.

15) 己 + 庚 = 농토에 자갈이 있어 못쓴다.
             火를 써서 金을 녹여내야 한다.

16) 己土에 庚辛金이 나타나면 木(생명)을 키울 수 없기 때문에 개혁을 시도하는 사람이다.
    난세에는 좋다.

17) 己土가 辛金을 보면, 보석광산이다.
    비겁이 많으면 자기 스스로 보석을 묻는다

18) 壬水를 보면, 水가 뿌리가 튼튼하면 물속에 잠긴 土라서 농사를 지을 수 없어서 폐농이다.

19) 己土가 癸水를 보면, 비 내리는 농토라 가장 싫어한다.
    그러나, 여름에는 조후로 쓴다.
    갈 길은 바쁜데 앞이 캄캄해서 恨을 안고 산다.

第 1 章 天干論

20) 己土는 濕土라서 火가 없으면 木을 키울 수 없기
    때문에 木이 나타나면 여자는 남편복이 없고 남자는
    조상과 자식이 안 된다.
    그래서, 심하면 정신분열증이 많다.
    정신병자나 신 내리는 사람이 많다.

21) 己土가 하늘에서는 구름이기 때문에 구름이 많으면
    별빛을 가린다.

22) 己土가 身旺하면 살이 찐다. = 비만.
    가정이 어렵다 = 조후가 안되면.

23) 己土가 甲乙이 많이 나타나면 고질병을 가진다.

    　　　　丁丁癸庚   모 병원 전 전산실장 부인사주
    　　　　未酉未子
    　51 41 31 21 11 1
    　　丁 戊 己 庚 辛 壬
    　　丑 寅 卯 辰 巳 午
    41세 戊寅大運이 凶運이라 04 甲申年 남편이 옷을
    벗었다

24) 己土에 甲木= 腹上死다.

25) 己土 일주는 길바닥 흙이라서 격이 안 섰을 때 賤한
    직업을 가진자가 많다 : 행상, 창녀, 해결사

26) 己土가 地支에 亥未, 卯未, 卯未亥合木하면 생명을
    키울 수 없는 木이기 때문에 가정이 깨진다.
    아주 나쁘다.

27) 　己 己 己 己 己 己
    　酉 卯 未 巳 亥 丑 일주는 부부궁이 나쁘다.

28) 己 일주는 특이한 재능을 가진 자가 많다.

第 1 章 天干論

29) 己 일주는 運이 나쁘면 물에 빠져 죽는 자가 많다.

30) 己일주가 여름에 辛金을 보면, 하는 일마다 안 된다.
    운이 없다. 賤해진다.

31) 己土가 많은 것을 土多長夏 = 여름에 농사지을 땅이 많은 것을 말한다.
    농사지을 기간이 길어 부자라는 뜻이다.

32) 己土가 地支에 水局이 되어 있으면 겨울이 길어 봄이 안 오니 언제 농사짓겠느냐? : 운이 없다.
    돈이 없다.

33) 戊일주에 乙
         卯 (官)이 나타나면 향기가 있어 길하다.
    여자일 경우 사랑노래 부른다.

34) 己土가 比劫이 많으면, 자기일은 안 해도 남의 일은 잘 돌본다.

35) 己 일주가 亥子丑月에 태어나 丁火를 보면 丁火의 빛을 흡수해버려 용신이 약해지므로 장가 여러번 간다.
    바람과 풍파를 격는다.

36) 己土가 午火를 보면, 午中에 丁火가 있어 祿中印星을 가지고 있어 부모와 인연이 있다.

37) 己土 일주가 停止된 神이기 때문에 丑未沖, 辰戌沖이 되면 좋다.
    단, 木이 없을 때만 좋다. 만약 木이 있을 때 沖을 맞으면 運이 없다 : 뿌리를 못 내리게 하기 때문이다.

第 1 章 天干論

38) 土는 收藏(辰, 戌, 丑, 未 庫)을 시키기 때문에 水를 좋아한다.
    바람을 많이 핀다.
    수도하는 사람이 많다.

39) 己土가 壬癸를 보면 農土로 본다. = 논농사.

40) 己土가 丙丁火를 보면 밭농사로 본다.

41) 己土가 火를 보지 않으면 나무를 키울 수 없다.

42) 己土는 씨앗을 발아시키기 위해 씨앗을 보관하는 土다.

43) 己 일주가 甲과 合하면 키울 나무를 썩게 만들므로 엉뚱한 길로 간다.

44) 甲己合土는 계절을 잘 봐야 한다.

45) 己土가 乙木을 보면, 乙木은 생명체이므로 키워야 하는데 火를 보지 못하여 乙木을 키우지 못하면 정신병자가 많다.
    陽圈에 태어나면 특이한 성격.
    己土가 乙木을 보면 열사, 발명가, 열려, 효부 등 남들이 가지 못하는 길을 간다.
    그래서, 난세에는 좋다.

46) 己丙 = 沃土다. 밭농사다. 수확이 있다.
    여기서 丙火는 태양이다.

47) 己壬癸 = 논농사, 벼, 연꽃, 미나리.
          = 從하는 경우가 많다.
            : 물이 더 중요하기 때문에.

第 1 章   天干論

48) 己丁 = 인공열이라서 값이 안나간다.
    = 불이 난 산이다.

49) 己戊 = 己土가 戊土로부터 얻는 게 많다.
    인덕이 많다.
    陽圈에 태어나면 戊土가 復土를 하여
    초목 키우기가 좋다.
    陰圈에서는 초목을 키울 수 없으므로 德이
    적다.

50) 己土 = 씨앗을 보관하고 발아시키는 역할을 한다.

51) 己己 = 陽圈(巳午未)에서 태어나면 가시적인 눈으로
    세상을 잘못 판단한다.
    그래서, 사기꾼이 많다.

52) 己土가 가장 賤하게 산다. 그 다음이 癸일주다.

53) 己己 = 과대망상, 발명가, 허황된 생각이다.
    끝없는 전답으로 본다.
    火를 보지 못하면 폐농이다.
    水를 못 봐도 폐농이다.
    그래서, 己土는 調喉가 안되면 생명을 키울
    수 없으므로 모험주의다. 개혁주의다.

54) 己庚 = 농사를 지을 수 없는 돌산이다.
    木을 뽑아야 한다.
    개혁자, 혁신, 모험, 법관, 권력가, 주먹세
    계, 해결사다.
    土金傷官格은 생명을 자르는 일을 한다.
    난세에는 호평을 받으나 평화시대에는 필요가
    없다.
    그래서, 인공열인 丁火를 보아 庚金을 캐내어
    연장으로 만들어야 한다 : 이때는 水 조후가
    필요 없다 : 날이 맑아야 한다.

第 1 章　天干論

55) 己庚을 보아 돌산인데 壬癸가 뜨면 돌산을 개발할 수 없어 할 일 없이 사는 運 없어 놓고 있는 사람이다.

　　　庚己壬丙
　　　午酉辰戌 : 돌산이라서 水가 필요없다.
　　　　　　　　건달이다.

56) 己土는 壬癸水 장마를 가장 싫어한다.

57) 만약, 己土가 壬癸를 보면 恨을 안고 산다.
　　: 일을 할 수 없으므로.

58) 辛
　　酉는 용신으로 쓸 수 없는데 부득이 썼다면 運이 없다.

59) 己辛
　　○酉이면 : 格이 안 선다.
　　　　　　　농사를 지을 수 없는 땅.
　　　　　　　보석을 캘 수 없는 땅.
　　　　　　　보석을 묻어야 하므로 가치 없는 삶을 산다.
　　　　　　　그런데, 己土가 辛金만 보면 괜찮다.

60) 己癸
　　亥子이면 : 갯벌 흙이다. 從財.

61) 己癸 = 己土는 나무를 키우는 것이 목적인데 癸水를 보면 1년 12달 재수없다.

62) 己土가 甲乙木이 흉신이면 :
　　신경조직, 임파선, 갑상선, 정신질환이다.

第 1 章　天干論

63) 己土가 癸水를 보면 부부궁이 나쁘다.
    마누리가 악처가 되거나 돈으로 인하여 풍파다.
    癸水는 丙火를 가리는 안개, 습기다.
    방향 감각을 잃어 갈팡질팡한다.
    엉뚱한 짓한다.

64) 어떤 일주라도 생명을 키울 수 없으면 사회에 악을
    조장한다.

65) 생명(木)은 자비와 사랑 덩어리다.
    木 = 仁(사랑과 자비), 아름다운 세상.

66) 己土가 陽圈地에서 癸가 뜨면 : 財인 癸水로 인하여
    폐농이다.

67) 己土가 陰圈에서 태어나 癸水를 보면 : 잔혹한 눈
    (雪), 생명을 죽이는 눈(雪)이므로 死神으로 잔혹
    하다.
    가정이 안 된다.
    어떤 남편 만나도 남편 죽인다.

68) 己土가 木을 봤는데 火를 보지 못하면 과부나
    독신녀다.

69) 己土는 土가 旺한데 火가 없으면 생기가 없어서
    죽은 土와 같다.
    생명을 기를 수 없기 때문이다.

70) 만약, 己土 여자가 木이 있고, 火를 보지 못하면
    남편과 살 수 없다 : 남편한테 매 맞고 산다.

71) 己土가 생명을 못키운 사주는 종교인이 많다.

72) 己土가 火가 너무 많으면 밭농사로 보는데 조후가
    안되면 행복이 없다.

第 1 章 天干論

73) 己土가 甲乙 木이 너무 많고, 從殺 안되면 일찍 죽거나 질병자다.

74) 己土가 甲木과 合하여 土로 썩으면 생명이 썩기 때문에 자궁 속에서 생명이 죽는다.
유산되거나 불구자, 기형아를 낳는다.

75) 己土는 야지 흙이라서 밟고 다닌다. 천하다.

76) 戊土는 높은 산의 흙이라서 고고하다.
없어도 체면치레한다.

77) 己土는 타협을 잘한다.

78) 己　己
亥卯. 亥未이면 마누라가 내 신세 망친다.
자식이 불량하다.
키울 수 없는 나무다.
이룰 수 없는 사랑이다.
이별가를 부르면 헤어진다.
修道하는 사람이 많다.

79) 己土 여자는 남자를 좋아한다.

80) 己土 일주가 너무 말라 있으면 :

己辛○
巳午未 = 보석을 사막에 묻는 사람이다.
　　　　여기서 辛金이 여자라면 자식이 불구자
　　　　된다. 또는 못 낳는다.

81) 戊己土가 조후가 되지 않으면 (마르면) 빚지고 산다.
노동의 댓가로 살아야 한다.
사업하면 안된다.

第 1 章 天干論

82) 己土가 사주에 많고, 말라 있으면 사기꾼이다.
  농사가 안되니까 남의 농사를 훔쳐 먹는 사람이다.
  여자 등치는 사람이다.

  甲甲甲甲
  戌戌戌戌 = 죽은 나무다.

83) 己壬 = 己土濁壬이다. = 여름에만 성립한다.
        壬水는 피이기 때문에 피가 탁해서 피부병
        생긴다.

84) 己己 = 끝없는 들판 길. 끝없는 고난의 길.
        사연과 고통이 많다.

85) 己土가 1월~6월까지는 초목이 자랄 때인데,
  地支에서 沖되면 나쁘다.

86) 12월 己土는 沖을 싫어하지 않는다.
  봄이 되면 나무를 길러야 하기 때문에 손질이
  필요하다.

87) 己土가 庚辛을 보면 돌산이다.
  丁火를 보아 캐내야 한다.

88) 土가 金을 生하는 사주는 종교인이 좋다.

89) 己土가 너무 濕하면 음흉하고,
  己土는 陰土라서 비밀이 많다.

90) 己土가 巳午未月에 태어나면 생명이 자랄 계절이
  므로.
  己庚
  巳午未月이면, 여기서 庚金은 열매로 보기 때문에
  水 조후를 쓴다. 印綬는 쓰고 癸水는 안 쓴다.

第 1 章   天干論

91)   戊乙 = 산에 핀 약초, 인삼, 더덕, 자연발생한 것.
      己乙 = 전답으로 인공으로 가꾼 土로 잡초 밭이다.

※   여기서, 乙木은 1년초이므로 사치와 낭만이 많다.
     요령꾼이 많다.
     己土가 濕해서 乙木이 뿌리가 썩는다.

92)   己 = 陰土, 황색, 裏面土다.

93)   戊土 = 1984년으로 상원갑자로 끝났다.
            1984년 이후는 己土시대다.
            계약결혼이 많다. 이혼이 많다.

94)   己土時代는 坤道時代, 物質時代다.
      : 돈, 현실, 상업, 신속, 감각이 발달.

95)   己土가 濁壬되면 요령꾼 아부꾼이 많다.

96)   己土가 癸水를 보면 丙火를 가려 나쁘다.

97)   己土 = 丙火가 正用神이다.
             木을 길신으로 써야 한다.

98)   己土는 戊土를 용신으로 쓸 경우가 많다.
      : 객토해 주기 때문.

99)   만약, 己土가 丙火가 없으면 작물이 클 수 없어
      자식이 잘 안된다.
      火運에는 괜찮타가 火가 지면 자식이 죽는다.
      火가 없으면 남편덕이 없다.
      그래서, 자식이나 남편중 하나는 버려야 하므로
      애환이 많다.

第 1 章 天干論

100) 己甲 合土되어 土가 旺하면 腹上死 한다.
　　　木이 旺하면 남자가 고통준다.

　　　乙庚 庚이 된다.　　　甲己 己가 된다.
　　　丁壬 甲　 〃　　　　丙辛 癸　 〃
　　　癸戊 丙　 〃　　　　戊癸 丁　 〃
　　　辛丙 壬　 〃　　　　庚乙 辛　 〃
　　　己甲 戊　 〃　　　　壬丁 乙　 〃

101) 己土는 乙木을 사용하지 않는다.
　　　약신 또는 從할 때만 사용한다.

102) 己土가 여름에 태어나 木이 旺해 꽃밭이 되면
　　　허영만 많다.

103) 己土가 癸水가 많아 濕하면 떠돌이다.

104) 己乙이면, 키울 수 없는 나무다.
　　　己乙壬癸이면, 키울 수 없는 나무를 키워야 하므로
　　　기생이다.

105) 己土에 庚辛金이 투간하면 돌산이다.
　　　개간하려면 丁火가 필요하다.
　　　그래서, 壬癸가 뜨면 개발못한다.

106) 己土 일주에 甲乙木이 많으면 욕심을 너무 부려
　　　망한다.
　　　官을 다스리면 명예다.

107) 己土가 乙木을 보아 신왕하면 노후가 불안하다.=
　　　꽃이 진 후.

第 1 章　天干論

109) 己土 = ① 陽圈, 陰圈에서 태어났느냐.
　　　　　② 濕하냐 操하냐.
　　　　　③ 조후가 되었느냐, 신왕이냐, 신약이냐.
　　　　　④ 土는 정지된 神이라서 金으로 쟁기질 해
　　　　　　 주거나 木으로 다스려 줘야한다.

110) 己癸戊일 때 여기서 戊癸合火의 火는 진짜 火가
　　 아니므로 희망사항이다. 노을이다.

111) 己壬 = 건달이 많다. 물에 가라앉아 있어서다.

112) 己壬癸이면 戊土로 눌러줘야 하는데 눌러주지
　　 못하면 노는 사람이다.

113) 己土가 火가 없어 얼어있으면 남편과 자식이
　　 있어도 속 썩이므로 고통속에 산다.

第 1 章 天干論

7. 庚金論

1) 庚金은 쇠. 단단한 것. 찬 성분. 체가 冷하여 火로 成器해야 한다.

2) 庚金 女子가 丁火 男子 만나면 대발한다.
   그래서, 革이라 한다.

3) 亥子丑 = 庚金이 病死墓다. 얼음 덩어리다.

4) 巳午未 = 과실이다.

5) 水旺金沈을 싫어한다.
   土旺金埋를 싫어한다.

6) 金 태왕은 고철이다. 빛과 소리가 없어서 死金이다.

7) 金 일주 = 법관, 군인, 칼, 수술, 의사.

8) 丙火 = 養生之金으로 키우는 火. 확산.

9) 丁火 = 成物. 金多火熄.

10) 庚金은 丁火를 좋아한다.

11) 庚金 일주에 丁火가 나타나면 甲木이 있어야 좋다.

12) 甲庚丁을 三朋이라 한다.

13) 庚金 일주에 乙木 = 濕木인데 가을에 乙木이 나타나면 갈초이기 때문에 쓸 수 있다.

14) 三朋 : 甲庚丁 = 剋으로 이루어져 투쟁적이다.

第 1 章 天干論

15) 金 일주에 癸水가 나타나면 濕해서 肺가 나쁘다.
    ① 成物, ② 비로 착각한다.

16) 傷官은 不正의 神으로 官을 傷하게 한다.
    祖上 때 혈통이 나쁘다.

17) 庚金이 剋을 받으면 皮膚, 肺, 大腸이 나쁘다.

18) 庚金이 겨울에 癸水를 보면 死神으로 生命(만물)을
    얼어죽게 한다.

19) 金은 7월부터 완성품으로 본다.

20) 庚金이 신약한데 火旺하면 金이 녹아버리기 때문에
    病者다.

21) 가을에 庚金이 甲木을 보면, 가을에 수확을 하는
    格이라 富者다.
    먹을 것이 있다.
    그러나, 庚金水甲으로 이루어지면 헛일하는 格이다.
    가을철에 나무를 키우려 하니까.

22) 봄에 庚金 옆에 丁火가 나타나면, 金이 아직 어리기
    때문에 녹일 수 없어서 나쁜 일만 한 사람이다.

23) 甲乙木(生命)은 香氣인데 사랑과 자비를 자르므로
    사회에 구설, 안 되는 일만 한다.

24) 庚金이 생명을 자르면 亡한다.

25) 봄 庚辛 일주, 여름 壬子 일주, 가을 甲寅 일주,
    겨울 丙午 일주는 四敗日로 凶하다.

26) 봄에 庚金이 乙木과 합하면, 크지도 않은 사람이
    연애하는 격으로 凶하다.

第 1 章 天干論

27) 봄에 庚金이 木이 旺하면 성질이 괴팍하다.
    : 庚金인 나보다 木이 旺하므로.

28) 庚金에 壬癸가 旺하면, 물에 빠진 金이다.

29) 봄에 庚
          申 일주가 丁火로 容金成器하면 少年登科
    한다.

30) 용신이 여러개면 마음이 산란하다.
    여자는 남자를 많이 거느린다.

31) 庚 + 甲 = 봄, 여름에는 곡식(싹)을 잘라없애므로
    凶하고, 가을에는 곡식을 수확해야 하므로 吉하다.
    가을에는 꼭 수확해야 한다.

32) 庚乙이 봄에 合하면 연애걸다 亡한다.
    여자의 경우는 돈 밖에 모르는 몸 파는 사람이다.
    남자는 돈 때문에 시비가 많다.

33) 庚金이 木(돈, 財)을 자르면 仁義가 없는 사람이다.

34) 가을에 庚乙합이 되면 돈이 많은 사람으로 福 많은
    사람이다.

35) 가을, 겨울에 庚乙丙이면 丙火는 빛나는 것으로
    완성된 金이 빛을 보므로 名譽가 있다.
    그러나, 봄에는 金을 키워야 하므로 名譽가 작다.

36) 가을에 완성된 庚金이 丙火를 보면, 미남이다.
    언변이 좋다.

第 1 章 天干論

37) 庚金이 丁火를 보면, 變革이 되므로 뿌리가
    튼튼하냐, 어느 계절이냐에 따라 달라진다.
    가을, 겨울이면 貴局이다.
    그러나, 여름에는 調喉도 해야하고 그릇도 만들어야
    하는데 어느 것에도 만족을 못하므로 변화가 많다.
    = 직업, 교통사고 등
    여자의 경우는 구박덩어리다.
    시집가도 남편에게 賤待받는다.
    질병이 많다.

38) 庚戌이면, ① 산에 묻혀있는 鑛山이다.
              ② 구름속에 갖혀있는 달이다.
              ③ 산 넘어 지는 달이다.
              ④ 달이 지니까 별도 진다.

39) 庚己 이면, 습한 땅, 小路, 농로, 좁은 길.
    ① 땅에 굴러다닌 돌이다.
    ② 땅에 떨어진 달빛이다.
    ③ 農土에 박힌 돌이다.

※ 庚己丙이면 官印想生으로 大局이다.
   : 정승사주. 잘 자라고 있는 金.

40) 庚辛이면, 辛金이 보석이므로 내가 보석을
    망가뜨린다.
    ① 내가 스스로 보석에 기스를 나게 하니 亡한다.
    ② 내 생각과 주위 환경이 맞지 않아 현실을 착각하
       여 구설에 쌓인다.
    ③ 金을 팔아 古鐵을 사는 格이다.

41) 庚壬을 보면, 水路다 : 내리는 비.
    바다위에서 나오는 물이다.
    여름에는 水路가 아름답다.
    : 물이 필요한 계절이므로.
    호수위에 떠 있는 달이다.

第 1 章   天干論

42) 庚癸 이면,
    착각의 神.
    게으르다.
    인정이 많고 착하다.
    그러나, 겨울에는 앞이 안보여 잔인하고 혹독하다.
    폐가 나빠진다.

43) 庚金이 陰圈에서 태어나면 구박덩어리
    庚金이 陽圈에서 태어나면 活人業이다.

44) 金이 旺하고 木(생명)이 弱한 男子는 女子 등쳐먹는
    사람이다 : 폭행, 협박한다.

45) 庚金은 하늘에서는 달과 별이다.
    농사지을 때는 쟁기로 본다.

46) 사주에 土多金埋된 사람은 土는 糖分으로 당분이
    많아 치아가 弱하다.
    印星(土)이 仇神이라 자랄 때 불운했다.
    父母 德 못 봤다.

47) 金을 丁火로 녹이지 못할 구조면 물로 씻어야 한다.

48) 庚金이 魁罡日에 태어나 局이 좋으면 권력기관에
    종사하나 局이 나쁘면 깡패다.

49) 女命에 庚金이 太旺하면 丁(官), 木(財),
    土(印星)를 못 들어오게 하므로 凶하다.

50) 庚金은 生命을 拒否하는 글자다 : 알맞게 조절한다.

51) 庚金이 甲을 보면, 나무를 쪼개서 못쓰게 한다.
    이때는 丁火를 달고와 金을 눌러줘야 한다.
    甲이 재물인데 자르면 재물을 갖다 버린다.
    가정의 불화다. 妻宮이 좋지 않다.

第 1 章 天干論

52) 庚日柱는 甲乙木이 안 나타나야 좋다.
    남들이 싫어하는 짓을 하여 辱먹고 산다.
     : 생명을 자르므로.
    木은 生命이요 穀食이다.

53) 庚乙이면 제 갈길 못 간다.
    乙庚金은 연애만 하고 다닌다.
    女子 때문에 家産蕩盡한다.
    庚은 오직 乙木이 떠나지 않기를 바란다.

54) 庚乙合金이 年에 뜨면 일찍 연애한다.

55) 庚金이 丙火를 보면
    丙火는 완성, 充滿을 말한다.
    그래서, 庚金이 丙火를 보면 완전하게 잘 크는
    金이다.
    그래서, 미인이다.
    완성품이라 음성이 좋다.
    폐활량이 좋아 가수, 웅변가가 많다.

56) 金이 봄에는 丙火를 봐야한다.
    巳에 長生. 辰에 養. 墓에 太. 寅에 節이다.
    봄에는 金이 未完成이기 때문이다.
    여름에 金이 신약하면 불속에서 커야 하므로 성질이
    괴팍하다.
    성질이 急하고 머리가 좋다.

57) 가을에 金이 丙火를 보면 完成된 金이라 人物이
    좋다 : 돈이 많다.

58) 丙火가 있는 사람은 밝고, 화려하고, 밖을 좋아한다.

59) 丙火의 뜻은 잘생긴 것. 아름다운 것. 둥근 것.
    빛나는 것이다.

第 1 章 天干論

60) 겨울에 태어난 金은 불이 없으면 죽어버린다.

61) 봄에 庚金이 丁火를 보면 태어날 때부터 성질이 고약하다.
    미완성일 때 丁火가 나타나면 말썽꾸러기다.
    조상 辱 먹인다.
    말리면 말 듣지 않는다.
    크면서 부모를 놀라게 한다.
    그렇지 않으면 구박덩어리로 산다.

62) 여름 火가 旺한데 丁火가 나타나면 容金成器할 수 있다.

63) 봄, 여름에 庚金이 신약한데 丁火를 보면 말썽꾸러기다.

64) 겨울에 丁火는 얼지않게 調喉한다.

65) 가을, 겨울에 庚金이 丁火를 보아 容金成器하면 大局이다.

66) 金多火熄이면 運이 없다.
    못생겼다.
    착각하여 허풍만 친다. : 사기꾼.

67) 만약 女子가 金일주로 태어나 丁火로 단련해주면 시집가면서 大發한다.
    미꾸라지가 龍된다.
    貴婦人이 못된다.
    시집가면서 성질이 좋게 변한다 : 成物 구조일 때.
    자식이 잘된다 : 혈통, 조상 가문 빛낸다.

68) 여자 사주에 辰酉 합金이 되면 애를 못 낳는 경우가 있다.
    辰중에 乙木이 죽기 때문이다.

第 1 章 天干論

69) 여름에 庚金이 丙丁火가 많아 신약하면 잔병치레 한다.
　　 肺나 기관지 나쁘다.
　　 버린자식이다.
　　 처녀가 애 낳아 버린자식이다.

70) 官이 태왕하면 조상 혈통을 못 지킨다.

71) 남편인 火가 나를 녹여주므로 항상 살을 맞대고 싶다.
　　 그래서, 남, 여 모두 사랑 받으려거든 몸이 따뜻해야 좋다.

72) 가을, 겨울에 庚金이 丁火를 보면 부부궁이 좋다.
　　 특히 여자 庚金이 丁火를 보면 그렇다.
　　 음식도 같이 먹는다 : 남편 비위 잘 맞추므로.

73) 庚金이 戊土를 보면 : 산에 묻혀있는 돌이다.

　　　　戊　　庚　　戊
　　　　산　　돌　　산

74) 土多金埋되면 : 아무 쓸모없다. 우둔하다.
　　　　　　　　　 어리석다. 답답한 사람이다.

75) 己庚이면 : 땅에 굴러다닌 돌이다.
　　　　　　　 값이 안나간다.
　　　　　　　 火가 없으면 金을 단련하지 못해
　　　　　　　 賤하다.
　　　　　　　 運이 없다.

76) 만약, 봄에 庚己이면 官印相生으로 크는 재미로 貴格이 있다.

第 1 章 天干論

77) 庚庚이면 :
강한 것이 강한 것과 부딪치면 질투가 많다.
주위환경이 나쁘다.
항상 경쟁자가 나타난다.

78) 庚辛이면 : 庚은 쇳덩이고, 辛은 보석이다.
내가 내 인격을 낮춰버린다.
보석을 기스내어 古鐵로 만든다.
부모재산 축낸다.
보석 팔아 고철 살 사람이다.

79) 庚壬이면 :
庚金이 旺하여 완성되면 壬水로 씻어주는 것이
좋다.
씻어 주기 때문에 心性이 착하고 正直하다.
庚金을 水路로 볼 수도 있다.
바위속에서 나오는 깨끗한 물로도 본다.
그래서, 마음이 항상 정직하다.
마음이 맑다.

80) 庚金이 辛子辰 水局이 되어 從兒格이 되면 문창력이
뛰어나다 : 시인.

81) 庚癸이면 :
여름에는 癸水가 調喉를 시킨다.
그러나, 비가 와서 농사를 못 지으므로 소득이 없다.
癸水가 年月에 뜨면 조상의 빚이 많아 빚 갚으러
태어났다.

82) 만약, 겨울에 비가 내리면 잔혹하여 염라대왕이 내린
死神이다.

83) 봄, 여름에 癸水가 완전히 씻지 못하므로 반대쪽은
녹이 쓸어 肺病患者다 濕하면 철이 녹 쓴다.

第 1 章 天干論

84) 농사철에도 癸水 비가 많이 내리면 집안에서만
    있으려 하니 게으르다.
    편히 살려고만 하니 妾, 애인두고 산다.

85) 癸水는 情으로 눈물이 많다.
    여름은 남을 위해서 흘린 눈물이다.
    겨울에 흘린 눈물은 자기 신세 한탄하면서 흘린
    눈물이다 : 일해주고 辱 먹는다.
    癸水가 얼어 죽이므로 남의 가슴에 못을 박는다.

86) 8月-12月까지의 癸水는 냉골에서 자랐다.

87) 늦가을, 겨울에 火가 없는 癸水는 賤하다.
    신세타령하고 구박덩어리로 산다.
    일생에 限이 많게 산다.

88) 年에 傷官이 凶神이면 할아버지 業이고,
    月에 傷官이 凶神이면 부모 業이어서 갚으라는
    뜻이다.

89) 겨울에 癸水는 눈보라이므로 세상에 害를 끼치고
    산다.
    陰地에 살므로 妾이 있거나 애인두고 산다.

90) 남자가 癸水가 旺하면 세상을 나쁘게 하므로
    주먹세계, 해결사다.

91) 丁火는 情인데 癸水가 끄므로 冷情하다.

92) 여름에 癸水는 調喉用이라 바쁘게 산다.
    그러나, 쭉정이 농사를 짓기 때문에 말년에
    처량하다.

93) 金이 旺하고 火가 弱해 容金成器하지 못하면 여자
    등쳐먹는다.

第 1 章 天干論

94) 庚金 일주가 太旺하여 財(甲乙)가 용신이 된 者는
    여자 등쳐먹고 산다.
    木(생명)을 치면서 돈을 벌므로.
    여자 이용해서 먹고산다.

    己庚庚戊
    卯辰申戌 = 木이 藥用神. 水吉. 金病. 土仇.
    木이 용신이라 여자 등쳐먹고 산다.
    金이 태왕한데 木이 있으면 여자한테 폭행한다.
    자식 때문에 맞고도 못나간다.

95) 봄에 丁庚丁이면 :
    연한 金을 녹이므로 金의 本質이 變하여
    변덕스럽고, 질병자다.
    官災가 많다.
    철부지 성격으로 말썽피우는 사람이다.

96) 庚〇〇   庚〇〇
     〇卯酉   〇寅申이면 : 女難이 많다.
     財産 갖다 버린다.

97) 四廢日 : 사람 사는 반대 행동한다.
    봄 = 庚申 일주.   여름 = 壬子 일주.
    가을 = 甲寅 일주.   겨울 = 丙子 일주.

98) 辛金 = 老炎 金. 火水初劍 : 씨앗을 거둔다.

99) 酉金 = 完熟. 貴金.

100) 庚金 = 가을에는 열매다.
     그래서, 金이 많으면 돈이 많다.

101) 土多金埋가 되어 있는 사람은 몸에 당분이 많아서
     치아가 나쁘다.

第 1 章 天干論

102) 겨울에 庚金 일주가 巳午未, 寅午戌 이면 :
수술자욱있다.
질병있다.
從으로 따라 가는 것이 좋다.

103) 戊庚己己이면 :
土多金埋. 부모가 病.
일찍부터 객지생활하거나 부모 德이 없다.
官이 무력해져 좋은 직장생활하기 어렵다.
노동 등 賤한 일 한다.
특히, 여자는 딸인 水를 두면 印綬인 土가 많아
寡婦된다.

104) 庚 일주가 木이 등장하면 火가 등장하여 金을
눌러줘야 한다.

105) 太旺한 庚金 女子가 火가 弱하여 金旺火熄하면
남편을 무시하며 산다.

106) 金은 從革이라서 끝없는 변화를 추구하기 때문에
火로 단련하면 貴格이다.

107) 겨울에 너무 추울 때는 火가 弱하면 남편 일이 안
된다.
남편이 안되면 자식복이 없다.

108) 여자가 火가 부족하면 맞벌이 준비해라.

109) 庚金에 火가 너무 旺하면 피부병 같은 질병자다.

110) 사주에 金이 있는데 水氣가 부족하면 金生水못하여
빈혈환자다.
대장이 弱하여 치질, 변비, 치루다.

第 1 章   天干論

111) 金水가 너무 많아 冷하면 몸이 차서 중풍이 잘 걸린다.

112) 金이 火를 보아 다듬어 지면 法官, 刑務官이 많다. 改革의 神이다.

113) 완성된 金이 丙火를 보면 :
번쩍번쩍 빛나는 辛金처럼 된다.

114) 庚金과 火가 조화를 이루면 음성이 좋아서 말로 먹고사는 사람이 많다.

115) 庚金이 戊土를 보아 길신이면 :
戊土 = 編印, 外國으로 외국어에 능통하다.
己土 = 正印, 內國   "

116) 編印이 능통하여 길신이면 철학자.

117) 魁罡 = 庚庚壬壬
              辰戌辰戌
魁罡이 있는 女子는 괴강있는 男子를 만나야 해로 할 수 있다.
특히, 宮合 볼 때 고려.

118) 남자가 庚辰 괴강을 가지면 여자가 건강이 나쁘다.
: 辰中 乙木이 있는데 乙庚 暗合하여.

119) 金은 신왕하고, 木火가 많으면 貴하고 土가 많으면 賤하다.

120) 여자가 金이 태왕하면
① 식상이 안 된다.
② 財가 못들어 온다.
③ 官이 무력하다. 三物이 안 된다.
   가정이 불행하다.

第 1 章 天干論

8. 辛金論

1) 辛金은 甲木을 좋아한다.
   먼지인 戊土가 오는 것을 막아주기 때문이다.
   보석광산의 흙을 걷어 내 주기 때문이다.

2) 辛甲이면 : 正財를 보기 때문에 마누라를 믿는다.
             離婚이 거의 없다.
             辛金은 甲木을 쪼개니 좋다.

3) 辛金보다 甲木이 너무 강하면 木多金缺이 되어
   볼품이 없다
   주책없는 일을 한다.
   金이 약하면 치아가 나쁘다.

4) 辛乙이면 : 乙木을 자르기 때문에 乙木이 싫어한다.
             辛金은 부부궁이 나쁘다.

5) 辛金 일주가 乙木을 보면 장가가기 힘들다.
   乙木이 도망간다.

6) 辛丙이면 : 가을, 겨울에는 따뜻하게 해주어 좋고,
             봄, 여름에는 더워서 싫어한다.
             가정이 안 좋다.

7) 여자 辛金 일주가 봄, 여름에 丙火가 오면,
   男子가 나를 너무 좋아하기 때문에 凶하다.
   : 丙辛合은 不貞之合.

8) 여자 辛金 일주가 겨울에 丙火를 보면,
   丙火가 나를 따뜻하게 해 주기 때문에 좋다.

第 1 章 天干論

9) 辛丁이면 : 丁火는 꿈으로 火剋金하여 꿈으로 인해 나를 망친다.
　　　　　　남자는 자식이 생각만큼 잘 안 된다.
　　　　　　겨울 추울 때를 제외하고는 싫어한다.

10) 辛金 일주가 丁火를 보면, 헤어질 때 냉정하게 돌아선다.
　　자기에게 상처를 주기 때문이다.

11) 丁火는 情인데 생각을 담은 그릇이다.

12) 辛金이 丁火를 보면 火剋金하여 수술할 수 있다.

13) 겨울 辛金이 丁火를 좋아하나 돌아설 때는 냉정히 돌아선다.

14) 辛金이 戊土를 보면 산 속에 묻혀있는 보석으로 환경이 답답하다.
　　묻혀 있기 때문이다.
　　봄 신약할 때는 좋아한다.
　　가을, 겨울 흉신이면, 부모와 사이가 안 좋다.
　　타가 양육자가 많다.

15) 辛金이 己土를 보면 : 땅에 떨어진 보석으로 값어치가 없어 賤해진다.
　　생각이 賤하거나 남이 안 알아준다.
　　그래서, 자기가 자기 가슴을 친다.
　　고집불통이 되고 성격이 나빠진다.

16) 辛金은 庚金을 싫어한다.
　　보석에 흠집을 내는 것으로 귀찮은 친구가 따라다닌다.

17) 辛壬庚 구조이면 떨어져있어서 괜찮다.

第 1 章　天干論

18) 辛庚이면 좌불안석이다.
    내가 사람으로 인하여 고통이 심하다.
    그래서, 형제, 친구 관리를 잘해야 한다.

19) 辛金이 辛金을 만나도 싫어한다.
    辛金은 희귀해야 값이 나가는데 또 있으면 값이
    안 나가니 시기, 질투가 많다.

    만약, ○辛辛
          ○卯酉이면 兄이 똑똑하여 신경질 낸다.
    그러나, 자기가 旺하면, 괜찮다.

20) 辛金은 比肩이 있으면 비밀이 많다.

21) 辛金은 壬水를 가장 좋아한다.
    씻어주기 때문이다.
    목욕탕에 자주 간다.
    물이 얼지 않아야 한다.
    그래서, 辛金이 壬水를 보면 貴하다.

22) 辛金이 壬水를 보면 일찍 연애를 한다.
    : 食神으로 洩氣하므로.

23) 辛金이 壬水가 나타났는데 조후가 부족하면
    씻어주지 못하므로 독수공방이다.
    食神은 쎅스이기 때문이다.

24) 辛金이 壬水가 뜨면 남자의 정력이 셀수록
    좋아한다.

25) 辛金 일주는 보석이기 때문에 성격이 까다롭고
    貴賤이 분명하다.
    기스나면 똥값이다.
    옷 잘 입고, 관리 잘 해야 한다.

第 1 章 天干論

26) 辛金은 보석이기 때문에 자화자찬이 많다.
    사람을 가려 사귄다.

26) 辛癸이면, 땅에 물이 있으면 비고, 땅에 물이
    없으면 癸水가 濕氣로 변해 辛金을 녹쓸게 하므로
    싫어한다.
    癸水는 잘 씻을 수 없는데도 씻고 있다고 착각속에서
    산다.
    세상 살면서 부정적이다.

27) 만약, 辛金이 신약하고 癸水가 뜨면 싸구려로
    만든다.

28) 辛金 일주는 甲乙木이 財인데 生命을 치면서 돈을
    벌므로 남보다 허실이 많거나 더 노력을 많이 해야
    한다.

29) 辛金이 寅卯月에 뿌리가 있으면 木을 치므로 뿌리가
    없는 것이 좋다.
    辛金은 뿌리가 없어야 좋다.
    甲乙木이 地支에 없으면 덜하다.

30) 辛金 일주가 봄에 뿌리를 가지면 나무의 기둥뿌리를
    자르므로 風波가 심하다.

31) 辛金 일주 여자가 財官(木火)를 싫어하고, 壬水만
    좋아한다.

32) 辛金이 완제품이기 때문에 성격이 까다로우나 미인이
    많다 : 눈, 피부.

33) 辛金이 여름에 태어나면 珠玉이 불 속에 있으므로
    예민하고, 까다롭다.
    환경이 나쁜 쪽에서 산다.
    어릴 때 질병이 많다 : 고질병이나 정신병.

第 1 章 天干論

34) 辛金이 戊土를 첩첩이 보면, 첩첩산중에 있는 보석
    으로 산속에서 修道하는 사람이 많다.
    캐지 못하므로 고독하고 외롭다.
    장가도 못 간다.

    戊辛戊戊
    戌未午申 : 첩첩산중 金이다. 土多金埋.
              교수인데 장가 못 갔다

35) 봄, 여름 辛金日主는 가정이 나쁜 사람이 많다.

36) 辛金이 辰土를 보면, 辰中 乙木이 있어 밭을 가꾸는
    연장으로 먹을 福이 있다.

37) 만약, 辛金이 壬壬을 보면, 壬水를 파도로 보기
    때문에 큰 바다를 의미하므로 물 건너, 물가에서
    살아야 한다.

38) 辛金이 壬辰時를 보면 좋다.

    壬辛壬丙
    辰○○○이면, 丙火는 ① 빛. ② 광택.
    ③ 멀리간다. ④ 값 나간다의 뜻이다.

39)   辛○
      ○申 구조에서 申中 壬水를 용신하면 金銀細工者가
      많다.
      사주가 좋으면 남의 마음속에 있는 것을 잡아
      내므로 역술인. 의사가 많다 : 값이 덜 나간다.

40) 辛丑일에 태어난 사람은 丑 무덤에서 태어난
    사람으로 寅卯辰 巳午未로 가면 겉늙는다.
    그러나, 子亥戌 쪽으로 가면 늙지 않는다.

第 1 章 天干論

41) 辛 일주가 癸巳時가 되면, 자식이 질병 때문에
    고생한다.

42) 辛 일주가 사주에 火가 旺하면 성격이 까다롭다.
    불속에서 크기 때문에 몸조심을 많이 한다.
    너무 안전을 위하기 때문이다.
    자신이 자기를 너무 피곤하게 한다.

43) 여자 辛 일주가 火가 많으면 생리할 때 고생한다.
    허리가 안 좋다.

44) 辛 일주가 火가 많은 여자는 性生活을 싫어한다 :
    몸도 안 좋다.

45) 辛 일주가 뿌리를 가지고 태어나면, 자신관리가 철저
    하다.
    그래서, 자식과 妻를 정신적으로 볶는다.

46) 辛酉 일주는 옆에 甲乙木이 없어야 좋다.
    甲乙木을 자르므로.
    나는 확실하게 여자를 사랑하지만 여자 입장에서는
    너무 피곤하기 때문에.

47) 辛酉 일주가 너무 태왕하면, 여자가 도망간다.
    조후가 부족하면 더 하다.

48) 辛金은 가공한 金으로 완제품이기 때문에 까다롭다.

49) 庚金은 丁火로 용금성기하면 좋은데, 辛金은 丁火로
    다시 만들려고 하면 무게가 확 줄기 때문에 값이
    안 나간다.

50) 辛金은 丁火를 겨울에 조후로만 쓴다.

51) 辛金이 甲乙木을 보면 완숙된 과일로 본다.

第 1 章 天干論

52) 辛金 일주는,
   ① 甲木 = 富로 본다.
   ② 壬水 = 貴로 본다.
   ③ 丙火 = 빛, 광택이다.

53) 辛金이 가장 싫어하는 글자 :
   ① 丁火 ② 己土 ③ 癸水 ④ 乙木 ⑤ 庚金
   ⑥ 戊土

54) 辛 일주가 癸水를 보면 착각속에서 살기 때문에
    남에게 피해를 준다 : 癸水가 旺하면 큰소리만
    친다. = 착각으로.

55) 辛壬丁이면, 다된 밥에 코 빠지는 格이다.
    일을 안하기 때문이다.
    壬水의 기능을 못하여 가치없다.

56) 辛金도 壬水를 보면, 담금질한 格이라 강도가
    높다.

57) 辛金이 용신이 되면 자화자찬을 한다.

58) 辛金이 봄에 자라날 때는 丙火의 조후가 필요하기
    때문에 추위를 타지 않아 제구실을 한다.

59) 壬辛丙○
    壬辛己丙 : 좋은 구조다. 봄 키울 때 좋다.

60) 辛壬丙이면, 壬水가 辛金을 씻어주는 것으로 보고
    있어 더 좋다.
    값이 나간다.
    壬水는 땅의 물이다.
    명성이 진동한다.

61) 丙辛丁丁이면, 악명이 진동한다.

第 1 章　天干論

62) 辛金이 癸水를 보면, 길거리에 비를 맞고 떨어진
    보석으로 賤하다.
    환경과 직업이 천하다.

63) 辛庚이면, 상처나 수술 수 있다.

64) 壬辛癸이면, 癸水가 필요없는데 또 씻어 賤해
    지므로 게으로고, 착각속에 산다.
    성격도 食傷의 성격으로 이중성격이고,
    첩실이나 애인두고 산다.

65) 辛壬己이면, 꾸정물로 닦으므로 오히려 더러워져
    값이 안나가고 賤하다.

※ 己土濁壬이 되면, 종기, 피가 탁하다.

66) 辛金은 時에 壬水를 좋아하기 때문에 壬辰時를
    좋아한다.

67) 辛金이 丙火와 合되면 壬水가 씻어줘야 좋은데,
    씻어주지 못하면 큰 貴가 될 수 없다.

68) 丙辛合의 단점은 연애를 하느라고 씻어주지 않아
    기회를 상실한다 : 貴命이 될 수 없다.

69) 辛金이 丁火를 보는데 丁火가 旺해 病이 되면
    난폭자, 칼잡이, 폭력배로 국법을 어겨 말썽을
    피운 사람이다.

70) 辛金에 丁火가 나타나 길신이 되어도 성격은 안
    좋다.

71) 辛金이 丁火가 많아 흉신이면, 심성이 삐둘어져 있어
    재범한다.

第 1 章 天干論

72) 辛金이 壬水를 보는데 조후가 되지 않으면
    쓸모없다.

73) 여름 辛壬丁 = 흉하다. 用不用格.
    겨울 辛丁壬   "

74) 用不用格이면 : 세상을 거꾸로 사는 사람이라 運이
                  없다.
    用不用格 사주   ○庚丁壬
                    ○辰未辰 = 壬水가 용신인데
    丁壬合되어 못쓴다.

75) 辛金이 너무 한냉하거나 丁火에 상처 받으면 성격이
    냉정하다.

76) 辛金이 辛壬 = 좋은데,
    辛○
    ○亥이면 亥月 壬水를 쓰지 않는다.
    沐浴地이기 때문에 亥中 甲木을 주로 쓴다.

77) 辛
    亥 일주가 亥中 壬水를 쓰지 못하기 때문에 고란살
    이다.

78) 辛戊己 = 濁格.

79) 辛金이 甲乙木이 나타나면 甲乙木을 자르기 때문에
    자기가 정신적으로 마음고생을 많이 하는 사람이다.

80) 辛金은 금속가공, 경금속 가공, 전자제품,
    치과의사, 성형외과의사가 많다.
    辛金은 從革의 成分을 갖고 있기 때문이다.

81) 辛金은 값나가는 보석이기 때문에 己土濁壬을
    좋아한다.

第 1 章   天干論

癸辛己○
○○未○   땅에 떨어진 보석이 비를 맞고 있는 격.
자기 스스로 濁하게 만든다.

82) 辛壬이면, 세련되어 맵시가 있는데,
    단 寅卯木이 있어야 香氣가 있다.

83) 辛壬이 地支에 寅卯木이 있으면 바람꾼이다.
    : 卯는 바람

84) 未月 辛金은   辛○
                 ○未 = 未는 沃土로 乙木을 暗葬해
    있고, 木庫다.
    꽃밭에서 태어난 보석이다.

85) 辛金 일주가 태약한데 丙辛合하면 腹上死, 中風이다.

86) 丙辛合水와 丁壬合木은 태약하면 腹上死를 조심해야
    한다.

87) 辛金이 甲木을 부면 戊土의 먼지를 막아주어 좋다.
    예 : 壬辛甲戊 = 순서대로 나타나야 좋다.

87) 戊辛壬甲
    戊○○○   초년에는 壬水가 잘 씻어 주어 좋은데
    말년에는 씻어주지 못해 나쁘다.

第 1 章 天干論

9. 壬水論

1) 壬水가 木을 보면, 生命을 기르므로 부지런하다.
    = 특히, 甲木.

2) 壬 + 甲이면, 봄이면 부지런하고, 가을, 겨울은
   소득이 없다.

3) 壬 + 乙이면, 乙木은 화초로 봄, 여름은 화초이고,
   가을, 겨울은 더덕, 인삼. 약초다.
   乙木이 年, 月에 뜨면, 일찍 연애한다.
   예, 체능이 발달한다.
   乙木 입장에서는 印綬가 正印이라서 자기만을 사랑해
   달라고 하므로 성깔이 있다.

4) 壬 + 丙이면, 물과 불이 조화를 이루면 吉.
   인물이 좋다. = 수화기제.
   밤에 태어나면 달빛에 비유하므로 인물이 좋다.
   가을, 겨울에 태어나면 물이 따뜻해지므로 사람과
   돈이 모여든다.

5) 壬 + 丁이면, 丁壬合이 된다.
   자기 할 일을 하지 않고 연애만 한다.

6) 겨울에는 壬水가 丁火를 붙잡으려하고,
   여름에는 丁火가 壬水를 붙잡으려한다.
   미혼모가 많다
   자기 갈 길을 못 간다.

7) 壬 + 戊이면, 희망이 있고, 배짱이 있다.
   포부가 크다.

第 1 章   天干論

8) 壬 + 己이면, 己土濁壬이 되어 생각이 바르지
   못하다.
   그릇이 작다. 포부가 약하다.
   적당주의자가 많다. 바람 부는 대로 산다.

9) 壬 + 庚이면, 가을, 겨울에는 더욱 춥게 하므로
   버림받은 몸이다.
   여름에는 부모덕에 편히 산다.
   바위틈에서 나온 물이라 물이 깨끗하다.
   정리정돈이 잘 되어 있다.

10) 壬 + 辛이면, 壬水 일주 입장에서는 좋지않다.
    그러나, 여름에는 辛金을 쓸 수 있다.

11) 壬 + 壬이면, 바닷물이 바닷물을 또 보면 큰물로
    보므로 홍수로 본다.
    겨울에는 어름 물로 본다.
    겨울에는 파도가 높은 물이기 때문에 외국에 이민
    가거나 水와 관련된 운명이다.
    재물과 가정에 풍파가 많다.

12) 壬 + 癸이면, 地支에 뿌리가 없으면 안개로 본다.
    먼지낀 물이다. 구정물.
    여름에는 調喉로 농사에 필요한 물이다.
    그래서 地支에 있어야 좋다.
    癸水는 만물을 죽이는 신이다.
    癸水를 보면 외롭다. 賤하다.
    癸水를 싫어하므로 싫어하는 곳에서 산다.
    좋은 직업 못 가진다.

13) 壬壬壬이면, 파도가 많은 格으로 戊土로 파도를
    멈추게 하여 좋다.

14) 戊壬壬이면, 파도 소리가 시끄러우나 나중에
    戊土가 막아 주므로 괜찮다.

第 1 章   天干論

15) 水일주는 戊를 보지 못하면 제멋대로 가기 때문에
    凶하다.

16) 壬水는 은하수. 서리. 땅 물. 바닷물. 큰물. 호수

17) 壬水는 생명을 키우는 물이기 때문에,
    水가 있어야 木이 크고,
    水가 있어야 土가 뭉친다.
    水가 있어야 씻을 수 있다.
    水가 있어야 調喉를 이룬다.

☯ 닭이 먼저 생겼느냐 알이 먼저 생겼느냐 ?
    결국 물이 있어야 하므로 알이 먼저다.

18) 水의 본분은 木을 키워야 값이 나간다.

19) 水(물)은 흘러가야 생명을 키울 수 있다.

☯ 漢字에 삼수변은 많이 흐르는 물이다.

20) 壬壬庚辛이면, 파도가 있는데 물을 공급해 주므로
    파도가 사납다.
    人間에게 유익한 일을 안하고 피해를 입힌다.

21) 壬壬壬이면, 찬물이다.

22) 戊壬壬戊이면, 갇혀있는 물로 온화한 물이다.

23) 壬日主에 乙甲
              亥子이면, 亥水는 나룻배. 子水는 큰 배.
    原局이나 大運에서 오면 이민갈 수 있다.

24) 戊壬戊는 갇힌 물이라 생산이 없다.
    노후에 허무하다.

第 1 章 天干論

25) 戊壬戊에 甲이나 乙木을 보아 식신제살하면, 농사를 짓고 있는 格이라 富農이 많다.

26) 壬일주가 酉를 만나면 浴地이므로 안하던 일을 한다.
    : 바람, 춤, 도박. (敗地)

27) 壬水가 흉신인데, 또 年, 月에 壬을 보면 조상, 형제궁에 바람을 많이 피웠거나 난잡하다.
    가을, 겨울생은 틀림없다.

28) 癸水, 壬水 일주가 여자를 많이 밝힌다.

29) 印綬가 흉신인데 地支에 合이 또 되어 旺하면 고향 떠나 외국에 이민가거나 멀리 떠난다.

30) 壬水가 戌月에 태어나면, 戌月은 찬물인데 火를 보지 못하면 서출, 양자, 입양한 자식이다.

31) 壬은 辰土를 보면, 辰土가 沃土이므로 火를 같이 보면 富者다.

32) 壬水가 木이 많으면 水가 수축되어 능력을 발휘못한다.

33) 壬水가 火多면 물이 말라 버린다.
    壬水가 土多면 물 흐름을 막아버리므로 죽은 물이다.
    壬水가 金多면 水冷으로 많이 배울수록 사회에 말썽꾸러기다.

34) 壬水가 辰을 보면 : 沃土를 가지고 있어 먹을 福은 있는데 吉神이면 좋고, 凶神이면 존경받지 못한다.
    辰土는 모든 것을 收用하므로 辰土를 가지면 좋다.

第 1 章 天干論

35) 壬水 = 申子辰水局 : 큰 물이며 칼라다.
          亥子丑이면 : 작은 물이며 단색이다.

     辛甲癸庚   45세 남자
     未辰未子   木用. 水吉. 火藥. 金病.
     天干 癸水가 있어 쭉정이 농사다.
     陰이 많아 여성적이다.

36) 壬水의 질은 冷하다. 유동성이다. 하향한다.

37) 壬水 = 丙火와 더불어 산다. 공존해야 한다.

38) 壬水 = 戊土. 辰土. 丙火를 가지면 吉하다.
          ① 농사짓는데 쓰는 물이다 :주 임무다.
          ② 조후로 쓴다.
          ③ 成物을 씻어 주는 물이다.
          ④ 하늘에서 내리는 비다.

39) 壬水가 가장 꺼리는 것 :
     ① 丁 壬 合 = 雜木.
     ② 壬己 = 己土濁壬.
     ③ 壬癸 = 丙火를 가림.

40) 壬水 = 水氣이므로 얼음, 안개.

41) 壬水 = 파도소리가 나는 물, 흐르는 물이라
          아지랑이, 증발된 물, 안개다.

42) 壬水 = 생명을 기르는 것이 주 임무이므로 연애를
          잘한다.
        = 丁壬合.
          그래서, 사주에 丁火가 많으면 다정다감하다.
          情 때문에 亡한다.

第 1 章 天干論

43) 壬水가 봄에는 나무를 키우는 물.
    여름에는 농사짓는 물.
    가을, 겨울에는 저장하는 물 = 당장 필요치
    않으므로 생기가 없다.

44) 水는 戊土가 따라가서 제방을 쌓아야 한다.

45) 水가 旺하고 戊土가 없으면, 무법자, 깡패, 사회에
    해를 끼친다.

46) 壬水는 戊土의 제방이 튼튼해야 생명을 키울 수
    있다.
    그러나, 土가 많으면 土에 흡수되어 주체의식이
    없어진다.

47) 水旺하면 : ① 색이 강하다.
              ② 깜깜한 밤이다.
              ③ 응큼하고 비밀이 많다.
              ④ 비밀이 많은 직업을 가진다.
              ⑤ 水旺하면 비밀이 많다.

48) 壬水가 丙火만 있고 戊土가 없으면 :
    壬丙이 있고, 戊土가 없으면 나무를 키울 수 없다.

49) 丙火가 있으면 宇宙를 보는 빛을 가지고 태어났기
    때문에 아는 게 많다.

50) 壬水, 戊土만 있고, 丙火가 없으면 : 제방이 되어
    안정은 되나 태양이 없어 가난하다.
    그래서, 농토가 가치가 없다.
    丙火가 떠야 가치있는 土다(戊土).

51) 壬水가 戊丙甲이면, 壬水의 원래 임무이므로 좋은데
    3자중 1자만 있어도 밥 걱정은 안한다.
    그러나, 己土는 己土濁壬으로 凶하다.

第 1 章 天干論

52) 壬水에 己土가 나타나면 甲木이 올 때 甲己合
    해버려 썩게 하므로 나쁘다.

53) 壬水가 庚辛金을 만나면, 壬水를 生하는 것은
    좋으나 木이 있으면 생명을 자르므로 凶하다.
    차라리 金이 없는 게 좋다.

54) 水가 旺한데 金이 많아 水多木浮되면 떠돌이
    인생이다.

55) 壬水 일주에 庚金이 나타나 生命을 자르는 구조면
    결국 후회한다.

56) 壬水가 辛金이 나타나면, 丙火가 올 때
    丙辛合하므로 凶하다.

60) 壬水 丁火로 丁壬合도 나쁘지만 丁火가 旺하여
    木을 태워 없애면 결국은 돈을 갖다 버린다.

61) 甲 일주는 金을 싫어하는데 사주에 金水가 많은
    사람은 근심걱정을 달고 사는 사람이다.

62) 壬水 = 청탁,
         = 심천
         = 순역
         = 냉온
    ① 흐르는 물.
    ② 고여있는 물.
    ③ 습기, 안개.

63) 물이 길하다. = 활명수.
    물이 흉하다 = 폐수

64) 壬水가 丁火를 보면, 돈 문제, 부끄러운 일이 생길
    수 있다.

第 1 章   天干論

65) 壬水 = 壬庚辛.
    여기서 壬水는 비요, 庚辛은 구름이다.

66) 壬水가 乙木 丙火를 만나면 예술 발달한다.
    : 멋이나 사치업종 성공.

67) 겨울생은 색감이 떨어진다. = 태교의 영향으로.

68) 相生 = 원류상생.   癸壬丁丙
                       卯子酉戌

    역류상생   辛己丙甲
              未酉子寅 운이 들면 힘이 좋다.

69) 壬水 = 戊土를 富로 본다.
         = 丙火를 貴로 본다.
    천하지는 않다.
    다만, 地支에 火의 뿌리가 있을 때 그렇다.

70) 壬水는 원래 투쟁의 神이고, 무법의 神이라서 너무
    旺하면 凶하다.

71) 壬
    ○卯이면, 乙木을 桃花로 보므로 性生活 때문에
    파란이 생긴다.

72) 壬水가 무법천지를 제일 싫어한다.

73) 壬水가 丙火를 보고 나무를 키우면 바쁘다.
    일복이 많다.

74) 여자 사주에 水가 旺하면, 음란하고 身弱하면
    줏대가 없다.

第 1 章 天干論

75) 壬水가 戊土를 富로 보는데 甲木을 보면 열매로 본다.

76) 壬水는 생활력이 강하고 투쟁력이 강하여 너무 강하면 水生木으로 흘러야 좋다.

77) 壬水가 子月에 태어나면 색정이 강하여 冲을 받으면 나쁜 성격이 발동한다.

78) 壬水 = 陽.
    子水 = 陰. 外陽內陰이다.

79) 물이 역류하면 파도가 치므로 소리가 크게 나고 흉신이면 역적이다.

80) 水火의 근본 목적은 生命을 살리는 格이므로 寅卯辰, 巳午未에서 생명이 살고, 申酉戌, 亥子丑에서 生命이 죽는다.

81) 水가 旺하면 제방을 쌓아야 한다.

82) 壬 일주가 地支에 子水가 潤下格이면 괜찮으나, 그렇지 않으면 쓸모없는 水다.

83) 亥水는 生命이 있는 물로 얼지 않는다.
    따뜻한 물과 같다.

84) 丙丁은 태양 火. 壬癸는 냉한 물.

85) 丙 + 癸 = 생명을 키우고.
    壬 + 丁 = 생명을 탄생시킨다.

第 1 章 天干論

86) 여자가 가을, 겨울에 水가 너무 왕하면 賤하게
　　태어났으므로 천대받고, 고통받고 성장한다.
　　부모를 원망하고 산다.
　　그래서, 티켓다방 같은 몸 파는 곳 간다.

87) 壬 일주가 봄, 여름생은 色難이 많고,
　　壬 일주가 가을, 겨울생은 女子 등쳐먹은 사기꾼이
　　많다.
　　크지 못할 나무(잡싹)를 생산한다.

88) 신약한 丁일주가 壬과 合하면 복상사한다.

第 1 章 天干論

10. 癸水論

1) 물은 生命(甲乙)을 키우기 위해서 나왔다.

2) 가을, 겨울에는 꽃이 안 피어 香氣가 없기 때문에 욕먹는다.

3) 癸水는 丙火를 좋아한다.
   나무를 키우기 위해서는 따뜻해야 하기 때문에
   그러나, 丙火는 대단히 싫어한다.

4) 癸水 일주에 마누라인 丙火는 도망간다.
   남자는 여자를 耽溺(탐닉: 즐겨하여 빠져듬)한다.
   美女를 만난다.
   마누라가 도망갈까 싶어서 의심하여 구속하려하기
   때문에 부부싸움 한다.

5) 癸水가 丁火를 보면, 地熱을 끄기 때문에 短命하다.

6) 癸水가 丁火를 끄기 때문에 癸水 男子는 丁火 女子가
   죽는다.
   장가가면 부인이 죽는다.
   장가 여러번 간다.

7) 水剋火하기 때문에 喪妻한다.

8) 丁火는 감성인데 癸水가 끄기 때문에 탁해져서 나쁜
   쪽으로 탈선한다.

9) 여름에는 調喉로 쓰기 때문에 바쁘다.

第 1 章　天干論

10) 겨울에 癸水는 戊土가 戊癸合이 되면 좋다.
    癸戊 : 戊癸合化火格

    己辛癸戊 ＝ 戊癸合火 ＝ 희망사항, 바램이다.
    亥丑亥申 ＝ 여기서 亥水는 슬픈 눈물이다.
              술집여자다.
              火인 男子를 희롱하면서 사는 사람이
              다.

    辛癸癸乙
    酉亥未巳 ＝ 天干에 乙木이 있고, 地支에 亥未木局이
    되어 있고, 未月로 未中에 乙木이 暗葬하여 여름
    꽃밭으로 꽃이 활짝 피어 바람둥이다.
    인기가 좋아 연애 걸다가 세월 다 간다.
    癸水가 있어 열매를 맺을 수 없어 末年이 허망하다.

11) 癸水가 己土를 보면 : 요령꾼이다.
    濕土로 제방을 못 쌓으므로 헛 공사다.
    잔머리 쓸데없는 空想이다.

12) 水 일주가 離婚이 많다.
    水는 본능인 사식을 키우기 때문에 남편인 土를
    木이 剋하여 치기 때문에 이혼을 많이 한다.

13) 癸水가 己土를 보면, 여자는 남자를 만족 못하여
    애정이 없다.
    癸庚辛 ＝ 여기서 庚辛은 구름이다.
    부모 때문에 자기 신세 망친다.
    어디가도 자기를 반겨주지 못한다.
    부모 탓한다. 부모와 사이가 나빠 이민 간다.

14) 癸水가 봄에 태어나면,
    癸○○○
    ○寅卯辰이면 : 水生木하기 때문에 나도 모르게
                  나무를 키워 자비가 많다.

第 1 章　天干論

15) 癸水가 겨울에 庚辛金을 보면 :
    겨울에 남이 하기 싫은 일을 한다.
    자기 몸이 천해서 그렇다.
    직장에서도 가장 어려운 직종에서 일한다.
    이런 것을 보고 미운털 박힌 놈이라 한다.
    그러나, 여름(陽圈)에 태어나면 조후로 쓰기 때문에 괜찮다.

16) 癸壬 = 파도, 많은 물.
    이렇게 水가 많은 사람은 어부, 뱃사공이 많다.
    외국 이민을 가거나 혼자 떠돌아다니며 산다.
    만약, 여름에는 장마가 져서 수심이 많다.

17) 겨울에 癸水가 火가 없으면 실속없이 바쁘기만 하다. 빈 털털이다.

18) 癸水가 또 癸水를 보면 :
    이슬비, 습기, 소리없이 내리는 눈물과 같다.

    辛癸癸癸
    酉亥亥巳 = 天干에 癸水와 地支에 亥水가 凶神으로
              흉신때문에 소리없이 눈물을 흘려야 한다.
              여자인 火를 밝힌다.
              돈을 밝힌다.
              여자와 돈에 풍파가 많다.
              나는 여자를 좋아하는데 여자는 도망간다.
              말년에 자살하기 쉽다.

19) 봄에 水가 너무 많으면, 마음고생이 많다.
    또, 從兒로 가기 쉽다.

第 1 章   天干論

20) 癸水가 巳午未月에는 燥熱되기 쉬워 水生土하기
    때문에 바쁘게 산다 : 身弱해도 인기가 있다.
    그러나, 비가 내려 꽃이 안 피기 때문에 실속이
    없다.

21) 癸水가 申酉戌月에는 冷해지므로 겨울을 재촉한다.
    외톨박이다. 외롭다.

    癸○○○
    ○亥子丑이면, 生命을 얼려 죽이는 물이다.
              조후가 안되면 볼 것도 없다
              염라대왕이 보낸 물이다.
              북망산천에서 온 사신이다.

    ○ 癸 沖 丁
    子 ○ ○ ○이면 : 마누라 도망간다.
              마누라 죽는다.
              깜깜하여 비밀이 많다.

22) 癸丙이면, 癸水는 丙火를 좋아하는데 丙火(여자)는
    도망간다.
    항상 감성적, 예술적으로 발달한다.
    기인처럼 살다가 간다.

23) 癸丙이면, 사랑은 했지만 결국 水剋火하여 헤어진다.
    丙火는 아름다움이기 때문에 잊을 수 없는 사랑이다.
    공상을 많이 한다.

24) 癸水가 일점 火를 보지 못하면, 濁水이기 때문에
    남에게 의지해서 사는 사람으로 하수인이다.
    천한직업, 노동, 날품팔이다.

25) 癸水가 태왕하여 戊土를 보지 못하면, 무법자, 강패
    다.
    남자는 깡패, 색시장사한다.

第 1 章   天干論

26) 癸乙丙이면, 나무를 잘 키우고 있다.
    여기서 乙木이 있어 예술적으로 산다.

27) 癸甲丙이면, 나무를 잘 키우고 있다.
    여기서, 甲木은 대들보 감이다.

28) 癸己丙이면, 이상 없이 나무를 키울 수 있다.

29) 癸己 = 옅은 구름.   癸戊 = 많은 구름.

30) 癸일주가 土가 있는데 火가 없으면 남편이 얼어있어
    무력하다. 무능한 남편이다.
    여자를 볶아 먹는 남편이다.
    火를 만나야 돈을 번다.

31) 만약 癸水 일주 癸壬丁이면 :
    나는 壬水의 그늘에 가려 살거나 妾생활 하면서
    큰소리 못치고 사는 사람이다.

32) 癸水가 여름에 調喉 용신이 됐을 때 사회에 德을
    쌓는 사람으로 자비롭다 = 活人業이다.

33) 비 장마가 져서 자기는 쭉정이 농사를 지으므로
    돈이 없다.

34) 가을, 겨울에 水가 凶神이면: 눈물을 흘리며 산다.

35) 癸水가 丙丁火를 보면 :
    불을 끄는 구조이기 때문에 남을 의심하며 산다.
    조심을 너무 하기 때문에 심장을 멈추게 한다.
    혈압 터져 죽는다.

36) 만약에 癸丙乙. 癸丁乙 구조이면 :
    나무를 키우고 있는데 火를 끄므로 욕먹으면서 돈
    번다.

第 1 章   天干論

이런 구조이면 여자를 탐한다.
水剋火하여 여자 눈에 피눈물 흘리게 한다.

37) 丙火는 멋을 부리고 빛나게 하는 神인데,
    癸○丙이면 : 여자를 좋아하기 때문에 멋을
              부린다.
            : 여자 사주면 돈을 버는 사람으로
              돈돈하며 산다.

38) 癸水 일주가 너무 旺하여 너무 냉정하다.
    調喉가 안되어 자비심이 없어서 그렇다.
    자기 먹고 살기 바쁘기 때문에 너무 이기적이고
    냉정할 수 밖에 없다.

39) 癸水가 증발되면 :
    형체가 없어져서 신체적으로 고질병이 있다.
    火多水渴이면 형체가 변하여 정신병자가 많다.
    運이 없다.

40) 癸水가 庚辛金이 많으면 주위환경이 나쁘다.
    어릴 때는 교육이요, 인격으로 옳은 사고를 갖지
    못했다.
    사고, 관재가 자주난다.

41) 癸 일주가 傷官(甲)을 보면 :
    애들이 크면서 남편을 치므로 부부싸움 한다.
    모든 사고가 애들한테 있어서 그렇다.
    木을 키우는 임무이기 때문이다.
    자식 빽 믿고 남편을 무시하는 사람이다.

42) 癸水에 火가 하나도 없으면 전생에 빚을 많이 지고
    태어난 사람이므로 주머니에 돈이 하나도 없다.

第 1 章 天干論

43) 겨울 癸水는 북풍한설이기 때문에 냉설, 한설로 삶의 고난이 많다.

44) 癸丙丁이면, 癸水가 太旺할 경우 내가 크면서 아버지가 죽거나 돈이 없어진다.

45) 癸水가 旺한 사람은 財(父)를 亡하게 하기 때문에 떨어져 살아야 한다.

46) 처녀가 애를 낳으면 버려서 사생아된다.

47) 癸壬丁이면, 가을, 겨울에는 잡싹으로 버린 자식이다.
그러나, 壬水가 旺하면 壬水 그늘에 묻혀 사는 사람이다.

48) 癸水가 旺하면 목욕탕 안 간다.

49) 辛金은 목욕탕 잘 간다.

50) 癸水가 旺하면 겨울을 싫어하고, 火가 많은 사람을 좋아한다.

51) 癸 일주가 庚辛金을 보면 金水雙淸格으로 좋으나 火氣가 없으면 돈이 없다.
너무 차고 맑아서 사람이 안 따른다.

52) 癸 일주 男子(남자)가 火(화, 여자)만 보면 너무 좋아한다.
여자한테 후하다.

53) 癸 일주가 己土가 투간하면 요령꾼으로 결과가 허망하다.
왜냐하면 甲木이 들어오면 甲己合하여.

第 1 章　天干論

54) 癸 일주가 어디든 土가 있어야 한다.
    그래야 자제 능력이 있다.
    만약, 없으면 사고를 자주 친다.
    사회에 냉해를 입히는 것과 같다.
    土는 官(관)이기 때문에 土가 없으면 官災가 많다.

55) 癸 일주가 土가 없고, 庚辛金이 많으면 편법으로
    산다.

56) 癸 일주가 너무 旺하면 말년에 몸을 의지할 데가
    없어서 찬밥신세가 된다.

57) 水가 旺하면 火를 끌어당기기 때문에 이기적인 자가
    많고 여자를 좋아한다.

58) 癸 일주에 壬水가 많으면 주위에 형제가 사고를
    친다.

59) 癸 일주가 여름에 너무 태약하면 줏대가 없다.

60) 癸水가 가을, 겨울에 태어나면 : 甲乙木이 있어도
    꽃을 피우지 못한다.
    그래서, 자식덕이 없다.

61) 癸水는 陰中의 陰이기 때문에 陰의 代表 因子라서
    하향의 본성이나 생명을 키울 때는 상향한다.

62) 癸水는 자기 몸이 冷하기 때문에 丙을 좋아한다.

63) 丙火는 陽中 陽이기 때문에 陰을 좋아한다.
    그러나 바로 옆에 있으면 丙火가 꺼져 시력이
    나쁘다.

64) 癸水는 안개, 습기인데 巳火 같이 地支에 있어
    水克火되지 않아야 한다.

第 1 章 天干論

65) 癸丙이면, 丙火가 길잡이인데 길잡이를 끄므로
    옆에 있는 것을 싫어한다.

66) 癸水가 丙火를 보면 자기를 위해서 丙火를
    좋아하므로 여자 등쳐먹고 산다.

67) 癸水는 비와 이슬비, 안개, 수포인데 눈에 보이는
    물은 하향하고 보이지 않는 물은 상향한다.

68) 癸水가 여름에 태어나면, 감로수 역할한다.

69) 겨울에 癸水가 地支에 亥卯未 木局이면 :
    머리는 좋으나 돈이 없다.
    아는 것은 많은데 돈이 없어 말은 잘하고 똑똑하나
    가난하다.
    겨울이라 꽃이 피지 않아 발정이 없어서 향기가
    없다.

70) 古書에 癸水가 木을 키우는 것이 가장 큰 임무인데
    木을 키우면 德籍이다.

71) 봄에 태어난 癸水는 온순하고 착하다.

72) 여름에 태어난 癸水는 활인업을 할 수 있는데
    부지런하다.
    태약하면 변덕스럽다.
    後代에 잘된다.

73) 여자 사주가 癸水로 태어나면 봉사활동을 많이
        한다 : 여걸사주.

74) 태약하면, 心志가 약해서 줏대가 없다.

第 2 章 地支論

- ☯ 地支三合論
- ☯ 寅午戌 火局
- ☯ 巳酉丑 三合 金局
- ☯ 申子辰 水局
- ☯ 亥卯未 木局

1. 寅木

   ☯ 寅巳申 三刑

2. 卯木
3. 辰土

   ☯ 子卯刑

4. 巳火
5. 午火
6. 未土
7. 申金
8. 酉金
9. 戌土
10. 亥水
11. 子水
12. 丑土

第 2 章 地支論

☯ 地支三合論

1) 火 = 寅에서 長生(陽, 丙), 午에서 帝王,
   戌에서 入墓(陰, 丁)
   水 = 申에서 長生(陽, 壬), 子에서 帝王,
   辰에서 入墓(陰, 癸)
   金 = 巳에서 長生(陽, 庚), 酉에서 帝王
   丑에서 入墓(陰, 辛)
   木 = 亥에서 長生(陽, 甲), 卯에서 帝王
   未에서 入墓(陰, 乙)

2) 四柱 = 生剋制化 刑沖破害 : 감정 八法 : 正法.

3) 土는 体가 없다.

4) 사주에 土가 많은 사람은 돈에 집착이 강하다.

5) 子午卯酉는 패권싸움이다.
   무섭다. 아니면 아니고, 긴 것은 기다.

6) 年 = 조상궁.
   月 = 生家 : 부모, 형제, 고향궁
       월령이 흉신이면 부모, 형제덕이 없다.
       "   길신이면 귀염받고 자란다.
   日 = 위는 자신이고, 밑은 배우자 궁이다.
       2 体一心이라야 편하게 산다.
   時 = 자기 몸 밖에서 분출된 자리.
       여자는 年에 官이 있으면 애인이 있다.
       자손궁, 말년, 결실의 자리.

第 2 章　地支論

7)　年柱 = 과거사. 내가 태어나기 전. 과거사. 조상.
　　月柱 = 부모궁. 내가 태어난 후 살아온 과거.
　　日主 = 현실이다. 내가 좋아야 한다.
　　　　　일주가 튼튼하고 좋아야 한다.
　　時柱 = 미래

8)　12운성　① 앞 계절　 : 생 욕 대.
　　　　　　② 자기계절 : 녹 왕 쇠
　　　　　　③ 다음계절 : 병 사 묘
　　　　　　④ 반대계절 : 절 태 양

☯ 寅午戌 火局

1) 화염충천(火焰衝天)
   火를 용신으로 쓸 때는 寅午戌火局이 되면 좋다.
   寅木이 用神인데 옆에 午나 戌이 와서 태우면 타서
   없어지기 때문에 運이 없다.
   또, 생명을 태우면서 돈을 벌면 존경받지 않는 방법
   으로 돈을 번다.

2) 午戌이면, 火勢가 弱해진다.
   午가 凶神일 때는 戌土 무덤에 갖히게 되어 돈이
   없다.

3) 寅戌이면, 봄, 木旺節에는 잘 타지 않는다.
   그러나 寅이 亥나 卯를 만나 木剋土하면 戌土가 깨져
   나쁘다.

4) 寅午戌火局이면, 午가 가장 열이 많고, 寅이 두 번째,
   戌이 세 번째로 열이 많다.
   戌月은 炎上이 안 된다. 거의 안 된다.
   火가 무덤에 들어가기 때문이다.
   三合中에서 寅午戌火局을 가장 싫어한다.
   물질(돈)運이 없다
   왜냐하면, ① 寅木 생명을 태우기 때문이다.
             ② 金도 녹인다. ③ 調喉가 안 된다.
   火 用神이라도 木(香氣)를 태우기 때문에 나쁘다.
   地支 寅午戌은 불바다다.
   그러나, 불이 많은 사람은 이론이 해박하다.
   精神世界가 발달했다.
   불은 木을 먹고 자라기 때문에 항상 南方 木方을
   먹고산다.

第 2 章 地支論

☯ 巳酉丑 三合金局

1) 金局은 제품이라서 三生이 있다.
   巳 = 巳中에 丙이 있어 새것, 광택난 것, 빛남이다.
   酉 = 값나가는 그릇. 험 잡을 데 없는 기물.
   丑 = ① 광택이 없는 기물, ② 늙은 金.
        ③ 냄새나는 쇠다.

2) 酉가 巳를 만나면 값이 나가고,
   酉가 丑을 만나면 값이 안 나가는 金이다.

3) 丑酉巳이면 丑은 미래, 酉는 과거, 巳는 과거로
   조상 때 좋은 가문이 내 한테 올 때는 고장난
   기물이다.

4) 丑酉, 巳丑 : 고물이 되어 버린다.

5) 내 자리에 좋은 글자가 있어야 좋다.

6) 酉丑巳 : 酉는 미래, 丑은 현재, 巳는 과거로 고물을
            다시 만들어 광택 나는 金으로 만든다.

7) 사주에 丑이 많은 사람은 고물장사, 쓰레기 장사,
   전당포한다.

申子辰 水局

1) 水는 冷하기 때문에 기운이 아래로 내려감으로 潤下라 한다.
   寅午戌火局은 위로 올라가는 기운이므로 炎上이라 한다.

2) 申 = 돌맹이, 바위, 철.
   子 = 물이다.
   辰 = 땅이나 지형이다.

   ① 申子 = 壬水가 있어 맑다. 차다.
      여름에는 좋으나 겨울에는 나쁘다.
      차다 또는 따뜻하다는 월령을 보고
      판단한다.
      水를 用神으로 쓰는 者는 맑고 청렴하다.
      申子는 半合이다.
   ② 子辰 = 논 바닥에 고여있는 물이다.
   ③ 辰申水局 = 半合水局이다.
      값이 안 나가는 땅이다.
      만약 木을 키우는 구조라면 水로 변해
      좋다.
      申子辰水局은 大海水다.
      申子辰이고, 天干에 壬癸가 있으면
      파도치는 큰 물이다.

第 2 章 地支論

☯ 亥卯未 木局

1) 亥卯未木局
   濕木이기 때문에 乙木이 주인이다.
   乙木이 생명체의 주인이다.
   생명체는 적응력이 강해야 하기 때문에 유연성을 갖고 있다.
   乙木을 가진 者는 몸이 유연하다.
   감각이 발달해 있다.
   木을 갖고 있어 여름에 태어난 사람은 옷 장사하면 좋다.
   유행, 글, 그림, 운동하는 사람이다.
   甲木은 싹이다 = 木은 양기 덩어리다.
   사주에 亥卯未는 생명의 씨앗인데 이것을 쓸 수 있는 者는 좋은데 생명을 키울 수 없으면 나쁘다.

2) 丁火, 己土가 亥卯未木局을 가지고 있는데 木을 못 키울 구조라면 가정이 깨진다.
   자기가 약해서 키울 수 없다.
   火가 와서 도와줘야 한다.

3) 亥卯半合 : 月令이 卯月이면, 乙木에 甲木을 접붙이는 것이다.
   亥未半合 : 未月에 亥未合은 나무를 키울 수 있어 다소 좋다.
   未卯半合 : 못 키우는 구조가 되면 결혼 두 번한다.

4) 己土일주에 木局이 되면,
   여자라면 官이 흉신이라서 남편, 희망, 가문에 먹칠 한다.
   돈으로 말썽이 생긴다.

第 2 章   地支論

   남자라면 : 벼슬, 자식, 악처 파가한다.
          : 두 여자를 거느리고 사는 수가 있다.
          ; 未中에 丁火가 필요한데 亥未木局이 되어
            丁火를 꺼버리므로 마누라가 가정을 亡하게
            한다.

5) 己土 일주에 亥가 月令으로 추울 때 木局이 되어 못
   키우면 망상 덩어리다. 허송세월한다.
   만약, 여름이면 배다른 형제나, 배다른 자식을 두는 수가
   있다.

6) 木多火熄이면 수명이 짧다.

7) 사주에 未月에 亥水와 합하여 木局이면 인기가 있다.
   꽃밭이다.
    : 향기가 있어서.

8) 四柱에 甲乙木이 섞여 있으면 향기가 진동하여
   애인이 있다.

9) 天干에 乙木이 나타나면 향기가 진동한다.

10) 天干에 甲木이 나타나면 곧아서 연애 못한다.

11) 亥月에 亥未木局은 꽃밭이 아니다.
    木多火熄된다. 불이 꺼진다. 골치아프다.
    바람둥이다. 가정이 안 된다.
    木이 많으면 많을수록 망상 덩어리다.
    겨울에는 木이 제습하는 土를 치므로 들어온 돈도 내
    쫓는다.
    키울 수 있을 때 木局이 되어야 좋다.

第 2 章　地支論

12) 8월 이후에 木局이면 거의 가정이 깨진다.

13) 卯月에 卯未木局이면 나무는 자랄 수 있으나
    丙火가 있어야 좋은데 만약 火가 없으면 빛 좋은
    개살구다.

14) 태양은 인간이 먹을 빵을 만들어 준다.

15) 火가 없는 木은 실속이 없다.

16) 木이 많은데 火도 많다면 부자다.

17) 曲直格중에서 火가 없는 水草는 절대 나쁘다.

18)　　　乙 戊 壬 丁
　　　　 卯 辰 子 酉
    변격으로 木用, 水吉, 土病, 火仇, 金凶神이다.
    火가 없다. 겨울 물 속에서 사는 水草다.
    그래서, 돈이 없다. 자식도 안 된다.
    남편도 안 된다.
    불을 보면 말라서 죽어 버린다.

19) 사람은 자식을 낳아서 길렀다면 할 일을 다 한
    것이다. 생명이 그렇게 중요하다.

20) 木 일주는 지장간 용신이 많이 등장한다.
    寅卯辰木局, 亥卯未木局이면 戌中 丁火, 未中 丁火,
    寅中 丙火, 巳中 丙火인데 지장간에 용신이 많으면
    숨겨둔 애인이 있고,
    또, 지장간 용신은 남의 속을 들여다보는 직업이다.
    의사, 한약사, 약사, 기자, 경찰, 기무사, 헌병 등 직업을
    갖는다.

第 2 章 地支論

20) 만약, 여자 火 일주가 戌土나 未土속의 용신을 쓰면
    상관속에서 비겁을 용신으로 쓰므로 부부궁이
    나쁘다.
    비밀이 많다. 남자도 그렇다.
    조후가 안 되면 거짓말, 사기꾼, 남을 이용한다.

21) 사주에 계절에 적합한 용신을 써야 좋은 직업을
    갖는다.
    정용신을 써야 좋다.
    역용신을 쓰면 악전고투한다.
    역용신을 쓰는 자는 용신이 무력하면 천한 직업
    갖는다.

22) 사주에 용신이 있는데 용신을 심하게 극하면 반대로
    가기 때문에 제 갈 길로 못 간다.
    부끄러운 삶을 산다.
    하시 받고 산다.
    도둑, 사기꾼, 노숙자, 사회에 방해꾼으로 산다.

第 2 章　地支論

1. 寅木

1) 寅木은 寅月부터 申月까지 木이 자랄 때는 亥子水가 필요하나 그 후로는 필요치 않다.

2) 亥水는 壬水가 暗葬해 있어 깨끗한 물이고, 子水는 癸水가 암장하여 얼어있는 물이다. 그래서, 癸水는 水生木 못하므로 濁水라 한다.

3) 寅亥合은 怨嗔도 된다.

4) 寅木이 亥水를 만난 순간부터 잘 자란다.

5) 寅木이 亥水 만나 合되면, 寅中 戊丙甲이 있어 吉神이 되면 大富가 된다.

6) ○壬○
    亥寅亥이면 寅中에 丙火가 있어 유방이 예쁘다.
    食神만 있으면 양쪽이 똑 같은데 食傷이 混雜하면
    짝 젖이다.

7) 寅이란 글자는 演(넓을 연)에 왔다.
   만물이 싱싱하게 자라나는 의미이다.
   그래서, 寅이 있으면 예술적 감각이 발달했다.
   : 연예인, 예술가.
   寅木은 3陽이 있어 진취적이고, 독선적 강권적
   성격이다.
   그래서, 너무 밀어붙이면 나쁜 소리 듣는다.
   자만심이 강하여 나쁜 소리 들을 수 있다.
   성격이 단순하고 밀어붙이는 힘이 强하다.

第 2 章   地支論

8) 寅木은 天干에 乙木이 나타나는 것을 가장 싫어한다.
    寅木은 巨木인데 乙木을 보면 雜木이 되므로.

9) 寅木은 巨木인데 乙木이 나타나면 雜木이 되어
    볼품이 없다.
    크면서 좀씨가 된다.

10) 甲木이 卯를 뿌리로 갖고 있으면 巨木이 된다.

11) 寅木이 있으면 乙木은 안 나타나는 것이 좋다.
    寅木은 丑土를 싫어한다.
    丑中 辛金이 寅中 丙火와 暗合하여 재수가 없다.

12) 地支에 生命인 寅木을 巳酉丑이 있어 치면 雜局이
    되어 나쁘다.

13) 寅木이 사주에 있는데 안 다치고 살면 의식걱정이
    없다.
    향기가 있어 좋다.
    寅木은 자체가 조후가 되어 있기 때문이다.

14) 寅木은 곧게 크는 나무라서 주위에 巳酉丑이 있어
    생명을 자르는 글자가 있으면 배타적, 염세적,
    고독한 은둔생활을 한다.

15) 만약, 寅木을 用神으로 하는 자는 寅中에 丙火를
    갖고 있어 거짓말, 속이는 것을 싫어한다.
    : 火는 밝은 빛이므로.

16) 寅木이 吉神이면 자기관리 잘한다.

第 2 章   地支論

17) 寅木이 있으면 생명의 주체이므로 누가 뭐래도 자기 멋대로 간다.

18) 사주에 寅木을 갖고 태어나기가 쉽지않다.
    : 寅木은 우두머리라서.

19) 甲 = ① 시초, ② 으뜸, ③ 최고, ④ 앞서가다,
        ⑤ 일복 많다, ⑥ 머리가 영리하다,
        ⑦ 책임감이 강하다
        맏아들 또는 맏아들 구실을 해야 한다.
        또는 앞서가는 사람이다.

20) 寅木이 寅을 또 보면 陽氣가 충천하여 과욕을 부린다.
    자만심이 너무 강하여 실수 많이 한다.
    복음이 되면 안 좋은 경우가 많다.
    乙酉 일주가 乙酉年을 만나면 문서, 서류 조심해야 한다.
    문서 사기사건이 많다.
    地支도 복음이 되면 소심해야 한다.

21) 땅속에서 寅木이 나올 때 처럼 순수하다.
    그래서, 두 개이면 힘이 너무 넘친다.

22) 寅木이 3개가 되면 자신감이 넘쳐 조심하므로
    소심해 진다.
    너무 당해봐서 그렇다.
    너무 소심하고 타산적이라서 미운짓만 한다.
    무엇이던지 너무 많으면 썩는다.

23) 寅이 卯를 봤을 때는 寅이 陽氣 덩어리인데 卯木은
    실제 생명으로 나타난다.

第 2 章   地支論

24) 寅木이 卯木을 보면 생각을 많이 한다.
순진성이 없어져서 귀염받지 못한다.
雜格이 된다. 雜木과 같다.
甲은 외골수인데 卯木은 흔들린다.
寅木이 卯木을 보는 순간 자기 모습이 순박하지 않음을 안다.
寅木이 卯木을 보면 좋을 때도 있지만 나쁠 때가 더 많다.
그러나, 卯木은 寅木을 보면 丙火 때문에 좋다.

25) 生命(木)은 辰土를 보면 어머니와 같다.
辰土는 생명을 보호하기 위해 나왔다.
寅木이 辰을 보면 大局이나 卯木이 辰을 보면 大局이 아니다.

26) 卯辰이 있는 여자는 자궁이 빵구났다.
辰土는 卯木을 가장 싫어한다.
辰中 乙木이 자꾸 극해 오기 때문이다.

27) 卯木에 辰土가 있으면 卯木이 辰土를 剋하므로 나쁘다.
그러나, 卯木은 辰土를 좋아한다.

28) 辰土는 申酉戌을 모두 收用하여 木을 보호하므로 沃土다.

寅巳申 三刑

生命이 宇宙의 主人인데 生命을 자르기 때문에
三刑이다.
또는 生命의 生育을 방해하기 때문에 三刑이다.
寅月의 寅巳刑은 조금 다치는데 巳月의 寅巳刑은 많이
다친다.
三刑이 없으면 巳申合이다.
三刑이 있으면 방해꾼이다.
만약, 木이 없으면 刑이 없다.
寅 옆에 巳가 있으면 생명을 다루는 직업을
가지거나 그렇지 않으면 官災가 있다.
刑이 있으면 공무원이 좋다.
12글자 중에 巳火가 가장 복잡하다.
申酉戌 亥子丑은 無生物 시대다.
巳가 있는 사람은 변화, 곡절, 변덕이 많다.
: 合이 되어서.

29) 寅은 무조건 자라야 하기 때문에 치는 글자나
태우는 글자가 없어야 좋다.

30) 寅木은 옆에 午火가 있는 것을 가장 싫어한다.
寅木을 태우기 때문이다.
그러나, 火用神이면 괜찮다.
四柱에 火氣가 많으면 태워 없애버리므로
가난하다.
그러나, 정신세계 발달한다.
낳은 날에 午나 戌을 가지면 돈복이 없다.
전문직, 또는 노동의 댓가 받고 산다.
파란곡절이 많다.

第 2 章   地支論

31) 사주에 寅이 있고, 木이 많으면 生命이 너무 많아
    못 크고, 욕심만 많다 : 욕심 과다로 실속이 없다.

32) 寅이 午를 볼 때 火用 者는 좋고, 木用者는 木을 태우므로
    나쁘다.

33) 寅中 丙火는 生命을 키우는 조건으로 쓰는데 午가
    오면 타버려 나쁘다 : 調喉로 쓸 때만 좋다.

34) 地支에 辰土가 있으면 寅木이 보호를 받으므로
    좋다 : 申酉戌로부터 보호받음.

35) 寅中 甲用神者는 午大運이 오면 甲木이 타버려
    망쪼들거나 죽는 수가 있다.

36) 寅木이 未를 보면 寅木이 살아 있으면 좋은데,
    조후가 안 되어 있으면 墓에 들어가므로 나빠지거나
    죽는다.
    木이 살아 있을 때는 좋고, 木이 죽어있을 때는
    무덤에 들어가므로 죽는다.

37) 寅木 生命의 크는 조건은 調喉가 되어야 생명이
    큰다 : 水火旣濟다.

38) 寅木이 金運에 접어들면 寅申沖, 寅酉破다.

39) 甲
    寅이 申酉月에 태어나면 四敗日이다.
    乙卯木은 四敗日이 안 된다 : 감고 올라가므로.

第 2 章   地支論

40) 寅申沖은 沖中에 有生하므로 애정에 고난이 많다.
    愛情 沖이라 한다.
    木이 香氣를 갖고 있는데 申인 男子가 剋을 하여
    살다가 이혼한다.
    연애 결혼한다.
    그러나, 애정에 풍파가 많다.

41) 寅木을 본 申酉金은 寅中 丙火가 있어 따라 다닌다.
    만약, 寅木 女子는 申酉金 男子가 따라 다닌다.

42) 사주에 寅酉이면 : 酉金이 있는 者는 사고, 수술
    등으로 몸에 흉터가 있다.
    酉金은 飛刃이다 : 무조건 자른다.
    寅木 옆에 酉金이 있는 者는 怨嗔殺인데 초년
    아니면 말년에 한번은 나쁘다 : 申酉金이 올 때
    그렇다.

43) 寅이 戌을 보면 :
    寅月에 戌을 보면 木剋土 한다.
    戌月에 寅을 보면 木이 타버린다.
    만약 甲을 用神하는 者는 戌이 있으면 木이 타버려
    나쁘다 : 局이 떨어진다.
    겨울에 寅이 있는데 戌, 未, 午가 있으면 寅木을
    태우면서 調喉하므로 돈이 없다 : 소모성 사주다.
    그러나, 중간에 辰土 같은 것이 있으면 괜찮다.

44) 戌이 四柱에 많은 者는 道人이 많다.
    木이 生命인데 生命은 색상계의 주인으로,
    生命을 태우면 무상계와 인연이다.

45) 寅이 亥를 보면 怨嗔도 되고, 害도 된다.
亥水가 寅木을 도와 줄 때는 合으로 보고,
亥水가 寅木을 水生木 못하고 水多木浮가 될 때는
怨嗔이라 한다.
子 寅 子이면 가운데 丑이 끼어있는데,
拱丑이 있으면 丑中에 辛金이 木을 치므로 흉하다.
拱 : 꽂힐 공.

2. 卯木

1) 卯木은 색상계의 주인이다.
   卯木은 색상계의 美를 창조하는 주인이다.
   사주에 乙木을 가지면 색을 잘 본다. 운동 잘한다.
   다방면에 재주를 가지고 있다.

2) 卯木은 正東方이다.

3) 卯가 日出之門이라서 새로운 변화를 추구한다.

4) 寅과 卯가 있는 사람은 자신감이 넘쳐서 과욕 때문에 실패할 수 있다.

5) 卯는 風波다.

6) 卯月에 辰을 보면 陽氣가 억제되지 않아 바람둥이, 분수에 넘치는 일이 일어난다.

7) 卯가 眞桃花다 : 木은 生命으로 양기, 에너지 덩어리다.

8) 卯는 아름다움을 추구하기 때문에 풍류, 놀기를 좋아한다.
   卯木은 색상계의 주인이기 때문에 영화배우, 연애인이 많다.
   乙木은 감고 올라가기 때문에 환경 적응력이 강하다.

9) 寅木은 양기덩어리를 의미하고,
   卯木은 실제로 나타난 것을 말한다.

第 2 章　地支論

10) 卯木이라서 가장 아름다울 때가 午月이다.
    그래서, 乙木은 午에 長生하는데 乙木은 항상 불을
    달고 다녀야 한다.
    여름에 크는 나무일수록 잎이 많다.

11) 卯木은 發芽卯葉(발아묘엽)이라서 잎과 가지가
    많다.

12) 卯木은 陽氣가 많은 木이라 욕구가 많다.

13) 卯木은 생명력이 대단히 강하다.

14) 卯月에 태어난 辛金 일주와 丁 일주는 格이 안 선다.

    예 : 辛
          ○ 卯 = 빈골이다 : 木을 치므로.

          丁
          ○ 卯 = 환경이 나쁘다 : 印星이 凶神이라서.

15) 辛金 일주가 卯月에 태어나면 부부궁이 나쁘다.
    木이 자라면 자르고, 또, 자라면 또 자르기 때문
    이다.

16) 丙火는 卯月에 태어나면 대단히 나쁘다.
    卯月에 태어난 丙火는 잎이 태양을 가려 밑이 안보여
    비밀이 많다. 바람 많이 핀다.

17)   ○ 丙 己 丁
            ○ 辰 卯 子 = 卯가 辰을 보면 바람둥이다.
                         32세에 정력이 가버렸다.

　　　　　　甲 癸 壬 辛 庚　　재벌2세다.
　　　　　　申 未 午 巳 辰　　丙火는 卯가 浴地다.

18) 用神이 沐浴地에 가면 沐浴하거나 변태적인 행동을 한다.

19) 子 = 甲의 沐浴地
　　午 = 庚金 沐浴地
　　卯 = 丙火 沐浴地
　　酉 = 壬水 沐浴地
　　목욕은 꾸미고 씻는데 길신이면 좋은데, 흉신이면 바람둥이다.
　　목욕지에 있는 사람은 잘 봐야한다.
　　잎이 태양빛을 가려 밑이 습해진다.
　　목욕지에 오면 목욕탕 자주간다.
　　丙火가 卯月에 태어나 辰을 보면 모두 바람둥이다.
　　여자는 목욕지에 태어나면 권태가 심해 바람둥이다.
　　맨날 연애하러 다닌다.

20) 丁火는 卯木을 보면 환경이 굉장히 나쁘다.
　　濕木이 丁火를 꺼지게 한다.
　　심장질환, 잔병치레한다.
　　: 丁火가 濕木인 乙木을 태우려 하니까.

21) 精神이 예민해 진다.
　　직감력이 발달한다.
　　신기한 학문을 좋아한다 : 종교, 말세론 등.
　　종교를 깊게 연구한 사람들이 이런 사주다.

22) 戊己土 일주가 卯月에 태어나면 파란곡절이 많다.
　　格을 세우기가 어렵다.
　　木剋土당하기 때문이다.
　　조상과 인연이 없다 : 조상은 官.

23) 庚辛金이 卯月에 태어나면 좋은 소리 못 듣는다.
　　가정(부부)궁이 굉장히 나쁘다.
　　바람 많이 핀다.

24) 壬癸 일주가 卯月에 태어나면 색을 좋아하여 바람둥이가 많다.
　　陽氣를 억제할 수 없다.
　　女難이 많다.

25) 卯木은 陽氣 덩어리라 정력이 쎄다.

　　戊庚乙癸
　　寅辰丑未 = 寅木이 辰土 옆에 뿌리박고 있어 정력이
　　　　　　　 좋다.

26) 卯木 = 청소년기라 양기덩어리라 억제하지 못한다.
　　午火 = 청년기라 억제가 가능하다.
　　酉金 = 정력이 쎄다.
　　子水 = 陰氣가 꽉 차서 정력이 그리 쎄지 못하다.

27) 卯木이 흉신이면 바람둥이가 많다.
　　길신이면 디자인 등 사회에 美를 창조하고,
　　흉신이면 바람둥이다.

28) 乙木이 우주의 美를 창조하는 주인이다.
　　디자인, 운동, 패션 계통이 발달한다.

第 2 章 地支論

29) 卯가 흉신이면 몸 판다.

30) 卯木은 辰土를 가장 좋아하고, 그 다음 寅木을 좋아한다.
    寅中 丙火가 있기 때문이다.

31) 卯木은 子水가 水生木해서 괜찮은데 겨울에
    子卯刑이 되면, 卯는 생명을 탄생하기 때문에
    女子는 子宮에 이상이 있다.
    자궁암, 자궁외 임신.
    子卯刑은 무례지형으로 예의가 없는 刑이다.
    子卯刑 구조에서 子水가 흉신일 때 성립한다.
    윗대에 문제가 있다.

32) 여름에는 子卯刑이 안 된다.

33) 卯木은 지지에 巳酉丑이 있는 것을 가장 싫어한다.
    자기를 자르기 때문이다.
    卯申은 鬼門인데 나무에 철사를 감아놓은 것과 같다.

34) 卯木에 巳酉丑이 있는 者는 성질이 까다롭다.

35) 卯戌合火하는 가을 단풍이다.
    봄은 예술성이 아니다.
    戌月은 卯戌合火되면 木이 타버린다.
    筆奉이다.

36) 卯月에 戌을 보면 木剋土하여 태우지 못한다.
    만약, 木을 태우면 굉장히 나쁘다.

第 2 章   地支論

37) 卯는 午火를 좋아한다.
    午火에 불이 있어 나무를 키우기 때문이다.
    약한 卯木이 午火가 오면 卯午破가 되어 午火가
    꺼진다.
    乙木은 午火에 長生이다.
    봄, 가을 卯木은 午火가 오면 午火가 꺼진다.

38) 地支에 亥卯木局되고, 불이 없으면 꽃이 피지
    못하여 나쁘다.

39) 卯木은 사회를 아름답게 하고, 예, 체능에 소질이
    있다.
    卯를 가지면 몸이 유연하다.
    기계체조, 체조한다.

40) ○乙甲壬
    ○亥辰戌   ○○ 선생님의 둘째아들 사주.
               운동, 춤의 귀재다.
               24살 때 국제심판 자격증 땄다.

41) 乙木은 디자인 계통으로 가면 좋다.

42) 卯木은 곡식, 화초, 가지 또는 신경조직으로 본다.

43) 卯木은 태양을 좋아한다.
    자기는 弱하여 곧게 크지 못하기 때문에 甲木을
    좋아한다.
    : 藤蘿繫甲.

44) 乙 일주는 신약하다고 비겁을 좋아하지 마라.
    甲木이 원국에 없는데 大運이나 歲運에서 오면
    乙木이 그늘에 가려 말라 죽는다 : 木長之敗다.

第 2 章   地支論

45) 卯는 여름을 재촉하기 때문에 촉매제 역할을 한다.
그래서, 卯를 가지면 성격이 急하다.

46) 卯子는 子卯刑인데 9월 이후라야 刑이 된다.
： 9,10,11,12월.
봄이 되어 녹으면 진물이 난다.
용신운에 病이 든다.
子卯刑이 되면 피가 濁하다.
性病에 잘 걸린다.
피가 탁해서 감염이 잘 된다.

47) 子卯刑은 무례지형으로 子水에서 일어나는데,
子水가 길신이면 刑이 안 된다.
조상이 바람피웠다.

48) 子息宮에 子卯刑이 되어 있으면 내 아니면 子息代에
작용이 일어난다.

49) 卯木 옆에 丑土가 옆에 있으면 丑土속에 辛金이
있어 冷하여 배양이 안 되므로 싫어하고,
값이 안 나간다.
丑은 오물이 쌓인 흙이라 나쁜 냄새가 나기 때문에
질 좋은 나무가 아니다 : 값이 안 나가는 나무다.

50) 卯亥丑으로 丑이 멀리 떨어져 있으면 괜찮다.

51) 卯木이 寅을 보면 卯木은 불을 좋아하는데, 寅中에
丙火가 있어서 옆에만 있으면 어부지리로 키워주므로
卯木이 잘 자란다.

52) 卯木 옆에 寅이 있으면 좋아하기는 해도 질투,
시기심이 많다.

第 2 章　地支論

53) 사주에 卯卯가 두 개로 伏吟(복음) 되면 문패가
두 개가 있어 우편배달부가 어느 집에 편지를 배달
해야 할지 몰라 실패한다.
풍파다 : 양기 덩어리라서.
火를 봐야 하는데 나무가 엉켜서 방해꾼이다.
친구, 부모가 돈 뜯어 간다. 고통준다.

54) 卯가 辰을 보면 沃土라서 좋아하는데 辰土는 卯木이
오면, 뿌리로 木剋土하므로 싫어한다.
사주에 卯가 있고, 辰을 보면 木剋土하여 물통이
새므로 運에서 卯木이 오면 자궁 수술한다.
卯木이 辰을 보면 木剋土하여 辰中에 乙木이
죽는다.
卯木이 辰을 보면 좋은 일 생긴다.
그러나, 辰을 갖고 있는데 卯를 보면 걱정거리, 수술
수가 생긴다.

55) 卯가 巳를 보면 巳中에 庚金이 있어 丑이나 酉金이
오면, 巳酉丑 金이 되어 생명을 자르므로 변동이
생긴다.
직장 좌천, 신상에 나쁜 일 생긴다.
날이 맑았다 구름이 낀 것과 같다.
巳는 배신을 잘 한다.
여자가 巳가 있으면 배신을 잘 한다.
: 자기가 살기 위해서.

56) 合은 有情, 無情이 있다.
길하면 有情이고, 흉하면 無情이다.

57) 巳火를 가진 四柱는 속살이 예쁘다.
배반을 잘 하므로 주의하라.

第 2 章 地支論

58) 卯가 午를 보면 卯午 破인데 卯木을 본 午火는 午火가
    꺼진다.
    火가 길신인데 卯가 오면 午火가 꺼지므로
    나빠진다.
    木生火로 보지 마라.

59) 生木 = 火生木.
    死木 = 木生火다 : 갈초, 억세풀, 장작.

60) 卯는 生木이라서 木生火가 안 된다.
    만약에 午가 旺해도 卯를 보면 수술 수 생긴다.

61) 卯木이 午火를 보면 午火가 꺼지므로 그 육친이
    걱정거리가 생긴다.

62) 만약, 午日에 태어났는데 卯月에 태어나면 맨 날
    골골골한다.
    배우자가 그렇다.
    육친에 따라서 또는 그 宮의 위치에 따라서.

63) 卯木이 午火를 보면 卯木이 마를 때까지 연기가
    난다.
    집안 걱정거리가 생긴다.
    잔걱정 거리다.

64) 卯申 鬼門이 가장 나쁘다.
    卯申귀문이 있으면 꿈에 귀신이 잘 나타나
    노이로제, 정신병이 생긴다.
    그러나, 乙庚暗合金이 되어 金이 길신이면 괜찮다.

第 2 章   地支論

65) 卯木이 未土를 보면 亥卯未 木局이 되는데 木局이
    되면 :
    亥卯未는 三合局.
    卯未 = 未中 丁火가 꺼진다.
    亥卯 = 未中 丁火가 꺼진다.
    亥卯 = 불이 없어 그냥 濕木이다.
    丁火를 용신으로 쓰는 사주는 불길하다.
    만약, 戌中 丁火 용신이면 卯未木局이 되어 木剋土
    (戌)하면 나쁘다.
    戌中 丁火 용신인데 亥未木局되어 木剋土하면
    나쁘다.

66) 만약에 卯木이 있는데 亥卯未木局되어 曲直이 되면
    水草 四柱다.
    水用. 木吉이다.
    태양 빛을 보는 순간 말라 죽어버린다.
    열매가 없기 때문에 자식이 안 된다.
    꽃이 안 피어 돈이 없다 : 얹혀산다.
    여자는 남편궁이 나쁘다.
    妾으로 산다. 자식도 안 된다.

67) 크지 못할 三合木局이 되면 나쁘다.

68) 卯申이 오면 卯申 暗合인데
    卯中 乙木, 申中 庚金이 乙庚暗合이다.
    鬼門殺인데 庚金이 乙木을 감아 못 크게 한다.
    생명(乙木)이 자라려고 하는데 庚金이 감아 못 크게
    하면, 죽은 귀신이 따라 다닌 것과 같다.
    그러나, 乙木이 흉신이면 괜찮다.
    귀문살이 있으면 죽은 조상 때문에 나쁜 일이 생긴
    다.
    귀문살이 있는데 귀문이 오면 재앙이 따른다.

第 2 章 地支論

69) 卯酉沖이 가장 나쁘다.
    아주 냉혹하다.
    죽지 않으면 불구자다.

70) 寅酉鬼門도 나쁘다 : 생명을 못 살게 하므로.

71) 만약에 卯月에 卯酉沖이 되면 酉金이 깨진다.
    설령, 卯가 이긴다 해도 卯도 상처 입는다.

72) 卯酉라는 것은 원래 日出과 日沒之門이다.
    그래서, 항상 반대다.
    항상 갈등이다.

73) 卯酉沖은 帝王의 沖이라 끝장을 보는 沖이다.

74) 卯戌을 보면 卯戌 暗合이다.
    卯가 살아 있는데 卯戌合이면 가을 단풍이다.
    木이 살아 있어야 단풍이다.
    卯가 말라 있으면 타버린다.(가을)
    가을에 卯戌火로 타버리면 노후가 허망하나.

75) 만약에 卯戌合火인데 합하여 卯木이 타면 노후에
    아무 한 게 없다.

76) 卯戌合은 妬合(투합)이 없다.
    卯戌卯, 戌卯戌이면 다 타버린다.
    시기 질투가 없다.
    그냥 타버려 아무것도 없다.
    木은 타면 재로 날아가 버린다.
    아무 흔적이 없다.

第 2 章 地支論

77) 卯가 亥를 보아 亥未木局되면 群比爭財되어 돈이
　　안 따른다.
　　亥속에는 甲木이 들어 있어 旺해지면 군겁쟁재되어
　　처궁이 나쁘다.
　　財를 치므로 돈 (실속)이 없다.

78) 火氣가 弱하거나 꺼지면 運이 없다.
　　욕심만 있다.
　　사주에 木이 많으면 욕심이 많다.

79) 寅亥合은 合도 되고, 怨嗔도 된다.
　　水生木하면 合이고, 水多木浮되면 원진이라 한다.

80) 六合은 愛情의 合이다.

第 2 章 地支論

3. 辰土論

1) 土中에서 가장 좋은 土다. 沃土다.
   木을 보호하기 위해서 존재한다.

2) 辰土는 西方의 金氣運을 커버해준다.
   辰申 = 水. 辰酉 = 金. 辰戌 = 沖으로 막아준다.

3) 辰土가 있으면 守備(수비로 방어) 능력이 있다.

4) 남녀모두 정력이 좋다.
   辰土는 沃土다. 胃腸이다.
   사람에 비유하면 위장이 좋아 영양흡수가 좋다.
   계절적으로 좋은 계절이다.

5) 辰土를 안 건드리면 좋다.

6) 사주에 辰土를 가지면 힘이 좋다.
   그래도, 조후가 안 되면 나쁘다.
   辰土가 있는 사람은 미식가다.

7) 辰土를 가지면 논리가 정연하다.
   창의력이 뛰어나다.
   합리적이다.
   模倣도 잘한다.
   어느 방면에 가서도 흉신만 아니면 능력을 발휘한다.

8) 辰土는 女子의 子宮을 의미한다.
   子宮은 生命을 길러내기 때문이다.
   남자도 辰土가 있으면 性器가 잘 생겼다.

第 2 章 地支論

9) 辰土는 자궁, 연못, 생식기다.

10) 亥卯木局(卯未, 亥未) 되어 辰土를 치면 자궁에
    이상이 온다.

11) 여름에 태어나 辰土를 가지면 꽃밭이라서 인기가
    좋다.
    춤, 노래, 화려한 감각을 갖고 태어났다.

12) 辰土는 龍을 의미한다.
    龍은 12동물의 장점을 도두 갖췄다.
    그래서, 龍은 조화무쌍한 영물이다.
    龍은 ① 천룡. ② 해룡. ③ 지룡.
    龍은 물의 통로를 지킨다.

13) 丙火 用神者가 辰土를 보면, 火氣를 흡수당해 人德이
    없다.
    실속이 없다.

14) 壬癸 用神者는 辰대운이 오면 庫藏에 들어가므로
    事業 亡한다.
    潤下格은 辰大運에 죽어버린다.
    六親에 따라 감정한다.

15) 水가 凶神인 者는 辰土를 보면 좋다.
    : 가두어 버리므로.

16) 辰土는 丑土와 戌土가 옆에 오는 것을 싫어한다.
    그러나, 未土는 調喉가 되어 있으면 땅이 넓어져서
    좋다.

17) 辰土는 비가 오면 너무 커져서 나쁘다.

第 2 章　地支論

☯ 子卯刑

月令이 어느 계절이냐에 따라 성격한다.
겨울에는 추워서 동상이 걸려 子卯刑이 된다.
여름에는 水生木하여 子卯刑이 안된다.
녹으면 진이 나서 죽어 버린다.
寅月부터 未月까지 辰土를 보면 挑花가 된다.

18) 卯木은 辰土를 좋아하는데 辰土는 木을 싫어한다.
木이 커지면 木剋土하기 때문이다.
辰土가 깨지면 辰중에 乙木(생명)이 깨져 죽어 버린다.

19) 辰土는 草木을 키울 수 있는 조건을 갖추면 좋다.
그래서, 寅木은 寅中에 丙火가 있어 좋아한다.

20) 辰土는 인체에서 위장을 말하고, 왼쪽을 의미한다.
大腸을 의미하기도 한다.

21) 辰土를 가지면 틀이 좋다.

22) 겨울에 辰土가 子를 만나면 물이 많아 터진다.
여름에는 값있는 土다.

23) 일반적으로 吉神으로 써 먹으면 좋다.

24) 辰土는 辰戌沖을 싫어하는데 그 이유는 辰中 乙木(생명)을 沖하여 깨져 없어지기 때문이다.

第 2 章   地支論

25) 辰土가 丑土를 보면 草木이 잘 자라는 辰土에 丑運이
    나타나면 辰中에 乙木이 辛金에 잘려 만약 공무원
    이라면 좌천, 불명예 퇴직한다 : 좌천, 후회한다.

25) 辰土는 丑戌未를 싫어한다.

26) 辰土가 寅卯를 보면 가장 영광스럽게 생각한다.
    辰卯, 卯辰이면 나쁘다.
    寅卯가 있는 辰土는 향기 土다. 값이 나간다.

    癸壬壬乙
    卯辰午巳   女子.
    남녀 모두 辰卯를 가지면 정력이 쎄다.
    여자가 이러면 변태 性生活 한다.

27) 辰土는 乙木을 갖고 있어 生命土, 沃土, 香氣土다.

28) 辰 + 辰 = 自形이다. 일을 해도 빛이 안 난다.
    自刑 = 辰辰, 午午, 酉酉, 亥亥.
    自刑은 넘쳤다는 뜻이다 = 自刑은 과욕, 허비.
    自刑이 있으면 넘쳤기 때문에 교통사고, 수술이
    많다.
    그 해당 宮에도 작용이 일어난다.

29) 辰(辰은 生命을 키우고), 巳(巳丑, 巳酉合하여 生命을
    자른다)
    戌이 亥를 보면 天羅殺이다.

30) 巳는 원성분이 巳酉金局을 이루므로 木을 죽이는
    역할을 한다.

第 2 章   地支論

31) 辰土가 午火를 보면 굉장히 좋아한다.
     午中에는 丙丁火가 숨어있어 생명을 키우므로 좋아
     한다.
     그래서, 文書德이 많다.
     그러나, 거꾸로 午火 입장에서는 辰土를 보면 火氣를
     설기시켜 실속없는 껍데기다.
     午火 입장에서는 辰土를 보면 땅이 넓어진다.
     그래서 辰, 未가 四柱에 있어 살아 있으면 乙木이
     숨어있어 調喉가 되면 식복이 있다.

32) 辰土가 申을 보면 申子辰水局이 되므로 申이
     부담스러워한다.
     辰土 입장에서는 물이 더 이상 필요없기 때문에
     부담스럽다.
     물 倉庫가 터질 수 있으므로 싫어한다.

33) 만약에 申辰이 있는 사람이 辰酉金이 되었는데 辰中
     乙木을 키우려 할 경우 辰酉合이 되어 辰中 乙木이
     죽어버린다.
     子宮에 손대먼 안된다. 첫애를 무조긴 낳아야 힌다.
     그런데, 본 남편한테서는 임신이 잘 안된 여자도
     다른 남자한테서는 임신이 되는 경우가 있다.
     만약에 인공수정을 하려거든 午月에 火氣가 旺할 때
     해라

34) 辰中 乙木이 다치면 여자는 자식 또는 신체를
     다치는 경우가 있다.

35) 辰中 癸水를 用神으로 쓰는 者는 酉金이 오면,
     酉金에 물이 없어 싫어한다.
     酉金은 沐浴地에 들어가므로 浴敗地라 오히려 안
     좋다. 그러나, 申金은 좋아한다.

第 2 章 地支論

36) 酉金은 辰酉金, 巳酉丑이 돼도 金으로만 되므로
    卯酉沖 되면, 사고, 短命하다.

37) 辰이 酉金을 보면 酉金은 완전한 金이라 金이
    다치지 않으면 돈이 많다.
    돈도 많고, 일을 많이 한다.
    그러나, 생명한테는 안좋다.

38) 酉金은 완제품이라 用神을 쓰지 않는다.

39) 만약에 사주에 寅申沖이 되어 있다면 :
    辰申寅 또는 辰酉寅 이면 辰土가 申金과 酉金이
    합하여 木을 치지 못하게 하므로 좋다.

40) 辰酉合이 되어 있는데 戌이 와서 沖하면 큰 고통이
    따른다.
    三合 = 힘이 모이는 것이고 : 세력을 뜻한다.
    六合 = 연애하는 것이다 : 애정 합이다.

41) 卯月에 卯酉沖이 되면 酉金이 깨지지는 않고
    다치기만 한데, 酉月에 卯酉沖되면 木이 잘라져
    죽어버린다 : 종말이다.

42) 辰이 戌을 만나면 辰戌沖을 싫어한다.
    무조건 가정이 안된다.

    예) 庚壬
        辰戌 = 辰中 乙木을 죽이므로 무조건 나쁘다.

        甲庚
        辰戌 = 이런 沖은 土生金하여 죽지 않는다.

第 2 章   地支論

```
丙庚
辰辰  =  일산지역 한○○ 국회의원 사주.
         이런 경우는 辰戌冲이 돼도 안 죽고
         산다.
```

43) 辰戌冲이 일어났을 때 辰月이냐 戌月이냐에 따라
    다르다. 辰月은 생명을 키워야 하므로 凶하다.
    그러나, 戌月은 辰戌冲이라도 생명이 다 커버린
    계절이라 덜 나쁘다.
    또, 甲乙 木이 있을 때는 모두 나쁘다.
    年月에 있으면 생명에 지장은 없다.

44) 戌土는 철옹성에 불을 넣어 놓은 것이라서 戌을
    건드릴 五行은 辰土밖에 없다.

45) 戌中 丁火를 用神으로 쓰는 者는 辰戌冲이 되면
    戌中丁火가 튀어나와 좋다.
    특히, 辰戌冲해서 5년간 運이 온 사람도 있다.
    9월 辰戌 冲은 癸水가 깨진다.
    계절을 봬서 이느 것이 좋으냐로 길흉을 판단해야
    한다.

46) 辰이 亥를 보면 辰中에는 乙木이 있는데 亥中에는
    甲木이 있어 辰이 亥를 보면 元嗔이라 시기, 질투가
    많다.
    그래서, 辰은 卯, 亥, 未를 싫어한다.
    運에서 亥卯未 木局이 되면 辰土를 치기 때문이다.

47) 辰이 亥를 보면 부담스러워 한다.
    그래서, 성격도 그렇다.
    사주 글자는 환경이기 때문이다.

4. 巳火論

1) 四柱에 巳火를 가지면 호기심이 많다.
   미적 감각이 뛰어나다.

2) 巳火를 有力하면 현실 보는 감각이 뛰어나다.

3) 巳火가 虛弱하면 너무 꼼꼼하므로 小心하다.
   노이로제. 예민하다.

4) 巳火는 무엇을 변화하려 하므로 기막힌 아이디어를
   창출한다.

5) 巳火는 巳中 丙火가 있어 밝음을 추구하므로
   정신적이다.

6) 巳火가 약하면 정신병, 위장병이다.

7) 巳火는 과거에 있었던 것을 바꾸므로 改革的이다.
   그래서, 巳午未年에는 改革하는 해다.

8) 巳火가 유력하면 능력이 있는데 허약하면 기복이
   沈하다.

9) 巳중에는 庚金이 암장해 있어서 金으로 따라 가는
   경우가 많다.

10) 巳火는 庚金의 자식이다.
    그래서, 巳火는 金으로 따라가는 경우가 많아서 기복이
    심하다.

第 2 章 地支論

11) 巳火가 살아 있으면 인물이 모두 좋다.
    丙火가 吉神이면 못생긴 사람이 없다.

12) 巳火가 吉神이면 피부가 곱고, 인물이 잘 생겼다.
    또, 巳火가 있는 사람은 속 피부가 곱다.

13) 丙火는 외형이 예쁘다.

14) 대화할수록 예뻐 보이는 것이 巳火를 가진
    사람이다.

15) 丙火는 세상에서 가장 아름다움을 뜻한다.

16) 巳月은 꽃망울(丙火)를 터뜨리기 때문에 丙火가
    吉神이면 잘 생겼다.

16) 丙火는 새로운 것을 개척하는 神이다.

17) 巳火는 變化가 심해서 이별, 가정에 變化가 온다.

18) 巳火가 凶神이면 비위를 맞추기 어려워 정착하지
    못하고 떠돌아다닌다.

19) 巳火를 가지면 큰 그릇은 무역업을 하는데,
    작은 그릇은 보따리 장사다.
    그래서, 주거가 불안하고 돌아다닌다.

20) 年에 巳火가 凶神이면 貞操 觀念이 일찍 무너진다.
    가출한 사람이다.

21) 丙火가 年月에 있으면 올 된다.
    세상을 보는 眼目이 빠르기 때문이다.

어릴 때 사랑 받는다.
일찍 바람난다.

22) 巳火는 陽의 전성기다.
만물이 자라는 계절이다.
役馬, 화려함, 정신적 큰 변화다.

23) 巳火는 原局에 자기 글자 옆에 생명 글자인 寅 卯 辰
未 亥 字가 붙어 있으면, 눈물을 흘리면서 木(生命)을
자르는 경우가 생긴다.
왜냐하면, 巳火가 酉金이 오면 巳酉金이 되어 나무를
자르기 때문이다.

24) 巳火는 자기 옆에 午未가 있는 것을 그렇게
좋아한다.
왜냐하면, 酉나 丑이 와도 변질이 안 되고 자기의
임무대로 살기 때문이다.

25) 四柱에 庚辛金이 있으면 巳火를 굉장히 좋아한다.
왜냐하면, 庚辛金은 巳火 속에서 태어나서 엄마와
같이 생각하기 때문이다.

26) 丙火는 사주 어디에 있던지 나무에 꽃이 핀 것과
같아 7월까지 꽃이 피어야 하는데 酉月부터는 헛
꽃이다.
가을. 겨울은 벌, 나비가 없기 때문이다.

27) 木日主에 丙火를 보면 香氣가 振動하여 이성이
따른다.

28) 甲이 일찍 丙火를 보면, 귀한 꽃이므로 값이 많이
나간다.

29) 巳火는 天文星이라서 문학적으로 발달하고, 법조계, 군인, 경찰, 정치가, 의사직업이 많다.

30) 巳月 달에는 꽃망울을 터뜨리는 계절이라 발광지다.

31) 여름에 丙火가 할 일이 많은데 辛과 合하면 할 일을 안하고 연애만 하여 나쁘다.

32) 辛酉金은 곡식창고다. 열매다. 식량이다.

33) 丙火가 戌月은 수확을 거둔 후 무덤에 들어간다.

34) 亥子丑月은 守藏庫다 : 모든 곡식을 감춘다.

35) 모든 生命은 태양의 힘에 의해 죽고 산다 :
    모든 生命은 불이 없으면 죽는다.
    그래서, 巳火를 丙火와 똑같이 취급한다.

36) 巳火는 小腸을 뜻한다.

37) 巳火는 酉, 丑, 申년이 오면 變化가 온다.

38) 巳火가 그 사주에서 큰 작용을 하지 않으면 合을 해도 큰 변화가 아니다.

39) 巳, 丙은 태양이다.
    태양은 꽃을 피게 하고, 열매를 맺게 한다.
    : 열매, 곡식, 빵, 돈, 죽고 사는 것, 생명체.

第 2 章 地支論

40) 色相界(색상계)는 욕심을 분출시키는 자리다.

41) 慾心은 창조를 추구한다. 아름다움을 추구한다.

42) 丙火는 멋과 아름다움을 분출시키는 文明의 神이다.

43) 無色界의 主劑者는 壬水이고, 有色界의 主劑者는 丙火다.

44) 丙火는 常識의 神이라서 안 배우고도 많이 안다.

45) 巳火가 子卯刑을 만나면 巳中에는 丙戊가 暗藏하여 子中 癸水와 巳中 戊土가 暗合하여 水剋火하지 않는다.

46) 陰 일주 = 丑 亥 酉 未 巳 卯.
    陰圈 일주 = 申 酉 戌 亥 子 丑.

47) 甲 丙 戊 庚 壬 = 子 寅 辰 午 申 戌과 짝이고,
    乙 丁 己 辛 癸 = 丑 亥 酉 未 巳 卯가 짝이다.

48) 子巳 暗合은 서로 좋아하여 水剋火하지 않는다.

49) 巳가 丑을 보면 巳丑合이 되어 金으로 가버리므로 변심이 되어 갑자기 惡運이 온다.
    火를 用神으로 쓰는 者는 酉나 丑이 오면 죽는 경우가 생긴다.

50) 巳火가 子水와 巳子暗合되어 있는데 丑土가 오면 巳丑合으로 바뀌어 버린다.

51) 巳火는 丑酉申이 오면 변화한다.

第 2 章 地支論

52) 巳寅 刑 = 刑은 생명이 있기 때문에 성립하는데,
    巳中 庚金 때문에 寅木이 다친다.
    만약, 巳寅刑이 되었는데도 寅木이 안 다치면 경찰,
    군인, 의사, 법조인이다.

53) 寅亥合木은 생명을 안 다치게 하므로 좋다.

54) 사주에 寅巳申이 있는데 寅木이 다치면 官災가
    생긴다.

55) 寅巳刑이 있는 사주는 寅年이나 巳年이 오면 작용이
    일어난다.

56) 丑戌未 三刑은 돈에 중점을 본다.

57) 丑戌未 三刑은 未中 乙木이 있어 刑이 된다.
    생명이 없으면 刑이 아니다.
    그래서 寅巳刑은 생명과 관련된 문제다.
    : 송사, 시비.

58) 巳火가 吉神인데 丑酉申을 만나 배반하면 나쁘다.

59) 活人之業이란 생명을 살리는 것만이 活人이 아니다.
    그릇이 큰 사람은 의사 같은 직업이고,
    그릇이 작으면 공장에서 사람들이 필요로 하는
    제품을 만드는 것도 活人이다.

60) 活人을 많이 하는 사람들은 木을 많이 갖고 있다.
    群衆이 모였다.
    그 중에서 木을 키우고 있는 사람이 가장좋다.

第 2 章 地支論

61) 乙 丙
    卯 ○이면 꽃이 피어 아름답다.
    그러나, 巳火는 變心을 잘 하므로 나쁘다.

62) 水草는 불을 보는 순간 죽어 버린다.
    열매가 없다.
    3不름다 : 자식, 남편, 돈이 없다.

63) 木은 옆에 辰土가 있으면 辰土에 뿌리를 내리고,
    火가 오면 辰土가 火氣를 흡수해 버리고,
    金이 오면 辰土가 辰酉合, 申辰合하여 木을
    보호한다.

64) 튼튼한 木은 때리면 때릴수록 단련되어 머리가 영리
    하다.
    强한 사주는 沖이 좋다.
    强子沖發(강자충발) : 强한 者는 沖 할수록 좋고,
    衰子沖拔(쇠자충발) : 弱할수록 沖하면 뽑힌다.

65) 사주에 巳辰이 있는 사람들은 튼튼하여 뱃심이
    있다.

66) 巳中에서 乙
         巳 日柱는 巳中 丙火가 있어 태어날 때
    부터 웃으면서 태어났는데 大運이 잘못 가 酉丑年이
    올 때 변해 버리므로 갑자기 環境變化가 온다.
    조심해야 한다.
    巳酉丑合金이 되어 乙木을 자르는 運이 오기
    때문이다.

67) 巳가 巳를 보면 굉장히 변화가 많다.
    伏吟(복음 : 엎드려 신음한다는 뜻) 한다.

第 2 章   地支論

68)   乙   乙
   酉 일주가 酉年을 만나면 사람조심해라.
   예매한 일을 당한다.
   그러나, 길신이면 뜽금없는 칭찬을 받는다.

69)   己己己己
   巳巳巳巳 土가 바짝 말라서 生命이 못산다.
   水가 필요하여 女子 상대하여 사기친다.
   사기꾼 사주다.

70)   巳火는 丙火를 보면 좋은 일이 많이 생긴다.
   午中 丁火가 巳中 庚金을 녹여 없애므로 酉나
   丑이 와도 合하지 못하여 변화하지 않는다.

71)   巳火는 亥水가 와서 때리는 것을 싫어한다.
   亥中 甲木이 죽기 때문이다.

72)   合은 有情이지만 凶神이 되면 無情이 된다.

73)   巳가 申을 보면 巳申合이 되는데 원래 6合의 원리는
   반대의 五行을 좋아한다. 合은 有情을 뜻한다.
   巳申合이 火가 많으면 火로 따라가고,
   "   金이 많으면 金으로 따라가고,
   "   水가 많으면 水로 따라간다.

74)   巳가 酉를 보면 巳酉合金이다.
   四柱에 巳酉 合이 되어 있는 사람은 욕심이 많다.
   酉는 완성품, 정품이라서 壬水로 씻어 줘야 한다.
   酉金은 욕심이 많고, 고집이 쎄서 타협하지 않는다.
   酉는 巳나 辰을 봐도 金으로 남아 있다.
   그래서, 자기를 보존하려한다.
   남한테 지지 않으려한다.

75) 木을 키우려 할 때 巳酉合은 굉장히 나쁘다.

    庚己辛乙
    午酉巳亥   정치인 사주다. 종혁격이다.
    午火가 病이다.

76) 巳가 戌을 보면 귀문관살(鬼門關殺)이다.
    鬼門關殺은 자기 집안에 죽은 귀신이 장난치는
    것이다.
    戌이 天文이라서 直感力이 발달한다.
    사이비종교에 가기 쉽다.

77) 巳가 亥를 만나면 巳中에 庚金이 亥中 甲木을 자르므로
    나쁘다.
    아랫대가 끊긴다.
    질좋은 씨앗을 못 만든다.

第 2 章   地支論

5.   午火論

1) 午火는 矢(화살시)에서 나왔다.

2) 午火에서 1陰이 시생한다.

3) 午火를 가진 사람은 열을 많이 가져 성급하고, 감정조절이 잘 안 된다.

4) 丁火는 情의 산물이다.
   情은 熱이다.

5) 여름에 태어나면 심장이 크다.
   겨울에 태어나면 심장이 작고 겁이 많다.

6) 午火가 있으면 情이 많아 感性기복이 많아서 하고 싶은 것이 많다.

7) 午火는 상승기질이라 炎上기질이 있어 밀어 붙이는 기질이 강하다.

8) 午火는 여름이라 만물이 생동하는 계절이기 때문에 소식이 빠르고, 사람들이 모여들고, 현침살이라 바늘, 송곳에 비유한다.
   辛金도 송곳이다.
   현침살은 바늘, 송곳과 인연이라서 의료업 종사자 많다.

9) 午火는 심장, 복부, 소장, 언어장애, 정신장애 등이다.

第 2 章   地支論

10)   午火는 성급해서 미지근한 것을 싫어한다.

11)   午火는 정의감이 強하다.

12)   午火가 凶神이면 午火는 精力을 의미하는데,
     年, 月에 떠 있으면 조상이 바람피웠다.
     : 午火는 감성기질이라서.

13)   四柱에 午火 子刑이 있는 사람이 凶神일 때 그 宮에
     따라 바람기다.

14)   午火는 불꽃이라 옛날에는 봉화다.

15)   午火가 길신이면 소식이 빠르다, 순발력이 있다.
     재치있다.

16)   午火를 가지면 急하고 화끈하다.

17)   午火의 임무는 땅을 얼지않게 조후하는 것이 임무다.
     그래서, 가을, 겨울 냉 난방할 때 필요하다.
     인공열이라서 쇠를 成物시키는 기능이다.
     午火가 봄, 여름에 태어나면 丙火에 功을 빼앗긴다.
     그래서, 여름에는 貴格이 안 나온다.

18)   午火가 여름에 태어나면 나무를 태우므로 소득이
     없다.

19)   四柱에 寅午戌火局이면 木을 태워 소득이 없다.

20)   四柱에 너무 火가 많으면 물가에 가면 죽는다.
     심장마비, 水厄이다. 돌발사고, 익사사고.

第 2 章 地支論

21) 午火가 너무 旺하면 調喉가 안되어 精力이 고갈,
    심장이상, 신장 이상이 온다.

22) 사주에 調喉가 안되면 질병이 온다.

23) 사주에 午火가 흉신일 때 木이 많으면 간에서 해동이
    안돼서 술, 담배 해독력이 없어 간에 질병이 온다.
    노쇠현상이 빨리온다.
    피부, 자궁, 性病온다.
    간이 나쁘면 면역성이 떨어진다.

24) 午가 子를 보면 子午沖인데 이럴 때는 木이 있는가
    없는가 잘 봐야 한다.
    子午沖은 剋한 冷과 剋한 熱인데 木이 있으면 木이
    調喉 (통관)를 시켜주어 좋다.

    甲 甲
    子 午
    木 일주는 子午沖이 좋은 경우가 많다.
    : 기후 조절을 잘 시키므로.
    다른 일주 子午 沖은 모두 나쁘다.

25) 午火는 午中 丁火와 亥中壬水가 暗合하여 좋아한다.

26) 子巳는 子中癸水와 巳中 戊土가 暗合하여 좋아한다.

27) 子午沖은 생명에 문제가 온다.
    신체이상, 건강문제 온다.
    생명에 필요한 조후를 깨므로.

第 2 章 地支論

28) 午丑이면 怨嗔(원망 怨, 꾸짖을 嗔 : 뜻이 안맞다)
    午火는 丑을 싫어한다.
    午中 丁火를 丑中 癸水가 끄고,
    午中 丙火는 丑中 己土가 열을 빼고,
    午중 丙火는 丑中 辛金이 暗合해 버린다.
    怨嗔은 결국 원망한다.
    그 宮에 따라 육신이 사이가 나쁘다.
    원망한다.

29) 午火는 생명을 키우지는 않지만 丑土는 辛金이
    생명을 못 키우므로 異見이 많다.

    　　寅午戌　　　申酉戌
    　　巳午未　　　巳酉丑

    　　　　반대글자다

30) 丑土는 午火의 열기를 빼앗고, 巳火가 오면 巳酉丑,
    未土가 오면 丑未沖이다.
    그래서, 丑이 있으면 寅木이 있어야 좋다.
    사주에 丑土가 있으면 생명이 잘 자라지 못 하므로
    局이 떨어진다.

31) 사주에 午火가 木을 태우면 말년에 재물이 없다.

32) 午火가 卯를 보면 卯木이 午火 덕분에 잘 자란다.

    丙庚丁己　 (남자)
    子午卯巳　 너무 바람둥이다. 색꼴이다.

    丙庚丁己　 (여자) 火 用神.
    子午卯丑　 남편죽고 3일만에 바람피웠다.

第 2 章 地支論

33) 卯辰도 색꼴이다.
    卯木이 陽氣 덩어리다.

34) 卯木이 잘 자라는 구조는 陽氣가 너무 강해 精力이
    좋다.

35) 卯는 午火의 熱을 좋아한다.
    그러나, 午火는 卯木을 싫어한다.
    午火에 卯木이 오면 運이 없다.

36) 남자가 午火에 卯가 있으면 性器가 크고,
    힘이 좋다.

37) 午火가 辰土를 보면 午火의 기운이 상실된다.
    그래서, 죽는 사람이 많다.
    丑土도 그렇다.
    丙火가 己土를 보면 열기를 빼앗겨 심장마비온다.
    午火 用神者는 辰土運을 잘 봐야 한다.
    辰中 乙木을 用神으로 쓰는 사람은 午火運에 잘
    자란다.
    辰土는 沃土인데 火가 오면 땅 속 곡식인 고구마나
    감자가 잘 자란다.

    乙 戊
    卯 辰에서 土 用神일 때 火가 오면 木이 커져
    土用神을 剋하여 나쁘다.

38) 午火는 불이 꺼질까봐서 卯木을 싫어한다.
    그래서, 午卯破다.
    午酉破다.
    子酉破다.
    子卯刑이다.

第 2 章 地支論

卯午卯이면 午火가 꺼진다.
印星이 凶神이면 환경이 나쁘다.
乙 일주가 丁火를 보면, 丁火를 끄므로 자식이 잘
안 된다.

39) 午酉巳이면 巳中庚金이 녹으므로 巳酉合金이
    안 된다.
    그래서, 巳火 옆에 午火가 있으면 변심을 안한다.
    午巳寅이면 寅巳刑인데 刑은 생명이 있기 때문에
    성립하는데 午火가 巳中庚金을 녹여 버리므로
    寅巳刑이 안된다.

40) 午火는 모두 힘을 뺏기는 것밖에 없다.
    불은 모두 그렇다.

41) 여름에 태어난 丙火는 生命을 키우느라고 바쁘다.

42) 午火가 四柱에 있으면 自刑인데,
    寅申巳亥   寅巳申
    辰戌丑未   丑戌未
    子午卯酉   子卯刑인데,
    그 중에서 亥水, 辰土, 午火, 酉金은 빠졌는데
    亥, 辰, 午, 酉가 오면, 너무 旺해서 子刑이
    成立한다.
    子刑은 원수질 일이나 낭패본다.
    모든 刑은 吉神이면 成立 안 된다.
    반대로 刑이 吉하게 된다 : 反爲 吉이다.
    그래서, 刑이 길신이면 검찰이나 법관 등 刑權을
    쥐게 된다.

43) 午未이면 調喉가 되면 부자다.

第 2 章   地支論

44) 午申이면 申은 午火를 굉장히 싫어한다.
    申金은 차고, 冷하기 때문에 午中 丁火가 있어
    따뜻하게 해주므로 좋아한다.
    午火를 본 申金은 값이 나간다.
    午火가 申金을 成物시키므로 좋아한다.
    어떤 四柱라도 申金옆에 午火가 있으면 똑바로 살아
    간다.
    寅申午이면 寅申冲이 안 된다.
    이런 구조면 申金이 나쁜 짓을 안 한다.

45) 午酉는 破 : 酉金은 완성품이다.
    子丑 土
    午未 土
    卯戌 火
    酉辰 金이다. 변치 않는다.

46) 어떤 四柱라도 酉를 가진 사람은 상처 나는 것을
    싫어하므로 有備無患 情神이 强하다.
    예비정신이 强하다.
    사기희생이 强하다.
    그래서, 酉金 옆에 午火가 오는 것을 싫어한다.
    酉金은 완성품이라 불로 지지는 것을 싫어한다.

47) 酉 일주가 午일주를 만나면 궁합이 안 좋다.
    완성품을 녹이므로 나쁜 破다.
    金이 불을 보아 成物이 되면 革命家다.
    改革神이다.

48) 午戌이면 戌이 火의 창고라서 火爐에 담긴 불이다.
    午火 用神이 戌土運에 죽는 수가 있다.
    火가 凶神이면 火를 창고에 가두어 버리므로 좋다.

第 2 章 地支論

49) 寅이 午를 보면 건물에 불이 붙으므로 타서
    없어진다.

50) 寅이 戌을 보면 장작이 화로에 들어가는 格이라
    불꽃이 일어난다.
    그래서, 炎上이 되려면 불꽃이 타 올라야 하므로
    木이 있어야 炎上이다 : 寅木이나 甲木.
    巳午未만 있으면 炎上이 안된다.
    寅午戌 火局이면 끝없이 타는 불꽃이다.
    炎上의 가치가 있다.

51) 午가 亥를 보면 午中 丁火와 亥中 壬水가 暗合하고,
    午中 己土와 亥中 甲木이 暗合인데,
    亥中 甲木은 나무가 아니고, 씨앗으로 본다.
    불과 물의 合은 쎅스의 合이다.
    丙辛도 쎅스의 合이다.
    暗合은 내연(內緣)의 合이나 숨어서 연애한다.
    午火가 亥水를 보면 亥水가 水의 情이라서 水剋火로
    보지 않고, 午火를 태우는 기름으로 본다.
    호롱불과 같은 작용한다.
    午火는 暗合하여 有情하다.

52) 午가 子를 보면 子水는 폐수, 공장 물이다.

第 2 章   地支論

6.   未土論

1) 12띠를 만든 이유 : 달이 태양을 도는데 걸리는
   일수가 약 28일이다.
   그래서, 365÷28로 나누는 숫자인 12로 정했다.

2) 당나라 때 당사주가 만들어졌다.

3) 未字는 味(맛미)에서 나왔다.

4) 未는 땅의 폭염이 식어가면서 열매가 익어가므로
   매워지기 시작한다.

5) 未는 木의 무덤이기 때문에 일단 성장이 끝난 상태를
   말한다.
   그래서, 사주에 未字가 있는 사람은 미식가가 많고,
   놀러다니기 좋아한다.
   곡식(열매)가 있어 풍요롭기 때문이다.

6) 사주에 未가 있는 사람은 調喉가 되면 위가 튼튼하다
   沃土가 된다.
   胃는 따뜻한 것을 좋아하고, 濕한 것을 싫어한다.
   沃土를 가진 사람은 관용을 가진다.
   그래서, 羊은 싸움을 잘 안한다.

7) 未字는 꽃이 만발하여 관상용, 뜰, 화단이다 :
   아름답기 때문이다 : 학자가 많다. 교육자, 연구가.
   사람이 좋기 때문에 사람들이 많이 따른다.

8) 未卯木이면 香氣가 진동하여 離婚하는 사람이 많다.
   가정주부들은 얼굴이 평범하다.
   잘 생긴 사람은 술집에 많다.
   향기가 많으면 그냥 주지 않는다.
   보편적으로 봄, 여름생이 바람을 많이 핀다.

9) 未土는 자기 후신이 戌土다.
   그래서, 未土는 戌土를 싫어한다.
   未中 乙木을 戌中 辛金이 자르기 때문에.
   戌未刑은 생명을 자른다.

10) 未土에는 丁火가 3/10, 乙木 1/10, 己土 6/10 이
    들어있다.

11) 未土는 戌土가 옆에 있으면 싫어한다.
    그래서, 未土는 亥寅卯辰을 좋아한다.
    생명이 있는 글자는 생명이 있는 글자를
    좋아한다.

12) 戌土 = 丑, 巳, 丙, 卯가 한 짝이다.

13) 만약에 未土가 亥未木局이 되어 있는데 戌土가 와서
    水를 剋하려 할 때 木局이 되어 막아주므로 좋다.

14) 丑土와 戌土는 生命의 양육을 방해하는 土다.

15) 未土는 田園, 草木이다.

16) 인체에서는 土가 소화기관이다.

17) 辰戌丑未는 각 계절을 이어주는 역할을 한다.
    계절과 계절을 이음새 역할을 한다.

第 2 章   地支論

18) 그 중에서 戌土가 있는 사람은 한가하다.
    곡식을 모두 거두어들인 후의 土이기 때문이다.
    辰土와 未土가 있으면 바쁘다.
    농사철이기 때문이다.

19) 未土는 홍수를 싫어한다.

20) 亥未와 亥中甲木과 未中 乙木이 合되면 乙木으로
    바뀌어 乙이 전권을 잡는데 亥中 甲木이 있어
    의심한다.
    그래서, 運이 나쁠 때 離婚하는 수가 많다

21) 특히, 甲일주가 未月에 태어나면 무덤위에 태어나서
    태어나자마자 죽을 고비를 넘기거나 육친덕이
    없고, 자라다가 큰 상처를 입는 수가 있다.

22) 未土는 꽃 밭, 사치품, 장식, 호식(미식가), 술과
    쾌락, 여행을 좋아한다.
    골프치러 외국여행 잘 간다.

23) 건강으로는 위장, 비장, 다리에 병이 온다.

24) 未字가 있는 사람은 바쁘게 산다.

25) 未 + 子 = 辰土와 같다 : 沃土.
    戌 + 子 = 丑土와 같다.
    여름土라 調喉가 되면 신용이 좋다.
    그러나, 土가 凶神인 사람은 大運에서 土運이 오면
    신용이 추락한다.

第 2 章 地支論

26) 사주에 草木이 잘 자라고 있으면 향기가 있어 받아
먹을 게 있고, 조후가 된다면 베풀어주는 것이다.
그러나, 木이 있어 조후되면 내가 받아먹을 수 있어
좋다.

27) 子 + 未, 未 + 子 = 六害다.
이 때 土剋水하여 조후를 깨면 육해가 성립한다.
피부병, 혈압, 피는 혈육이라 피가 잘못되면 혈육이
잘못됐다.
그러나, 未土가 있는데 子水가 들어와 조후를 시키면
六害가 안 된다.

28) 未 + 丑 = 未土는 沖未沖을 싫어한다.
未中 乙木을 丑中 辛金이 잘라버리기 때문에
싫어한다.
그러나, 乙 일주인데 未土가 오면, 나쁜 땅을 개간
시키므로 丑이 좋다.
12월 丑土에 丑未沖이 가장 좋다.
木이 나타나 있는데 丑未沖이 되면 안 좋다.
나무가 있을 때 丑未沖은 굉장히 나쁘다.

29) 丑戌未가 3刑이 될 때 차례대로 있어야 성립한다.
丑 戌 未 刑이 未土가 없으면 刑이라 할 수 없다
(12월 9월 6월)

30) 未中 丁火가 用神인 者가 丑運이 오면, 丑中 癸水에
의해 未中 丁火가 깨지므로 죽을 수 있다.

31) 未中 乙木은 6월의 꽃나무라 사치가 발달했다.
그래서, 치장을 잘 한다. 美的才幹이 발달했다.

第 2 章 地支論

32) 未土가 寅木을 보면 좋아하는데 未土가 寅木을 키울 수 있으면 좋은데 조후가 잘되어야 寅木을 키울 수 있다.
寅木은 熱이 많은 木이라서 조후가 필요하다.
그래서, 未土는 寅卯辰을 모두 반긴다.

33) 未 + 卯 = 亥卯未木局이 되는데 合 = 有情(吉), 無情(凶)이 있다.
그래서, 合이 有情하냐, 無情하냐는 사주속에 있다.
만약, 未土를 用神으로 쓸 때 卯木이 와서 木으로 따라 갔다면 運이 끝났다.
용신이 도둑으로 변했다.
선량한 사람이 도둑으로 변했다.
원수로 변했다.
만약에 未中 丁火를 用神으로 썼는데 未卯이면, 未中 丁火가 꺼져 나쁘다.
未土에 亥水, 己土, 辛金, 癸水가 오면 나쁘다.

34) 木(生命)은 자라야 하고, 變해야 한다.
成長해야 한다.

35) 木이 用神일 때 未亥木局이면 좋다.

36) 未土가 辰土를 보면 : 辰中 乙木을 갖고 오는데 내가 丁火(불)을 갖고 있기 때문에 乙木을 키울 수 있다.
그러나, 戌土가 오면, 戌中辛金이 있어 자갈밭이 되므로 나쁘다.
辰土가 오면 乙木을 키울 수 있으므로 항상 연구하며 산다.

第 2 章 地支論

37) 未土가 巳火나 午火를 보면 配合은 좋으나 조후가
    안 되면 印綬가 凶神이라서 학업운, 빽, 스승,
    교육, 윗사람, 문서, 시험, 표창, 진급운이 없다.
    그래서, 인성이 흉신이면 문서운이 없다.
    말세종교로 간다 : 교육, 스승을 잘못 만났다.
    특히, 土 일주가 믿음, 신앙이라서 종교인이 많다.
    산에서 기도 많이 한다.
    잘못되면 말세쪽(극단적)으로 가버린다.

38) 만약에 土 日柱로 태어나 水가 用神인데 火가 오면,
    火生土하여 水가 허약해지므로 현실감각이 없고,
    돈 관리를 못한다.

39) 만약에 未土 일주가 壬癸水가 吉神인데 비겁인
    未土가 또 오면, 劫財가 되어 재산을 가져간다.

40) 未土는 乙木이 암장하여 水를 좋아하기 때문에
    공처가, 애처가인데 바람을 피운다.
    그러나, 亥子丑月에는 木을 못 키우므로 바람
    안핀다.
    봄, 여름생은 바람핀다.

41) 未土가 길신이면 예술, 창작 잘한다.
    연극배우, 탤렌트가 많다.

42) 만약에 未土와 亥水가 만나면 亥未木局일 때 未月에
    亥未木局이 되면 조후가 되어 좋은데, 亥月에 未土가
    亥未木局되면 나무를 키울 수 없어 나쁘다.

    예 : 6월 亥未 = 좋은 합이다. 有情合.
        10월 未亥 = 木을 키울 수 없어 결국 떠난다.
            (未中 乙木, 亥中 甲木 暗葬), 無情合.

第 2 章 地支論

43) 未土가 申金을 보면 :
    蓋頭에 庚辛金을 보면 未中 乙木을 잘라버려 나쁜데
    개두에 庚辛金이 없다면 申中 壬水를 쓰므로
    괜찮다.
    未中 乙木과 申中 庚金이 暗合하여 애인두고 산다.

44) 만약, 초목이 자랄 때 庚辛金이 나타나면 나쁘다.

45) 暗合을 가지고 있으면 꿈에 젖어있다.

46) 未亥申이면 亥未木局으로 연애를 하고 있는데
    辛金이 未中 乙木을 치므로 삼각관계 발생한다.
    丑이나 酉가 와도 나쁘다.

47) 申月은 未中 乙木이 무덤에 들어갔기 때문에 丙火가
    뜨면, 木을 더 키울 수 있어 좋다. 쓸모 있다.
    그래서, 火가 없으면 일찍 단풍이 든다.
    火가 많으면 늦게까지 나무가 자란다.
    곡식이 있어 값이 나간다.

48) 값은 能力인데 능력은 세상이 필요로 한 것을
    능력이라 한다.
    필요한 존재로 살기 위해서 공부한다.
    능력이 있으면 귀하고, 바쁘다.

49) 申月의 火는 늙은 불꽃이다.
    老炎, 석양빛이다 태양이 길어야 생산이 많다.

50) 10월 이후에 木이 뿌리가 없으면 죽은 나무다.
    죽은 나무는 무덤에 들어가도 괜찮다.
    그러나, 生木은 무덤運이 오면 죽어버린다.

第 2 章 地支論

51) 死木은 불을 보면 사회봉사한다.

52) 未土가 가을에 申酉戌金局이 되면 할 일 없는
    사람 또는 쓸데없는 일 하는 사람이다.

53) 未土가 酉를 보면 酉金이 未中 乙木을 자르므로
    土生金하여 金을 생해주었더니 未中 乙木을
    자르므로 믿었던 사람한테 배신당한다.
    그래서, 未土 입장에서는 빼앗긴 것 밖에 없다.
    배신당한 것을 주의해야 한다.

54) 未戌刑은 成立한다.
    未中 乙木은 戌中 辛金이 자르므로 刑이 된다.
    그러나, 丑戌刑은 생명이 없어 刑이 成立이 안된다.

55) 未土는 辰土만 좋아한다.

56) 未土는 戌土를 보면 未 다음에 오는 土이므로
    어쩔 수 없이 가야한다 : 계절이 바뀌면서 변해야
    하므로.

57) 未土가 亥를 보면 亥未 木局이 되어 乙木으로
    바뀐다.
    未土 입장에서는 巳酉丑을 싫어한다.
    생명을 자르면 나쁘다.
         "   " 헛고생한다.

58) 甲木이 투간하고, 뿌리가 없으면 雜木이라서
    대들보 감이 아니다.

第 2 章   地支論

59) 甲木이 卯月에 태어나면 대들보 감인데 甲木이 亥月이나 未月에 태어나면 乙木이 암장하여 대들보 감이 아니다.
    : 과일나무, 잡목이다.

7. 申金論

1) 申金에 申(펼신), 잔나비 띠다.

2) 날이 추워지고 있어서 木火를 보지 못하면
   일반격에서는 차고 냉해서 변덕스럽다.
   午火를 보면 춥지 않아서 좋다.
   그래서, 火가 좋다.

3) 金은 兵器, 칼이라서 의사가 많고, 침술사가 많다.

4) 金은 肅殺之氣다 : 군인, 경찰, 무당이 많다.

5) 申金이 사주에 있으면 壬水를 염두에 두어야 한다.
   壬水는 申에서 長生한다.
   : 戊 2/10. 壬 2/10, 庚 6/10 이 들어있다.

6) 壬水는 酉에서 沐浴이다. 싫어한다.

7) 申金이 壬水가 있으면 영민하다.

8) 가을에 申金으로 태어나 土가 많으면 둔금이라서
   못쓴다.

9) 申金은 水가 암장하여 콩팥(신장)이다.

10) 만약에 申金이 가을에 길신이면 돈이 많다.

11) 7월 申金은 老炎이다. 그래서, 火를 좋아한다.

第 2 章 地支論

12) 申金은 내 몸이 冷하고, 차기 때문에 火를 좋아한다.
    만약, 金水運으로 가면 우울증 온다.

13) 申金이 子를 보면 :
    金이 死宮에 들어가서 죽어버린다.
    申金은 巳 - 長生, 午에서 沐浴, 未에서 冠帶,
    申에서 祿, 酉에서 旺, 戌에서 衰다.

14) 申金이 丑運이 오면 墓다. 나쁘다.

15) 丑土 = 1년간의 오물을 정리하는 시간이다.
         그래서, 丑이 있는 사람은 비린 것을
         좋아한다.

16) 丑土가 凶神일 때 냄새가 나도 개의치 않는다.

17) 金이 旺하여 凶神이 되면 亥子丑으로 가서 설기해
    주면 좋다.

18) 丑土運이 오면 거기서 洩氣해주면 좋다.

19) 丑土가 凶神인데 丑土運이 오면 文書로 인해서
    망하므로 신규사업, 큰 투자 등은 조심해야 한다.
    함정에 빠진다.

20) 金이 病死墓地로 흐를 때 木이 와서 치면
    죽어버린다.

21) 모든 생명은 寅에서부터 크게 시작하는데 金도 불이
    없으면 죽어버린다.
    土, 木, 金, 水 모두 태양이 떠야한다.

第 2 章　地支論

22) 申金이 寅을 보면 :
申金이 寅申沖.
四柱에 寅申沖, 또는 申寅沖이 있는데 이런 때는 일주를 기준으로 沖의 이름을 붙인다.

23) 원래, 寅申巳亥 沖은 사랑, 애정의 神이다.
寅申沖 = 젊은 사람의 沖 : 연애한다.
巳亥沖 = 중년에 사람이 沖 : 중년에 애인.

24) 내가 甲
　　　　寅인데 申金이 와서 치면 : 여자가 남자를 좋아한다.
또는, 甲
　　　　申일주인데 寅이 와서 치면 남자가 여자를 좋아한다.

25) 申金은 甲木을 보면 힘을 잃는다.

26) 申金은 木과 불을 보지 못하면 돌맹이로 본다.

27) 申金이 木, 火를 보면 과일로 본다.

28) 寅申沖은 향기가 있다.

29) 申金이 午火를 보면 :
申中 壬水가 午中丁火와 丁壬合하여 재수가 있다.
申中 壬水가 따뜻해져 활명수다.
명랑하고 기분 좋다.
申金이 午火를 가장 좋아하고, 그 다음에는 寅木을 좋아한다.
寅中 丙火를 좋아한다.

第 2 章 地支論

30) 申金이 辰을 보면 :
申辰水局이 凶神이면, 낙태, 유산, 많고,
辰酉金이 흉신이면, 애가 안 생긴다.
火가 와야 잉태한다.

31) 卯申은 鬼門關殺 :
귀신이 집에 들락날락한다.
죽은 조상이 죽은 줄 모르게 갑자기 죽어서 죽은
줄 모르게 모른다.
자기가 죽은 줄 모르고 있기 때문에 후손에게 온다.
鬼門關殺이 있는 사람은 몸이 항상 좋지 않다.
예민하고, 날카롭다.
怨嗔 중에 辰亥, 巳戌 元嗔 등 天門을 가까이
하거나, 생명을 가까이 하는 원진은 그 작용이
강하다.
그 해당 宮에서 귀문작용이 일어난다.
귀문이 있는 사람은 병원가면 신경쇠약이라 하고,
무당은 굿하라고 한다.

32) 寅이나 卯가 있는 사람은 申金을 싫어한다.

33) 宗敎人은 調喉가 되어 편고되어 있다.

34) 申金이 未土를 보면 :
未中 乙木을 치므로 싫어한다.
불이 없으면 未中 乙木을 키울 수 없다.

35) 申金이 申金을 보면 :
申中 壬水가 있는데 또 있어 사회에 유익한 일을
하지 않는다.
불을 봐야한다.
만약, 여름에 조후용신으로 水를 쓰면 좋다.

第 2 章　地支論

36) 申金이 巳火를 보면 :
巳申合이다 : 六合 = 연애하는 合이다.
그래서 六合이 三合보다 더 강하다.
申子辰水局이면 대세 즉 세력의 合이라서 크기가
크나 六合보다 合의 힘은 약하다.
巳申六合은 변덕이 많다. 변화가 많다.
火 = 金 = 水.
巳火가 가장 변화가 많다.
巳申이 있으면 木의 뿌리가 없어야 한다.
만약 있으면 교통사고 난다.
사주에 火가 있는 사람은 巳火가 변화가 많기
때문에 육친덕이 없다.

37) 원래, 寅申巳亥가 役馬다.
　　寅 － 申
　　申 － 寅
　　巳 － 亥
　　亥 － 巳
사주에 寅寅이 있어도 申을 불러들임으로써 役馬와
같이 본다.

38) 申이 酉를 보면 :
같은 金인데 申中 壬水가 酉金을 씻어줘야 하므로
자기 힘을 빼앗겨 싫어한다.
酉金은 기스 나는 것을 싫어한다.
酉金이 申金을 보면, 申中 壬水로 酉金을 씻어줘야
하므로 싫어한다.

　　　庚辛
　　　申酉이면, 酉金이 물이 없어 싫어한다.
사주에 酉金이 있는 사람은 木(財)이 오면 자르므로
돈이 없다.

第 2 章 地支論

39) 申金은 戌土를 좋아한다.
    戌中丁火를 용신으로 쓰는 사주는 吉중 凶이
    생긴다.

40) 申金이 亥를 보면 :
    申亥 : 相害라 한다.
    이유는 申金은 亥中 甲木을 자르고, 亥水는
    申金의 힘을 빼앗아 서로 害를 끼친다.

41) 申金은 午-寅을 좋아한다.

42) 申金은 亥子丑을 싫어한다.

43) 申金은 酉를 싫어한다.

44) 申金은 여름을 좋아한다.
    내가 태어나고 자란 계절이라 보람있고, 분주하다.
    木火運으로 가면 분주하다.

45) 申金은 木火運으로 가면 분주하다.
    그러나, 金水運으로 가면 한가하다.

8. 酉金論

1) 酉金은 완성품이라 木을 보면 熟果로 본다.
   火를 보면 成物로 본다.

2) 酉金은 8월이라 완성된 과일이라서 저장해야한다.
   그래서, 酉金이 있는 사람은 정리정돈을 잘하기 때문에 까다롭다.
   더러운 것을 싫어한다. 청결하다.
   이런 특성 때문에 스스로 자기를 피곤하게 한다.
   확실한 것을 좋아하기 때문에 예비관념이 강하다.

3) 巳중에 火가 없으면 冷하여 몸이 차다.

4) 調喉가 되어 있으면 후덕하다.

5) 酉金은 金을 보면 다이야, 장식품이다.
   그래서, 보석감정사, 거울, 섬세한 가공품을 만든 사람이다.

6) 酉가 있는데 水가 너무 많으면 陰事(비밀, 법에 저촉되는 것, 남들이 하지 않는 일)자다.

7) 酉金의 性情은 남을 차게 하므로 자기 자신이 남에게 도움을 주지 않기 때문에 타산적이다.
   주위에 가까운 친구가 없어 외롭게 산다.

8) 調喉가 되어 있으면 원칙을 좋아한다.

9) 金도 조후가 필요하다. 씻어줘야 한다.

第 2 章　地支論

10) 조후가 안된 사람은 받기만 좋아한다.
    "　　　" 외롭고 고독하다.
    그래서, 조후가 안된 사람은 종교인이 많다.

11) 어떤 계절이든지 金은 洩氣시키는 水가 있어야
    덜 까다롭다.
    설기되면 광택이 나서 값이 나간다.
    洩氣가 안 되면 광택이 안 나서 값이 안 나간다.

12) 辛酉金은 土를 싫어한다.
    부모와 이견 갈등이 많다.

13) 酉金은 辛金의 뿌리이기 때문에 잘 씻어주면 성격이
    고상하여 예술적 감각이 발달했다 : 음악, 예술.

14) 酉時는 해가 떨어진 시간이라서 운치를 좋아한다.

15) 酉金은 물이 없기 때문에 辰土와 丑土를 가장 좋아
    한다.
    酉金은 午火를 가상 부서워하는데 辰丑土가 午火로
    부터 보호해 주기 때문이다.

16) 만약, 巳酉가 되어 있는데 運에서 午火가 오면,
    火克金으로 酉金을 녹이므로 변수가 온다.

17) 酉金은 地支에 戌土를 싫어한다.
    土로 金을 덮어 버리고, 戌中 丁火로 金을 녹이기
    때문이다.

18) 水가 용신인 者는 酉金에 물이 없어 金生水안되므로
    酉대운이 오면, 오히려 씻어줘야 하므로 망하거나
    손해본다.

第 2 章　地支論

19) 酉金이 있으면 고집이 쎄서 타협을 잘 안한다.

20) 酉金은 12글자 중에서 合이 되도 다른 글자로 안 따라가므로 고집이 쎄다.

21) 酉金은 인체에서 폐와 코 부위다.

22) 酉金은 완숙된 과일이나 보석이라서,
    庚庚庚, 辛辛辛, 辛酉이면 싫어한다.

23) 酉 + 申이면, 申중 壬水가 필요해도 깨진 그릇이라 싫어한다.

24) 酉金은 완성품이라 세상을 위해서 알리려 나왔다.
    酉金을 鐘으로도 의미하기 때문에 종교와 인연이 많다 : 무당이거나 악기를 다루는 사람도 많다.

25) 사주에 亥卯未木局이 되어 있는 사람은,
    發身하고 : 생명이 자라는 기운.
    巳酉丑은 응축과 수거의 기운이 강하다.

26) 사주에 木火가 많으면 확장 성분.
    "　　　金水가 많으면 거두어들이는 성분.

27) 寅午戌은 發火의 성분이나, 확장을 의미하고,
    申子辰은 수축, 위축운동이다.

28) 酉에서 子를 보면 破다.
    酉가 물이 없어 水가 씻어줘야 하므로 子가 피해를 본다.
    水가 도움 받으러 갔다가 오히려 도움을 줘야한다.
    손실이 따른다.

第 2 章 地支論

29) 酉金은 辰土와 丑土를 좋아한다.

30) 酉金이 丑을 보면 무덤에 들어가 賤해지므로 나쁜
    경우도 있고, 酉와 丑이 合하여 火의 剋을 피할 수
    있어 좋아한다.
    그래서, 酉金이 丑土를 보면 火로부터 파괴를 당하지
    않는다.

31) 酉金은 완성된 보석이라 외로워서 마음에 맞으면
    좋아한다.
    까다롭기 때문에 좋아도 외롭다.

32) 酉金이 大運에서 丑運이 오면, 酉丑이 되어 길신이면
    문서로 인하여 좋은 일이 생긴다.
    땅을 사거나 추첨에 당첨된다.

33) 酉金의 머리가 辛金으로, 辛金은 寅午가 天乙貴人
    인데 날이 추울 때인 가을, 겨울에만 귀인작용을
    한다.
    봄, 여름에는 날이 따뜻하여 귀인작용이 아니다.

34) 이때, 寅木이 길신이면 좋은 妻를 만나고,
    흉신이면 惡妻 만난다.

35) 사주에 酉金은 완성품이라 남들이 나를 도와주기를
    바란다.
    여자는 자화자찬하기를 좋아한다.
    화장하기를 좋아한다.
    그러나, 남자는 안 그렇다.

36) 酉金은 완성품이라 身旺하여 튼튼하면 개성이 변치
    않는다. 길신이면 더욱 좋다.

第 2 章 地支論

37) 사주중에 酉金이 진짜 白虎다.
    몸에 흉터있다.
    수술자국, 질병이 있다. 건강에 문제 있다.

38) 卯酉沖이 되면 :
    ▶ 봄, 여름에는 싹이 자랄 때인데 자르므로 멸문집안
      이라 자수성가해야 한다.
      집안이 풍지박산이 되는 경우가 많다.
    ▶ 가을, 겨울에는 木이 안 자랄 계절이라 괜찮다.
      그래서, 木을 뽑아내야 할 경우가 있다.
      寅木은 밑둥치가 거목인데 그 이유는 :
      寅木은 乾木으로 寅中 丙火가 있어서 丙辛과 暗合
      하므로.
      卯木은 濕木으로 약해서 잘려나간다.
      그러나, 계속 자란다.

39) 사주에 辰酉가 합해 오면 酉金의 입장에서는
    좋아하는데 辰土는 싫어한다.
    辰土는 水의 庫다 : 물을 저장하는 곳, 생명이
    자랄 수 있는 물 주머니다.
    자궁, 성기에 비유한다.
    辰土가 있는 사람들은 성기능이 좋다.
    辰土가 있는 여자는 늦게까지 생리를 한다.
    辰土는 위장과 소화기관이다.
    그래서, 미식가가 많다.

40) 巳(광택) 酉(완성품) 丑(폐품)
    그래서, 酉가 巳를 보면 광택이 나므로 좋아한다.
    그러나, 巳火가 戌土나 未土가 오면 巳火가 火의
    기운을 받아 金을 녹이므로 酉金이 싫어한다.

第 2 章 地支論

41) 酉金이 辰土를 보아 辰酉合金되면 酉中의 辛金이
辰中의 乙木을 자르므로 생명, 씨앗을 자르므로
임신이 안 되는 경우가 많다.
젊었을 때 辰酉合金 된 사람은 자궁을 잘못 손대면
다시는 임신이 안되는 경우가 있다.
그래서, 辰土는 酉金을 싫어한다.
또, 辰土는 寅卯木을 보호하는 土라서 沃土라 한다.
金으로부터 보호한다.

42) 만약에 金 용신자가 辰酉金이 되면 배우자 宮이
나쁘다.

43) 궁합볼 때 여자한테 辰酉金이 있으면 자손을 못
둘 수가 있으므로 잘 봐야한다.
그러나, 午火가 있으면 金을 녹이므로 임신이 된다.

44) 여자가 食傷, 官, 용신이 沖이나 刑이 되면 자손에
문제가 있다.

45) 여름에 태어난 사람은 엄마 뱃속에서부터 보는 게
많아 머리가 영리하다. 감각이 발달했다.

46) 酉金은 午火를 가장 싫어한다.
午酉破, 卯午破, 酉子破, 子卯破.

47) 酉가 未土를 보면 未中 丁火 때문에 정신적으로
예민하다.
殺속에서 살려고 하므로 부지런하고 예민하다.
酉일주가 未를 보면 德을 보나, 未土가 酉를 보면
乙木을 자르므로 나쁘다.

第 2 章 地支論

　　　　己
　　　丑酉寅이면, 酉金이 病인데 午運이 오면 결혼하거나
　　　또는 대발한다.
　　　그러나, 酉金이 길신 일 때는 午運이 오면 망한다.

48) 木은 생명이요, 생명의 씨앗이고, 종자다.
　　그래서, 생명은 우주의 향기다. 미다.
　　그런데, 未中 乙木이 생명인데, 酉金이 와서 생명을
　　자르면 德이 없다.

49) 酉金은 申金을 싫어한다.
　　庚 辛
　　申 酉 일주는 잃는 것도 있고 얻는 것도 있다.
　　생명을 자르기 때문이다.

50) 酉가 酉를 보면 自刑이다.
　　寅巳申 = 亥(亥水는 생명을 안 자른다)
　　子卯　 = 午, 酉
　　丑戌未 = 辰(辰土는 辰中 乙木을 갖고 있다)

51) 自刑이 있으면 고집이 쎄어 스스로 자기를 가볍게
　　한다.

52) 酉戌은 六害다.
　　酉金은 완성품이라 戌中 丁火가 녹이므로 싫어한다.
　　그러나, 戌土 입장에서는 괜찮다.

53) 酉金은 완성품이라 아무도 싫어한다.
　　자화자찬이 많다.
　　봄에 태어나면 빈골이다.
　　酉金은 물을 봐야 가치가 있다.
　　: 광택이 나야 하므로.

第 2 章 地支論

54) 酉金이 亥水를 보면 亥中 甲木을 자르므로
     싫어한다.
     亥中 甲木은 아랫대다.
     亥水는 申金과 酉金을 싫어한다.

55) 酉金은 亥水가 씻어주므로 좋아한다.

第 2 章   地支論

9. 戌土論

1) 戌土는 원래 만들어질 때 모래 絨(융)字에서 나왔다.
   그래서, 담는다, 保管한다, 貯藏한다는 뜻을 갖고 있다.
   보관하고 담기 때문에 지킨다.
   공부하는 사람이 많다.
   자기의 의식을 감추기 때문에 道人이 많다.
   戌土는 서북방으로 火를 감추고 있는 글자다.
   戌土는 물이 얼지 않게 하기 위해서 熱인 丁火를 갖고 있다.
   그래서, 戌이 있는 사람들이 저장능력이 강하고, 지키는 것, 숨기는 것, 감추는 것이 강하다.
   도인들이 많은 이유가 된다.

2) 戌月은 모든 만물이 쇠멸하는 계절이다.
   빛이 무덤에 들어가는 계절이다.
   그래서, 보관하는 계절이다.

3) 戌土는 보관하는 성분이라서 누가 건드리면 화를 잘 낸다.

4) 보편적으로 辰戌丑未를 가진 者들은 감추는 것을 잘 한다.
   그래서, 문을 잘 잠근다.
   土月에 태어난 사람은 문을 잘 잠근다.

5) 그러나, 子午卯酉月에 출생자들은 뱃심이 좋아 그렇지 않다.

第 2 章 地支論

6) 戌月은 만물이 괴멸되기 때문에 冥想(명상)을 잘하고, 쎅스, 명상, 악기, 주색이 强하다.

7) 戌土는 천문성이라서 戌亥는 북쪽으로 가장 높은 곳이다.
   태어날 때부터 하늘에 관한 비밀, 직감이 발달했다.
   공부를 하면 이론이 정연하다.
   戌은 충신의 별, 열사의 별이다.
   그래서, 개띠는 충신이 많다.

8) 戌土의 본분은 난방불을 담는 그릇이다.

9) 亥子月에 戌土하나만 있어도 난방 걱정은 안 해도 된다.

10) 만약에 土가 많아 조열하면 남자의 정기를 빼앗아 가므로 그런 여자와 사는 남자는 단명하다.
    그래서, 이런 여자들이 과부가 많으나 절대로 혼자 안 산다.
    남자의 水氣가 필요하기 때문이나.
    여자가 너무 조열하면 남자를 잡아먹는다.
    남자도 너무 조열하면 여자를 잡아먹거나 이 여자 저 여자 만나며 산다.

11) 戌土가 午火를 보면, 강한 불을 담아 버리므로 불꽃이 없어진다.
    戌午이면, 불꽃이 없다.
    그러나, 寅戌이면 불꽃이 있다.

12) 火를 쓰는 사람이 午火를 보면 힘을 얻는다.

13) 戌중 丁火를 용신으로 쓰는 사람이 午火를 보면,
    戌중 丁火가 힘을 얻는다. 寅木도 좋다.

14) 戌土는 가을에 단단한 土라서 겨울에 水가 와도
    깨뜨릴 수 없다.
    겨울에 보온하는데 이상없다.

15) 사주에 水가 많은데 戌土 하나만 있어도 조후를
    하므로 戌土의 힘이 대단하다. 貴格들이 많다.
    그러나, 水가 많은데 午火 하나만 있다면 戌土보다
    힘이 훨씬 弱하다.

16) 戌은 나무의 뿌리를 말린다.
    불 창고다.
    이듬해 나무를 키우기 위해 불을 자장하고 있다.
    이듬해 戌土로 넘어간다.

17) 사주에 戌土가 있는데 운에서 서쪽방향으로 간다면
    나무가 자라지 않는 시기이므로 낙천적인 사람이다.

18) 戌月에도 불이 많으면 炎上格이 되는데 炎上格이
    되어도 불이 무덤에 들어갔으므로 불구자, 과부,
    홀아비가 많다.
    보편적으로 戌月은 炎上格이 드물다. 없다.

19) 丙火 일주가 신약한데 戌土 무덤에 들어가면 죽거나
    수술하거나 큰 액땜을 하고 넘어간다.
    그러나, 신왕하면 괜찮다.
    그래서, 신약사주는 무덤(墓)을 조심해야 한다.

20) 戌중 丁火 용신자가 大運에서 辰戌沖이 됐는데,
    歲運에서 또 만나면 죽기쉽다.

第 2 章 地支論

21) 사주는 조후가 되어야 좋은데 겨울에는 濕해서 조후와
    제습을 같이 해줘야한다.
    戌土는 조후, 제습을 한꺼번에 해준다.

22) 天干에 戊土 용신자가 戌土에 뿌리내리면 값이
    안 나간다.
    : 나무뿌리가 타므로.
    만약, 辰土에 뿌리내리면 좋다.

23) 땅의 가치는 나무를 기를 수 있느냐 없느냐를 보고
    그 가치를 평가한다.
    土는 생명을 살리는 존재로 태어났으므로.

24) 가색격(稼穡格) : 나무 木字에 열매가 달린 것이다.
    稼穡은 辰土가 있어야 성립한다.
    조열하면 사막이다.

25) 만약에 초목을 키우는 土가 戌인데 辰土가 오면,
    辰戌冲이 되어 둘 다 깨진다.
    그래서, 둘이 만나면 안된다.

26) 만약에 戌土가 있는데 丑戌未三刑이 되면 정보,
    비밀을 캐는 직업이다.

27) 겨울에 戌土는 건드리는 것을 가장 싫어한다.
    그래서, 戌土가 辰運이 오면 좌불안석이다.
    만약에 戌土 하나로 조후하고 있는데 이것을 치면
    조후가 깨져 일대 변혁이 온다. 나쁘다.

28) 사주에 辰戌冲은 좋을 때가 별로 없는데,
    丑未冲은 좋을 때가 많다.

第 2 章   地支論

29) 戌土는 子나 亥가 옆에 있으면 종교, 철학에
    인연이다.
    戌亥는 天門이다.
    또, 戌과 亥 사이에 子가 끼어 있기 때문에 같이
    천문으로 본다.
    여기서, 子는 拱으로 貴로 본다.
    또, 祿이 끼면 富로 본다.

30) 겨울에는 辰戌沖이 가장 나쁘고, 또 木이 있는데
    辰戌沖이면, 6년마다 나무를 옮겨 심어야 하기
    때문에 열매가 없다.

31) 辰戌沖을 가진 사람이 甲   甲
                        戌이나 辰에 辰戌沖이
    될 경우,

    甲
    戌 辰沖이면, 바짝 마른 땅이 沃土가 와서
    객토하는 것과 같아 좋은 경우가 많고,

    甲
    辰인데 戌이 와서 辰戌沖이 되면 沃土가 자갈땅으로
    변하므로 나빠진다.

    그래서, 甲
            戌 일주가 辰戌沖이 되면 부부궁은 나쁜데
    재산은 늘어난다.

32) 戌土는 높은 산, 산골짜기.
    戌土는 절, 교회, 도장(道場), 기관지, 냉증, 성병,
    변비.

第 2 章 地支論

33) 甲
辰인데 辰戌冲이 되면, 부부궁이 나쁜데다 목적이
반대로 가므로 제 갈길 못 간다.
나무가 흔들려서 엉뚱한 길로 간다.
꼬여서 이상한 길로 간다.
木일주에 한해서 그렇다.

34) 戌土는 西方土이기 때문에 火를 무덤에 넣고 水를
生해 주어 强하게 만든다.

35) 戌土 = 火를 入墓시키고 水를 키운다.
丑土 = 金을 入墓시키고 木을 키운다.
辰土 = 水를 入墓시키고 火를 키운다.
未土 = 木을 入墓시키고 金을 키운다.
그래서, 무덤이 없으면 크지 못한다.

36) 土는 나쁜 것을 거두고, 좋은 것을 키우므로 土運이
오면, 믿음과 신용에 관한 문제가 온다.
 : 土는 金木水火를 入墓시키고, 生하기 때문에.

37) 생명을 키우는 것은 丙火인데 丙火가 戌土에
入墓되면, 陽圈 글자인 癸, 乙, 丙, 戊. 庚이 모두
없어진다.

38) 陽圈의 중심글자는 巳午未인데 부정과 부조리를
戌이 가두어 놓는다. 그래서, 改過遷善의 자리다.

39) 戌土가 子水를 보면 土克水를 하는데 水氣가 너무
많으면, 戌중 辛金이 있어서 丑土로 변한다.
그런데, 戌土 옆에 亥水나 未土가 있으면 卯運이
올 때 亥未木局, 또는, 亥卯未木局이 되어 戌土를
剋하므로 나빠진다.

40) 戌土가 子水를 보면 습기를 가진 土로 변하므로
    비록 자갈땅이지만 농사를 지을 수 있는 땅이다.
    그러나, 자갈이 섞여 가치는 적다.

41) 丑이 戌을 보면, 丑戌刑이 되는데 원래 刑은 丑戌未
    모두 있어야 성립한다.
    丑戌刑은 未중 乙木이 깨지므로 刑이 된다.
    寅巳申三刑도 생명을 자른다.
    겨울에 戌중 丁火를 쓰는데 丑戌刑이 되면 조후를
    방해하므로 刑으로 본다.
    만약, 조후가 되어 있는 상태에서는 丑戌이라도
    아무런 장애가 되지 않으므로 刑이 성립 안 한다.

42) 戌土가 寅木을 보면 :
    戌月에 寅을 보면 寅木이 탄다.
    寅月에 寅戌火局이 됐는데 水氣가 있으면,
    寅戌火局이 안된다.
    그러나, 水氣가 전혀 없으면 寅木이 타버린다.

43) 사주에 생명이 자랄 계절이 아닌데도 생명이 뿌리가
    있어 살아있으면 키워야 한다.
    특히, 木旺節에는 필히 키워야 한다.

44) 寅戌火局이 되어 寅이 탄다는 것은 寅中 丙火가 타서
    상실되는데, 丙火는 문명과 도덕의 神인데 없어
    지므로 바른길로 못간다. 사회에 유익한 일 안한다.

45) 辰戌冲은 무조건 辰土가 피해를 본다.
    만약에 戌土로 조후가 되어 있는데 상호 어느
    五行이 필요 하느냐를 봐서 冲의 좋고 나쁨을
    판가름해야한다.
    필요한 것을 건드리면 안된다.

第 2 章   地支論

46) 만약에 寅木이 있는데 卯木이 있으면 卯木은
    濕木이라서 戌土가 있어도 절대로 안탄다.
    : 卯木이 戌土를 木剋土하므로.
    寅木이 탈 때 卯木이 옆에 있으면 타지 않아 덕을
    본다.
    卯戌合火되는데, 卯戌合火는 2월의 화초가 9월
    단풍이 든 것이다.
    卯月에 卯戌은 단풍이 아니나,
    戌月에 卯戌은 단풍이라서 예술, 시인, 筆鋒이다.
    卯戌이 合火하는 것은 戌土가 卯를 좋아해서 합하는
    것이다.

47) 戌月에 卯戌火인데 바짝 말라 있으면, 불구자가 되어
    버린다.

48) 만약, 辰중에 癸水가 필요한데 戌土가 와서 깨지면
    辰土가 손해본다.

49) 만약, 辰戌沖을 했는데 辰中癸水도 필요 없고,
    戌中丁火도 필요치 않을 때는 부부가 안 깨시고
    사는 경우가 있다.

50) 巳와 戌은 鬼門關殺인데 巳中 丙火를 戌중 辛金이
    묶고, 巳中 庚金을 戌중 丁火가 녹이므로,
    서로가 물고 물리는 관계라서 귀문관살이다.

51) 귀문관살(鬼門關殺)은 귀신의 장난이다.
    鬼門중 巳戌, 卯申이 가장 나쁘다.
    귀문이 되면 신체이상, 정신이상이다.
    귀문은 子酉, 丑午, 寅未, 卯申, 辰亥, 巳戌.
    이중에서 巳戌과 卯申이 생명을 죽이므로 가장
    나쁘다 .

第 2 章 地支論

52) 戌月은 불꽃을 가두므로 나쁘다.

53) 戌未刑은 戌중에 辛金이 未中에 乙木을 깨기 때문에 刑인데, 여름에는 火旺節이라서 火氣 때문에 辛金이 乙木을 못치므로 刑이 안되고,
가을, 겨울은 辛金이 旺하므로 刑이 된다.

54) 未土는 戌土가 오면 돌자갈이 있어서 싫어한다.

55) 만약, 甲
　　　戌 일주가 未土를 보면 돌자갈이 없어 덕을 본다.

56) 戌土 옆에 辛金이 있으면 辛金을 따뜻하게 조후해 주므로 좋아한다.

57) 戌酉가 있으면 六害가 된다.
戌은 마른 土라서 土生金이 안된다.
그래서, 戌中 丁火가 申中 壬水와 暗合하여 물을 따뜻하게 하므로 좋아하는데, 酉金에는 물이 없어 戌중 丁火가 酉金을 녹이므로 싫어한다.

58) 戌戌이면 伏吟이라한다.
伏吟은 엎드려 신음한다는 뜻이다.
伏 = 엎드릴 복. 吟 = 음 음자다.
戌土가 2개면 종교와 인연이고, 戌戌戌 3개면 장가 못간다.
戌戌이 복음이면 낭만기질이 많다.

第 2 章   地支論

59) 戌土는 겨울에 자기의 임무가 막중하다.
: 따뜻하게 조후를 시키므로.
겨울에 태어난 戌土가 가장 값있는 土다.
그러나, 戌土가 여름에 태어나면 천하다.
가치없는 사람이다.
쓸데없는 짓하므로 돈이 없다.
유익한 일을 못하고 시간을 낭비한다.
생산이 안된다. 실속이 없다.
자기 자신이 賤한 몸으로 태어났다.

60) 戌 옆에 亥水가 있으면 戌이 불안해한다.
亥水는 卯木이나 未土가 오면, 合木이 되어 戌土를
剋하므로 싫어한다.
그러나, 亥水가 흉신이면 戌土가 土剋水하므로 좋다.
또, 亥水는 깨끗한 물인데 戌土가 치면 구정물이 되어
나쁘다.
그래서, 戌土 옆에 亥水가 있으면 戌土가 항상
亥水의 눈치를 보고 산다.
戌土 옆에 亥水가 있으면 이혼하는 수가 있다.

第 2 章 地支論

10. 亥水論

1) 얼지않는 물이다 = 水의 淨水다. 생명수다.

2) 씨앗의 기름에 비유한다.

3) 亥水는 원래 木 + 亥 씨 核에서 나왔다.

4) 戌亥 = 서북방에 있는 글자다.

5) 亥水는 너무 맑기 때문에 오히려 청결하지 못한 사람이 많다.

6) 一 陽이 始生(시생)하는 기운이라 변화를 하는 자리다.

7) 亥水가 土의 剋을 받으면 탁수(오물)로 변한다.

8) 金의 生을 받으면 너무 깨끗해서 뛰어난 학자나 예술가가 많이 나온다.

9) 亥水가 있는 사람들은 어둡고 컴컴한데서 태어났기 때문에 영감, 직감이 발달했다.

10) 亥水가 잘 구성되면 새것, 沖, 剋을 받으면, 중고품이라 총각이 과부와 또는 처녀가 홀아비와 결혼한다.
한쪽은 헌 것이다.

第 2 章 地支論

11) 亥水는 얼지않는 물이라 얼지않게 해야 한다.
    戌土, 丑土 등 土의 剋을 받아 탁수가 되면
    결혼궁이 나쁘다.

12) 亥水는 어는 것을 싫어하기 때문에 불을 좋아한다.

13) 亥水는 寅木과 合하는데, 寅이 亥水와 合되면 元嗔,
    亥水가 寅木과 合되면 발전적인 合, 좋은 合이다.

14) 亥中의 甲木은 다음세대라서 용신으로 잘 쓰지
    않는다.
    아직 태어나지 않았다.

15) 사주에 亥水가 있는 사람들은 陰數와 짝이다.
    乙 丁 己 辛 癸   (甲 丙 戊 庚 壬)
    亥 亥 亥 亥 亥   (子 子 子 子 子)

16) 亥水가 未와 合이 될 때 그 사주의 일주가 木을
    키울 수 있을 때는 괜찮은데 못 키울 계절이거나
    못 키울 구조가 되면 무조건 이혼한다.
    욕심으로 이루어진 合이기 때문이다.

    癸乙○○
    未亥○○
    地支에 亥未合木이면 못 키우므로 이혼한다.
    亥中甲木과 未中 乙木으로 각자가 다른 생명체가
    合이 되었기 때문이다.
    그래서, 亥水가 合을 하면 淨水가 아니고, 濁水로
    변한다.
    여자는 생명을 갖고 있어 자궁이고,
    남자는 생식기에 비유한다.

第 2 章 地支論

17) 亥水는 밤 9:30 - 11: 30까지에 태어나서 어둠을
    뜻하기 때문에 밤에 활동하거나 24시간 교대하는
    직업에 많다.

18) 亥中 甲木을 用神이나 吉神으로 쓰는 사람은 현실
    세계에 감각을 갖고 있고,
    亥中 壬水를 용신으로 쓰면 생명이 없어서
    冥想이나 修道와 인연이다.

19) 생명은 정신세계의 주제자고, 생명이 없으면,
    무생물 세대다.

20) 亥水는 가장 깨끗한 물에 비유한다.
    : 인체에서는 골수에 비유.
       여자는 자궁에 비유.

21) 男, 女간에 亥水가 凶神이면 장가를 여러번 가거나
    헌 여자 만나게 된다.

21) 亥水는 생명의 씨앗을 갖고 있어 淸淨水라 한다.

22) 水가 申에서 長生하여 물줄기가 태어나고,
    戌에서 물줄기가 모여 바다를 이룬다.

23) 사주에 亥水가 있는 사람은 반드시 불을 봐서
    생명을 기를 수 있어야 좋은데, 불이 없으면 값없는
    물이다.

24) 亥水는 북두성, 자미성인데, 은하계를 흘러가는
    자리다.

第 2 章   地支論

25) 亥水가 봄에는 寅亥合, 亥卯合으로 木에 기운을 모두
    빼앗기므로 일복만 많고, 소득이 없다.
    봄에는 나무를 키우기만 하고, 火運이 와야 꽃피고
    열매맺는다.

26) 亥水는 巳午未로 가야 한때라도 영화가 있다.

27) 亥水는 너무 맑아서 道人, 道通者가 나오는데,
    亥亥自刑이면 중간에서 도태된다.

28) 亥水는 종자의 기름에 비유하기 때문에 얼지않는
    휘발유, 석유에 비유한다.

29) 濁水가 되면 송사가 발생하고, 沖받으면 신장병
    생긴다.

30) 亥가 寅과 合木할 때, 亥가 와서 寅을 도우면
    좋은데,
    亥水에 寅이 와서 合되면 거꾸로 合이 되므로
    元嗔이 되어 쓸데없는 合이 된다.

31) 戌中에 丁火 조후용신으로 쓸 경우, 亥未合木하여
    木剋土해도 凶하다.

32) 亥水는 바다, 호수, 강으로 물이 많은 것을
    의미한다.
    하늘에서는 은하에 비유한다.
    육지에서는 亥水가 있으면 바다, 어부, 이민과
    인연이 있다.

第 2 章　地支論

```
   乙 ○ ○
   亥 亥 子 이면 水草다.
```
이런 사주는 물이 있어야 화초가 살기 때문에 물 주변과
인연이다 : 土가 없어 돈이 없다.

33) 亥水가 겨울에 寅木을 살리고 있는 구조라면 귀격이
    많이 나온다.

```
    壬甲癸
    ○○亥인데 地支에 卯未이면 불을 못 보아 못 쓰는
    나무다. (甲이 亥에 長生)
```

34) 亥水의 祿은 壬水인데 태양을 보면 명경지수라 귀격
    이다.
    : 壬丙雙朋

35) 亥中 甲木을 쓰는 사람들은 물에 떠 있는 나무이므로
    해상운송 업과 인연이다.

36) 亥水를 戌土가 剋하여 탁해지면 철학, 무속 등과
    인연이다.

37) 己土가 亥月에 태어나 亥中壬甲(정재, 정관)을 쓸
    수 있으면 잘살았던 집안이고, 그렇지 않으면
    못살았다.
```
         己
       ○亥 月은 己土를 용신으로 쓰지 않는다.
```

38) 亥 午가 있으면, 亥中 壬水, 午中 丁火가 있어 기름
    불이라 정력이 쎄다 :丁壬 暗合하여 水生木하므로
    자식을 많이 둔다.

第 2 章   地支論

39) 亥中 甲木을 키울 수 있는 구조라면 부지런하다.

40) 亥水는 土가 와서 물을 흐리는 것을 가장 싫어한다.

41) 돼지는 원래 근육이 없다. 잠을 많이 잔다.
    뱀에 물렸을 때 돼지고기 붙이면 낫는다.

42) 亥는 亥卯未가 되어 생명을 주체로 할 때 영원한
    木이다.
    寅午戌은 寅이 탄다.
    그래서 亥卯未가 사주에 있으면 생명체를 반드시
    키워야 한다.

43) 亥卯未가 되면 木이 되고, 亥水는 없어진다.
    亥가 1세대, 卯가 2세대, 未가 3세대다.

44) 생명체는 亥未合이든, 卯未合이든 못 키울 구조면
    무조건 이혼한다 : 깨진다. 100%깨진다.

45) 甲乙 일주가 地支에 亥卯, 亥未合木局되면 3세대가
    살기 때문에 각각 생각이 달라 같이 살 수 없다.

46) 亥水는 淸淨水다. 子水는 폐수다.

47) 子水가 生水가 되려면 申金(바위틈)을 봐야 한다.
    그래서 亥水가 있는데 子水가 오면 값어치 없는
    물이다.
    그러나, 子水는 亥水를 좋아한다.

48) 亥水가 있으면 피부가 깨끗하다.
    水는 몸에서 피인데 亥水를 가지면 피가 깨끗하다.

第 2 章 地支論

49) 亥子는 탁수라 싫어한다.

50) 亥亥는 自刑이라 싫어한다
    잘난척한다, 시기, 시비, 불륜이다.
    年月에 亥亥이면 부모, 조상 代에 불륜이다.

51) 亥丑 = 비린내난다.
    土剋水하면 값없는 물이다.
    土剋水하면 亥中 甲木이 죽어 버린다.

52) 물중에서 가장 값나는 것을 亥水다.

53) 12띠 중 가장 값나가는 것을 寅木과 卯木이다.
    : 생명체이므로

54) 土月은 무조건 木을 용신으로 써야한다.

55) 亥水는 나무를 키워야 하는데 寅亥合木, 亥未合木이
    좋다.
    그러나, 寅卯月에는 불이 없어 열매가 아직 없다.
    또, 申酉戌 방으로 가면 향기가 없어 아무 소용이
    없다.

56) 亥水는 추운데서 태어났다.

57) 寅亥合은 甲木을 각각 갖고 있어 기가 막히게 좋다.

58) 寅木은 寅中 戊丙甲이 있어 좋은 글자다.
    그래서 亥水가 寅木을 보면 단짝이라서 좋아한다.
    貴局이 많다. 교수, 학자 등.

第 2 章 地支論

59) 노무현 사주   丙 戊
　　　　　　　　辰 寅으로 寅木을 키우고 있어 좋다.

60) 乙木은 美의 장본인이라 예술성이다.
　　 그러나, 甲木은 동량목이다.

61) 만약,   ○○甲
　　　　　　亥卯○이면 잡목이다.
　　 그래서, 亥卯木局으로 동남방으로 가면 꽃피고
　　 열매맺어 좋으나 서북방으로 가면 꽃이 안피어
　　 향기가 없다.

※ 내가 필요로 한 五行을 상대방이 가지면 예뻐보인다.

62) 벌, 나비는 30리 밖에서도 꽃을 찾아온다.
　　 향기 때문이다.
　　 사람이 맛있는 음식을 찾아다닌 것과 같다.

63) 용신이 有力한 者는 사회 임무자다.

64) 용신이 無力하면 남에게 의지해서 살아야 한다.

65) 12월 달에 나무가 살아있으면 부지런하다.

66) 나무가 없어 키울게 없으면 게으르다.

67) 亥水가 辰을 보면 元嗔인데, 辰土가 水의 庫藏이기
　　 때문에 水가 힘을 못쓰므로 싫어한다.

68) 亥水가 濁水로 변하므로 싫어한다.
　　 그래서, 怨嗔이다.

第 2 章   地支論

69) 土 일주가 亥水가 마누라인데, 水가 病인 사람이
    辰土를 가진 土 일주는 옆에 亥가 있으면 卯나 未가
    와서 合木하여 木剋土하여 辰土(물창고)를 깨버리면
    마누라를 의심을 많이 한다, 간섭을 많이 한다.
    : 의처증.

70) 辰土가 가장 싫어한 글자는 卯木과 亥水다.
    辰土 = 亥卯木局으로 木剋土한다.
         亥未木局으로 木剋土한다.
         그래서 싫어한다.

71) 亥水가 巳를 보면 巳亥沖인데,
    南方   巳   午
    北方   子   亥 : 巳亥沖, 子午沖이다 :
    子中 癸水와 巳中 戊土가 暗合하고,
    亥中 壬水와 午中 丁火가 暗合한다.
    그래서, 巳亥와 子午가 바로 옆에 붙어있지 않으면
    좋다.
    그러나, 옆에 있으면 파란곡절이 많다.
    의견갈등이 많다.
    여름이냐 겨울이냐에 따라서 힘이 약한 쪽이 피해를
    본다.
    沖하여 흉신이 없어지면 좋고,
    沖하여 길신이 없어지면 나쁘다.
    보편적으로 여름에는 午火가 水를 좋아하고,
    겨울에는 水가 午火를 좋아한다.
    水火는 나무를 기르기 위해서 존재한다.

72) 亥未合은 3대 할아버지와 손자의 합이다.
    갈등구조다. 안 좋다. 살다가 이혼한다.
    亥中 甲木과 未中 乙木으로 음양이 각각 다른 木이
    있어서 그렇다.

第 2 章 地支論

73) 초목이 자라지 않는 계절에 亥未合木이면 욕심만
    많다.
    쓸데없는 망상이다.
    이런 사람들은 집에 쓸모없는 물건을 갖다 쌓아
    놓는다.

74) 여름 더울 때 亥水가 조후 역할을 하면 좋다.
    혁신이다 : 직업전환. 새로운 일 시작한다.
    필요없는데 合을 하면 쓸데없는 욕심만 부린다.
    亥卯未合木되어 못 키우면 가족관계도 안 좋다.
    (무생물은 合이 되어도 말이 없는데, 생명체는
    合을 하면 말이 생기기 때문이다)

75) 사주 중에서 木이 가장 할 예기가 많다.
    비중이 가장 크다.

76) 亥가 申을 보면 나무를 키울 철이 아니므로 인기가
    없다. 할 일이 없다.
    申亥 상해(傷害)는 申中 庚金이 亥中 甲木을
    자르기 때문이다.
    그래서, 생명을 키울 계절에 申亥傷害는 甲木이
    잘리므로 나쁘다.
    값이 안나간다.
    甲木은 아예 뿌리가 없는 것이 짱이다.
    뿌리가 있어 잘리면 나쁘기 때문이다.
    甲木은 실체가 없고, 乙木이 실체다.

77) 亥酉이면 酉金이 완성품이라서 合해도 바뀌지
    않으므로 酉金이 가장 까다롭다. 자존심이 강하다.
    亥水가 酉金을 보면 나무를 키우는데 방해물이라서
    좋아하지 않는다.

第 2 章 地支論

78) 申 일주가 가장 자식을 좋아한다.

79) 亥가 戌을 보면, 戌土가 철옹성이라 土剋水하므로
亥水가 濁水가 되어 싫어하는데,
다만, 추울 때는 조후해주므로 좋아한다.

80) 自刑중에서 亥亥, 辰辰 自刑이 생명이 들어있어 가장
나쁘다.

81) 五行상 木은 눈, 간, 담낭, 분비계통, 신경계통을
관장한다.

82) 火는 혀, 심장, 소장, 순환과 조혈계통을 관장.
土는 입, 췌장, 소화기 계통.
金은 코, 폐, 대장, 호흡과 대사기능을 관장.
水는 귀, 방광, 신장, 비뇨기계통, 생식기능을
관장.

第 2 章 地支論

11. 子水論

1) 子水는 두 가지 개념으로 본다.
   사물의 형체로 보면 ① 자식. ② 사람.

2) 子水는 탁수다.
   子水의 祿은 癸水인데 癸水는 하늘의 비라서 땅에
   떨어지면 탁해진다. 구정물.

3) 子水를 가지면 여자는 자궁을 의미한다.
   생명을 기르기 때문이다.
   그래서, 잘되면(봄, 여름) 水生木하여 좋은데, 못되면
   (겨울) 子卯刑이 된다.

4) 子水는 孕 아이밸 잉자에서 나왔다.

5) 子水가 나무를 볼 때는 濁水이기 때문에 나무를
   잘 키울 수 있는가 없는가의 함수관계를 보고,
   생명으로 볼 때는 남자는 성기, 여자는 자궁으로
   본다.

6) 여자가 子水가 있는데 흉신이면 자궁수술한다.

7) 子水는 地支에서 첫 글자다.
   그래서, 子字가 있으면 우두머리라서 맏아들, 맏며느
   리다.

8) 天干의 甲木과 같이 취급한다.
   그래서, 子水는 자기 몸이 차기 때문에 항상 따뜻한
   것을 좋아한다.

第 2 章 地支論

9) 子가 午를 보면 沖이지만 몸이 冷하기 때문에 좋아한다.

10) 子가 있는데 또 子를 보면 불감증이다.
    성감대가 미발달했다.
    그런데, 子 옆에 子를 보면 정력가다.

11) 子가 많이 있는 사람은 어둡기 때문에 밝은 쪽인 동남쪽으로 가면 운이 좋아진다.

12) 子가 亥 子 戌 酉로 가면 어두운데로 가므로 슬픔이 많고, 丑寅卯辰으로 가면 기쁨이 많다.
    물은 생명을 키우기 위해서 태어났기 때문이다.
    그래서, 西北方으로 가면 나무를 못 키우므로 榮華가 없다.

13) 水가 東南으로 가면 생명을 키우므로 바빠도 기쁘다.

14) 子水는 地支에 따뜻한 글자를 좋아한다.

15) 세상에서 가장 나쁜 것이 사람한테 사랑을 못받는 것이고, 가장 행복한 것이 사람한테 사랑 받는 것이다.
    그래서, 모든 만물은 생명이 사는 쪽으로 가야한다.

16) 子水는 우울증, 슬픔, 한냉, 고독, 명상이다.
    그래서, 子水는 남쪽으로 가면 인기, 사랑, 희망, 즐거움이다.

17) 사주에 火가 있어 中和를 잘 이루면 모성애가 많고, 정이 많다. 적덕이 많다.
    조후가 되면 삶의 의욕이 많다.

"   안되면 삶의 의욕이 적다.

18) 水가 火를 보는 것과 火가 水를 보는 것이 다르다.
    水가 火를 보면 사물을 보기 때문에 밝은 세상,
    혁신, 발전, 즐거움으로 가기 때문에 좋고,
    남자는 여자를 밝힌다.
    火가 水를 보면 밤으로 가니 위축이기 때문에
    나쁘다.

19) 사주에 子水가 中和를 이루면 침투력이 좋아서
    사람의 마음을 움직일 수 있는 힘이 좋다.

20) 子가 지상에서는 흐르는 물로 보기 때문에 역마성이
    다.

21) 子水를 지상에서는 흐르는 물에 비유하므로 신경성,
    혈액에 비유한다.

22) 病은 天干 글자가 작용이 크다.
    天干은 體고, 地支는 用이나. 체가 튼튼해야 用을 잘
    써먹는다.
    그러나, 똑같이 중요하다.

23) 子水가 申과 같이 있으면 申이 조력자다 :
    복권당첨, 추첨이 잘된다.
    子水가 辰을 보면 조력이 부족하다 :
    水가 무덤에 들어가므로.

24) 子水는 봄, 여름에 申金을 달고 살면 木을 키울 수
    있어 문서의 도움이 많다. 좋다.

第 2 章   地支論

25) 子는 午를 보면 머리회전이 잘된다.

26) 子가 未를 보면 土克水하므로 피가 탁하다.

27) 子午沖은 물과 불의 沖이라 좋은 점도 많다.

28) 子水가 未土를 보면 구정물이 되어 피가 탁하다.
    土가 水의 흐름을 방해하므로 중년에 정신이 불안하다.
    건강이 나쁘다.

29) 子에는   丙 戊 庚
              子 子 子 가 있는데, 子水는 陽圈의
    글자로, 陽圈의 글자가 水旺地로 가면 운이 약하다.
    이런 일주들은 생명을 길러야 하는데 病地로 가므로
    운이 없다.

30) 북방글자인 子水를 午火가 때리면 異變이다.
    그러나, 午를 子가 때리면 덜하다 :
    자기 자신이 북방글자라서.

31) 남자가 子時 ~ 寅時까지 사이에 태어나면 정력이
    좋아서 성욕이 강하다.
    그래서, 자식을 많이 둔다.
    子水는 陽이지만 陰이 가장 많이 발동한다.

32) 子水가 子年을 또 만나면 복음이라 하는데, 친구나
    가까운 사람과 시비송사 할 수 있다.
    남들이 모르는 애로가 있다.

33) 子는 어둠의 글자이기 때문에 음사, 비밀 같은 일을
    한다.

第 2 章   地支論

34) 子水는 다음에 丑土가 들어오는데 子水가 亥水
   쪽으로 가는 것보다 丑土쪽으로 가는 것이 좋다.

35) 子水는 지상의 흐르는 물이라서 어는 것을 가장
   싫어한다 : 얼면 생명을 못키으므로.

36) 子水가 동남방으로 가면 성격이 명랑하고, 쾌활하다

37) 子水가 卯를 보면 물이 얼어 있을 때만 子卯刑이
   되는데, 남방운으로 가면 녹아서 진물이 나므로
   나빠진다.
   그래서, 子卯刑은 地支에 溫氣가 많으면 子卯刑이라
   하지 않고, 9월부터 12월까지 얼 때 子卯刑이
   된다.
   그래서, 봄, 여름은 水生木하므로 子卯刑이 안된다.
   얼어있을 때는 病이 안나타나는데, 火運이 오면
   자궁암, 낙태와 같은 생명과 관련된 성병, 매독
   같은 病이 온다.

38) 子水는 사기 봄이 水인데, 亥子丑을 보면 같은
   형제다.

39) 子水는 寅木을 보면 따뜻해서 좋아한다.
   寅中에는 戊丙甲 따뜻한 글자가 있어서,
   子寅이 合이 되면 近親合이라서 같은 할아버지
   자손과 연애한다.
   집안 가까운 사람과 연애한다.
   近親合은 생명과 관련된 것만 있다.

40) 子水가 많으면 욕심이 많아서 중고품도 모으는
   습성이 있다.
   특히, 子月生은 욕심이 많다.

第 2 章　地支論

41) 子는 밤에 태어나 야행성이라서 밤이 되면 눈이
    반짝 반짝하고, 밤을 좋아한다.
    : 밤에 일하는 습성.
    쥐는 욕심이 많다.
    용왕이 있는데 子(쥐)는 욕심이 많아서 용왕이
    안된다.

42) 子는 동짓달인데,
    子는 一陽시작이고,　　午는 一陰시작이다.
    丑은 二陽,　　　　　　未는 二陰,
    寅은 三陽,　　　　　　申은 三陰,
    卯는 四陽,　　　　　　酉는 四陰,
    辰은 五陽,　　　　　　戌은 五陰,
    巳는 六陽　　　　　　 亥는 六陰이다.

43) 子는 가장 추운 글자이다.

44) 子가 巳를 보면 水剋火로 안본다.
    亥가 午를 봐도 水剋火로 안본다.
    : 모두 暗合이 되어 있어서.

45) 子는 子丑 合, 午는 午未 합으로 가까운 사람과
    결혼할 확률이 높으므로, 社內결혼한다.
    또는 가까운 사람과 결혼한다.

46) 子는 一陽이 始生하므로 부지런하다.
    陽氣가 쎄다. 모으기를 좋아한다.

47) 子가 子年을 만나면 복음이다.
    一陽이 始生하여 굉장히 차고 냉하여 싫어한다.

第 2 章 地支論

48) 子는 불이 없으면 어둡기 때문에 슬프고, 고독하고, 외롭게 산다.

49) 子水를 가지면 불을 봐야 한다.
그렇지 않으면, 병상에서 생활한다.
고통스럽게 산다.

50) 子水가 子水를 또 보면 반드시 성생활에 문제가 온다.

51) 子가 凶神인 사람은 자식을 유산시키면 다시 생기지 않는 수가 있다.

52) 子가 子를 또 보면 凍土라서 시기, 질투가 많다.
그래서, 신약해도 또 子를 보면 나쁘다.

53) 子水가 天干에 癸水를 보면 하늘에서 내리는 비의 뿌리가 되므로 구정물로 먹을 수 없다.
물의 가치가 없다.
남이 더울 때 조후로 될 수 있다.

54) 亥水는 절대로 어는 물이 아니다.
기름물과 같다.
그래서, 亥 + 木 은 核이 된다.

55) 子水가 癸水를 보면 얼어버려 흐르지 않는 물이다.
방광, 신장 등 대소변을 보는 배설기관이 나쁘다.

56) 피가 나빠지면 피부병이 생긴다.
피가 나빠지면 폐도 나빠진다.

第 2 章 地支論

57) 子水가 있는 사람은 성생활을 좋아하는데,
    불이 있으면 좋은데, 얼어 있으면 질병이 많이
    생긴다.

58) 子水는 길신이면 물장사하면 성공한다.
    술장사, 음식장사, 밀수 등 숨어서 하는 직업이
    좋다.

59) 子 + 丑은 흙속에 물이 스며들어 뻘흙이다.
    얼어있는 물이다.

60) 子水가 용신인데, 丑이 와서 合하면 망쪼다.
    용신이 묶이면 안된다.
    길이 빗나간다. 가는 길을 돌아간다. 재수한다.

61) 子水가 흉신인 사람은 어려운 문제가 해결된다.

62) 子水가 凶神이면 子丑合이 좋고,
    子水가 吉神이면 子丑合이 나쁘다.

63) 子水는 원래 흐르는 것을 좋아하는데, 子丑合이
    되어 흐르지 못하면 나쁘다.

64) 子丑合, 午未合은 길흉을 보고 판단한다.

65) 子水를 길신으로 쓰는 사람은 동남방으로 가야
    좋다.

66) 사실상 子水가 寅木을 보면 굉장히 좋아한다.
    생명을 기르기 때문에 부지런하다. 좋다.
    水生木해도 火가 없으면 돈은 없다.

第 2 章　地支論

67) 子水가 寅을 보면 좋아한다.
    寅이 상문과 조객인데, 작용을 잘 안한다.

68) 12글자 중 甲의 뿌리가 寅이다.
    寅은 巨木이므로 맏아들, 큰 글자다.
    생명을 기르기 때문이다.
    가난해도 봉사하는 사람이 많다.
    이익이 안 돼도 水生木하므로 일하는 즐거움이다.

69) 子水가 신약이라도 水生木하면 일하고 댓가가
    없으므로 사회봉사자다.

70) 子 = 生 = 木(甲, 乙, 寅, 卯) = 生 = 丙, 丁
    여기서, 子에서볼 때 丙丁은 손자다.

71) 내(子水)가 봉사하면 손자가 잘된다.
    亥卯未가 3대, 子寅辰이 3대다.
    木에서만 3대가 있다.

72) 子가 卯를 보면 봄, 여름은 榮華가 있는데,
    겨울은 얼어버려 子卯刑이다.
    無禮之刑이다 : 예의가 없다. 인륜을 버린다.
    人倫의 病이다.
    배다른 형제, 씨 다른 형제끼리 성교한다.
    봄, 여름은 子卯刑이 안된다.
    子卯刑은 생명을 안기를 때에는 관재, 송사가
    생긴다. 또는 여자관계, 남녀관계가 생긴다.
    子卯刑은 뿌리가 상해서 생긴다.

73) 子는 陽이다.
    陽 = 甲 丙 戊 庚 壬   陰 = 乙 丁 己 辛 癸
        子 子 子 子 子   丑 丑 丑 丑 丑

第 2 章   地支論

74) 陽일주가 子卯刑이 된 것이 더 나쁘다.
    : 陽은 생명을 기르는 계절이므로.
    陰일주는 子卯刑이 없다 : 陰은 수장고라서.

75) 子卯刑이 있으면 남자는 성병,
    여자는 자궁병이 있다.

76) 子卯刑이 되어 있는데 午를 보면 水生木한 것을
    午를 보아 나무가 너무 잘 자란다.
    성기가 크다.
    양기가 쎄서 바람을 피운다.
    양기 덩어리다.

77) 丁火는 마음의 덩어리, 精力의 덩어리다.
    丁火는 地熱이지만 너무 강하면 쇠도 녹이기
    때문에 壯(장정 장)字라서 정력이 좋다.

78) 子水는 생명을 키우는 것이 본분인데,
    너무 무성하게 키우면 나쁘다.

79) 子辰水局 半合인데, 庫는 다음 생명이 살아갈
    수 있도록 담아두는 기능을 한다.
    그래서, 庫는 아무리 많아도 넘치지 않는다.
    또, 子水가 아무리 많아도 辰을 보면 辰土속에
    들어가므로, 소리가 없이 갖힌다.
    그래서, 子가 凶神이면 좋고, 吉神이면 흉하다.
    : 능력이 갖히므로.

80) 卯가 辰을 보면 木剋土하므로 辰이 빵구나서
    여자라면 자궁이 나쁘다 : 자궁수술.

第 2 章   地支論   - 235 -

81) 辰土는 물창고다. 물의 은행이다.
    그래서, 辰土가 구멍이 뚫리면 자궁에 이상이 있다.
    : 木剋土 운에서.

82) 辰土는 濕土라서 나무를 키울 수 있는 구조로는
    아주 좋다 : 沃土다.
    沃土에서 기른 나무는 질이 좋다.
    그래서, 辰土를 가지면 피부, 자궁, 정력이 좋다.
    辰土를 가지면 늦게까지 생리한다.
    피부가 좋다.
    자궁에 濕이 많은 사람들은 늦게까지 성생활
    한다.(조후가 되어 있고)

83) 辰月에 子를 보는 경우는 옥토다.

84) 子月에 辰土는 沃土가 아니다.
    沃土라는 용어는 생명이 자랄 때 옥토이고,
    생명이 없으면 옥토라 하지 않는다.

85) 子水가 흉신인 子는 辰土운이 오면 좋기 때문에
    반드시 걱정거리가 없어진다.
    일이 풀린다. 무언가 시원하다.
    그러나, 길신을 잡아넣으면 자꾸 꼬인다.

86) 子가 巳를 보면 子巳暗合이다. 좋아한다.
    亥가 午를 봐도 午亥暗合이다.
    조후가 되어 생명을 키울 준비를 하므로 어디가도
    인기짱이다.

87) 暗合이 되었을 때 생명을 키울 수 있으면 좋고,
    생명을 키울 수 없으면 나쁘다.

第 2 章 地支論

88) 만약에 子水가 있는데, 巳가 바로 옆에 있지 않고,
年에 멀리 떨어져 있으면 子가 巳를 찾아다닌다 :
애인 찾아다니는 사람이다.
또, 巳火가 時에 있어도 子가 巳를 찾아다닌다.
항상 물은 財라서 마누라를 찾아다녀도
괜찮은데, 火는 官인 물을 찾아다니면 안좋다.

89) 寅申沖도 마찬가지다.
申이 寅을 좋아하는데, 寅木이 일주이면 申이 나를
좋아하고, 申일주면 내가 寅을 좋아한다.
불을 찾는다.
그래서, 누가 나를 좋아했느냐는 水剋火의 원리다.

90) 원래, 戊癸가 暗合하면 늙은 사람과 젊은 사람의
合이라고 하는데, 이것은 근거없는 소리다.
　　　　癸 戊 合
　　　　巳 子
　　　　戊 癸 暗合. 교록격으로 좋다. 귀격이다.
별도로 본다.
교록격은 한번 맺으면 절대 안떨어진다.

91) 合을 해도 안 좋은 合이 많은데, 癸戊, 巳子 合은
좋다.
장가가고 얻는 것, 즐거움이 있다.

92) 子가 午를 보면 :
子水는 寅巳未戌 같은 따뜻한 글자를 좋아하는데,
子水는 午를 沖하여 싫어한다.

93) 天地沖은 안좋다.
　　　甲庚 沖
　　　子午 沖 : 나쁘다 : 약한데 깨져서.

第 2 章 地支論

94) 子午卯酉는 힘이 쎄서 말이라 한다.

95) 壬丙 沖
    子午 沖은 나쁘다. 싫어한다.

96) 子午沖은 좋은 경우가 있는데, 대게 신상문제,
    건강문제가 온다.

    丁甲丙壬
    卯子午申 水火調節되어 좋다. 좋은 沖이다.

97) 水火로 조화가 잘되면 수화기제라고 하는데,
    한쪽이 약하면 水剋火라 한다.

98) 子午 사이에 寅木이 끼어 있으면 水生木,
    木生火하여 좋다 : 금상첨화다. 귀격이다.

99) 子水가 寅卯辰, 巳午未로 가면 陽圈인데, 陽圈에는
    생명이 살기 때문에 물과 불이 필요하다.
    값이 나간다.
    陰圈은 생명이 살지 않기 때문에 크게 좋지는
    않다.
    申月부터 丑月까지는 수장기라 하는데, 생명을
    기르지 않으므로 영광이 없다.

100) 子水는 申이 있으면 자기를 도와주어 좋긴 좋은데,
     申金이 木을 쳐버리므로 나쁘다.
     배열이 잘못되면 생명이 잘리므로 부모가 원수다
     子水의 자식이 木인데, 申이 木을 자르므로.

101) 木이 없어도 조후가 되면 대국이 나온다.
     특히, 金이 丁火를 보아 용금성기되면 좋다.

第 2 章   地支論

102) 子未六害이면 子水가 생명을 키우는 것이
목적인데, 乙木(생명)이 무덤에 들어간 未土를
살려야하므로, 未中 乙木을 키울 수 있으면
水生土라서 좋은데, 未中 乙木을 키울 수 없으면
六害殺이 된다.
육해살이 되면 骨肉無情(골육무정)이 된다.
형제간 싸움.
육해가 되면 피부병, 신장, 방광병이다.
육해중에 子未육해가 가장 나쁘다.
육해는 未中 乙木을 키울 수 없을 때 생긴다.

103) 申과 酉를 쓸 때는 여름에 조후가 안되어
있을 때 쓸 수 있다.
發水之原(발수지원)이다.
발수지원이면 장관급이다. 대국이다.

104) 여름에 조후가 잘되어 있으면 인기 짱이다.

105) 생명을 키우는 것이 가장 좋은 局이다 : 적덕지가.

106) 子水는 亥水를 보면 좋아한다.
子水는 따뜻한 물인 亥水를 좋아한다.

107) 子水가 戌土를 보면 土克水하여 나쁘다.
  : 집안에 우환이 생긴다.
그러나, 조후가 필요할 때는 戌土가 좋다.

12. 丑土論

1) 계절로 보면 癸水가 마지막달인데,
   地支로 보면 亥水가 마지막이다.

2) 얽어멜 紐(유)자에서 유자를 빼고, 천천히 가라고
   만들었다.

3) 丑土가 있는 사람은 正月로 넘어가는 바뀌는
   계절이라 꿈과 희망이 많아 욕심이 많다.
   습해서 움츠려 든다 = 여성적이다.
   그러나, 조열하면 설친다 = 급하다.

4) 丑土는 01:30부터 03:30까지 사이로 어두운데,
   어두운 것은 항상 밝은 것을 좋아한다.
   또, 습해서 따뜻한 것을 좋아한다.

5) 사주기 치면 외롭고 고독하다.
   丑中에는 癸水, 辰中에도 癸水가 감춰져 있는데,
   癸水는 숨겨놓은 글자라서 비밀이 많다.
   그러나, 火가 많아 燥하면 비밀이 없다.

6) 丑月의 丑戌刑과 戌月의 丑戌刑이 다른데,
   戌月에 丑을 보면 丑이 추우니까 戌中에 丁火을 꺼내
   비밀을 꺼내서 얽아멜려고 하므로 상대가 자꾸 나를
   괴롭혀 내가 코가 꿰고,
   丑月에 戌은 잘못된 刑이기 때문에 刑을 안한다.
   어느 달에서 丑戌刑이 되었는지를 살펴봐야 한다.

第 2 章　地支論

7) 丑中 癸水를 용신으로 쓰는 사람들은 丑은 金의
고물창고라서 말속에 독이 들어있다.
그래서, 부정적으로 세상을 본다.

8) 丑中에는 癸水와 辛金이 있어서 타 오행이 모두 싫어
하는데, 그래서 丑土가 오면 습해지기 때문에 값이
떨어지므로 남들이 싫어한다.
그러나, 丑土 자신은 차기 때문에 따뜻한 것을
좋아한다.

9) 丑土가 흉신이면, 몸가짐이 깨끗치 못하다.
丑中 辛金이 있어 木을 배척하므로 말로 쏘는
성격이고, 음식도 시거나 짜거나 비린내 나는 음식을
좋아한다.

10) 丑土가 냉하면 여자는 자궁, 방광에 이상이 온다.
반골뼈가 나빠진다.

11) 丑土는 丙丁火를 가장 좋아한다.
午火, 未土도 좋아한다.

12) 丑土가 未土가 와서 丑未沖되면 丑中 辛金과 癸水가
없어지므로, 沃土가 되어서 좋다.
부지런하여 좋은 沖이다. 가정도 잘된다.

　　단, 乙乙
　　　丑未 沖일 때는 나무를 못 키우므로 나쁘다.

13) 丑土가 가장 환영받을 때는 조후용 대타로 써 먹을
수 있다.

第 2 章   地支論

14) 丑土는 남편의 사랑이 부족하다.
    丑中 辛金과 癸水가 있어서 사랑을 못받고, 외롭다.

    　　乙
    　　丑 일주는 丑中에 나무를 자르는 辛金과 날씨를
    차게 하는 癸水가 암장하기 때문이다.
    乙木은 생명으로 사랑과 향기인데,
    丑中 辛金과 癸水가 있어 사랑과 향기를 받을 수
    없다.
    사랑을 받을 수 없으면 힘든 일 하고 산다.
    : 노동일.

15) 　○ 辛
    　○ 丑月은 귀격이 안나온다.
    丑中에 癸水가 있어 습해서 냄새가 난다.

16) 丑土는 여름에 燥熱할 때 태어나면 濕을 제공해
    주므로 그래도 대우받는다.
    亥子丑月에는 눈이 덮인 土라 언제 봄이 오겠는가.
    아무리 노력해도 돈이 없다.
    노동의 댓가 받고 살아야 한다.
    생명을 키울 조건이 나빠서 값없는 인생이라 운이
    안 따라준다.

17) 丑未沖은 12월 丑未沖이 가장 좋다.
    봄이 오기 전에 미리 쟁기질하는 격이다.
    그러나, 11월, 10월 丑未沖은 아직 봄이 오기에는
    멀므로, 일을 해도 운이 없다.
    노동의 댓가받고 살아야 한다.
    노동의 댓가받고 살아야 할 사람이 요행을 바라면
    안된다. 결국 빈 털털이가 된다.
    丑未沖이 東, 南方으로 흐르면 운이 좋다.

第 2 章   地支論

18) 丑土는 陰地의 土라서 乙 丁 己 辛 癸
                          丑 丑 丑 丑 丑은 地支가
   얼어있다.
   예를 들어, 乙丑은 얼어있는 땅 위의 나무라 힘이
   없다.
   그래서, 丑土위에 있는 글자는 값이 없다.

19) 丑土는 火를 보지 못하면 값없는 土다.

20) 丑土는 냉정하다.
    불을 못 보면 이기적이라서 조그만 일이라도 따지고
    의심이 많다 : 남한테 버림을 받아서 피해의식이
    많아서.

21) 土는 위장을 뜻하는데, 火가 없으면 복부병이 많고,
    특히, 여자사주가 냉하면 성생활을 싫어하고,
    애 낳은 후 허리, 産後病이 생긴다.

         甲 ○
         ○ 丑이면 일지에 火가 없으면 마누라만 보면
    신경질낸다.
    丑이 마누라인데 丑土에 뿌리를 못 내리므로 싫어
    하여 신경질 낸다. 여자도 마찬가지다.

22)   丁
    ○丑 여자이면, 地支에 火가 없으면, 丑中에 辛金과
    癸水가 있어서 남편한테 스스로 시비를 걸어 매 맞고
    산다.

23) 丑月에 子水와 合을 하는 경우는 丑土가 水를 끌어
    들이고, 子月에 丑이 合을 하는 경우는 水가 丑을
    끌어들여 土가 된다 : 그 월령이 주인이 된다.

第 2 章 地支論

24) 己辛癸丁
    丑丑丑丑이면, 여기서 年上 丁火는 불이 아니다.
    사주에 만국 食神은 자식이 없다.
    五者無子다 : 그래서 多者無者가 나온다.
    : 자식한데 자기 힘을 모두 빼앗겨서.
    자식이 불구자다.
    자식을 못 둘 팔자인데, 두었으니 불구자 자식을
    두었다.
    여기서, 天干에 己土 하나만 있기 때문에
    土多金埋는 아니다.
    地支에는 土가 많아도 상관없다.

25) 丑土는 추운지방으로 가면 싫어한다.

26) 丑土가 丑戌未 刑이 되는데, 開庫하여 丑戌刑은
    丑中 辛金과 癸水가 튀어나오는데, 이 때 辰土가
    戌土를 때리면 辛, 癸가 다시 들어가 버린다.
    開庫는 한번 때리면 다시는 못써먹는다.

27) 丙丁 일주가 丑土를 깔고 앉아 있으면, 열기를 많이
    흡수해 버리므로, 자식이 무능하거나 속을 썩여
    자식덕이 없다.

    남자도 癸
         丑 일주라면 丑中 己土가 偏官으로
    아들인데, 濕土라서 도움이 안된다.
    만약, 여자라면 己土가 官으로 남편인데, 濕土라서
    남편을 깔본다.

28) 사주에 丑戌刑이 있는 사람은 위장을 반드시
    수술하고 넘어간다.

第 2 章   地支論

29)   丁丑 = 寢牀夢牛(침상몽우)
        乙丑 = 野園食牛(야원식우)
        己丑 = 田園耕牛(전원경우)
        辛丑 = 不耕寢牛(불경침우)
        癸丑 = 寂寞黑牛(적막흑우)

30)   子丑合土된 사주에서 水가 用神인데,
        子丑合이 되면 용신인 水를 合하여 나쁘다.
        용신이 土로 변해 용신이 없어지므로 망해
        버린다.

31)   丑月에 子가 오면 子가 없어진다.
        丑土 입장에서는 좋다.

32)   丑이 또 丑을 보면, 습해져서 격이 떨어진다.
        사주에 火가 없으면 운이 없는 사람이다.
        쓸모없는 돌맹이만 쌓였다.
        사람을 골탕먹이는 사람이다.
        겨울에는 丑土가 원수고, 丑土가 여름에는 좋다.

33)   만약에 丑이 또 丑을 보면 木을 키울 수 없어 운이
        없다.
        일정한 수입이 없이 노동의 댓가받고 산다.
        환경이 좋아야 좋은 직업 갖고 산다.

34)   丑이 寅을 보면 丑中 辛金이 寅中 丙火와 暗合하여
        운이 없어진다 : 연애만 건다.
        丙火의 기운이 상실된다.
        이 때 戌土가 와서 丑戌刑이 되면 丑中 辛, 癸가
        나타나 더 연애를 강하게 하므로 나쁘다.
        刑은 시비고 싸움이다.
        열기를 감소시키면 생산이 감소해버린다.

第 2 章   地支論

35) 습한 사주는 남방으로 가야 운이 좋다.
    설령, 水가 용신이라도 그렇다.

36) 丑이 卯를 보면 卯木에 불이 없어 木剋土하는데,
    丑中 辛金이 있어 뿌리를 못내리게 하므로,
    이것을 격각살이라 한다.
    격각살이 있으면 시비, 불평이 많다.
    다툴 일이 생긴다.
    이렇게 되면, 부부가 떨어져 살아야 좋다.
    오히려 공방이 많으면 더 좋다.

37) 寅木과 卯木은 丑이 오면 싫어한다.
    자라는 木은 酉金과 丑土를 가장 싫어한다.

38) 丑이 辰을 보면, 破가 아니다.
    그러나, 辰이 丑을 보면 破다. 月支 중심이다.
    沃土인 辰土에 돌 자갈밭인 丑이 오면 破다.
    그러나, 돌 자갈밭인 丑土에 辰이 오면 沃土로
    客土하는 格이라 좋다. 금상첨화다.

39) 壬
    辰 일주가 丑을 보면, 官이 破가 되어 부부궁이
    깨진다.

    癸
    丑 일주에 辰이 오면, 깨졌다가도 좋아져 다시
    합친다.

    乙
    丑 일주에 辰이 오면 沃土로 객토해주므로
    좋아진다.

第 2 章   地支論

40) 만약에 日支에 辰土를 갖고 있는데, 丑土가 오면
    나빠진다.

41) 丑土가 巳火를 보면 巳丑合이 된다.
    丑이 巳를 보면 丑 입장에서는 따뜻해져 좋다.
    엄마가 내와 合하니 좋다.
    그러나, 巳가 丑을 보면 火가 습해져 나쁘다.
    자식이 나와 合하여 나쁘다.
    또, 생명을 기를 때 巳火가 合이 되면 火의 힘이
    없어져 나쁘다.

42) 巳午火가 용신인 사람은 丑土가 오면 용신이 힘을
    못쓴다.

43) 丑이 巳火가 와서 合을 하면 丑입장에서는 좋아하던
    옛날 애인이 찾아와 도와주므로 좋아진다.
    영전하거나 막혔던 일이 풀린다.

44) 丑이 午가 오면 丑午元嗔인데, 丑中癸水가 있어
    午火가 힘을 못쓴다.
    午火가 용신인 사람은 흉하고,
    午火가 흉신이면 발복한다.

45) 생명이 클 때 丑土는 火氣를 흡수하므로 이익을
    주지 않는다.
    사업하는 사람은 부도내고, 病든 者는 죽을 수도
    있다.

46) 丑이 戌을 보면 싫어한다.
    丑戌刑이면 戌土가 피해를 본다.
    전체적인 구조를 봐야 정확하지만 이 두 글자만
    놓고 볼 때는 그렇다.

第 2 章   地支論

47) 여름철에는 丑土를 조후용으로 쓸 수 있다.
    여름에 丙丁火가 많아 너무 조열하면 辰土보다
    丑土에는 辛金과 癸水가 있어서 더 좋다.
    다만 丑中 癸水를 쓰긴 쓰지만 질이 나쁘니
    응급처치에 불과하다.

48) 丑土가 未土를 보면, 丑未沖인데, 좋은 沖이다.
    未中에 丁火와 己土가 있고, 丑中에 辛金과 癸水가
    있어 논갈이 해주는 격이라 좋다.
    그러나, 丑中에 辛, 癸를 용신으로 쓰는 者는
    丑未沖이 나쁘다.

49) 丑土를 깰 수 있는 것은 未土 밖에 없다.

50) 丑土는 辛金이 들어 있어 잔꾀가 많고, 축축하여
    고집이 쎄다.
    12띠 중에 丑土가 가장 고집이 쎄다.

51) 水는 어둡다. 비밀이다.

52) 丑은 申酉金의 고장이라 金이 凶神이면, 金을 무덤에
    가두어 두므로 좋고, 金이 吉神이면 나쁘다.

53) 사주에 불이 많으면 金이 丑이 와도 무덤에
    들어가지 않는다.
    그 이유는 金은 火에 長生하기 때문이다.
    그래서 무덤을 볼 때 金과 木은 살고 죽기 때문에
    무덤에 들어갈 때 金 또는 木이 살아있느냐,
    죽어 있느냐를 보고 그 척도를 정한다.
    그래서, 金水傷官格은 이유없이 火를 쓴다.

54) 丑이 子水를 보면 물이 얼어버린다.

第 2 章   地支論

55) 초목을 기르는 구조에 丑土는 金을 무덤에 가둠으로
    도움을 줄 수 있다.

56)   丁己己
    丑丑巳이면, 酉가 와서 從格으로 金으로 따라가면
    윗사람이 合을 하여 좋아진다.

57) 丑土는 물렁물렁한 土인데, 戌土는 단단하여 土中에
    가장 강하면서 의리가 있는 土다.
    그래서, 사주에 戌土를 가진 사람은 에너지가 가장
    강하다.
    그래서, 戌土를 가진 사람은 건강한 사람이 많다.

58) 사주에 戊 일주나 己일주가 庚辛金이 있는 사람은
    丑土가 나타나면 자식이 무덤에 들어가므로
    유산되거나 불구자식을 둔다.

59) 土 일주가 辛辛
                丑丑이면 자식무덤을 두개씩이나 두어
    남녀 모두 자식이 불량하다.

60) 卯는 사람이 살아가는데 정화작용을 시키기 위해
    필요하다.
    무덤은 생명을 정화시킨다.

61) 丑이 亥를 보면 亥水가 구정물이 되어 얼어버린다.
    亥水는 木과 亥가 合하여 核(핵. 씨앗)이다.
    그래서, 亥水를 보면 土剋水하여 물이 탁해진다.

62) 金 일주가 丑月에 태어나면 가문이 더러운 물이
    맑지 않는 가문이다.
    특히, 庚金일주가 그렇다.

第 3 章　日主論

1)　甲木　日主論
2)　乙木　日主論
3)　丙火　日主論
4)　丁火　日主論
5)　戊土　日主論
6)　己土　日主論
7)　庚金　日主論
8)　辛金　日主論
9)　壬水　日主論
10) 癸水　日主論

第 3 章 日主論

1. 甲木 日主論

甲木

子 寅 辰 午 申 戌

1) 甲木(生命)은 농사를 지어 만든 糧食이다.
   곡식이다.
   富者다.
   香氣가 있다.
   五香을 풍긴다 = 단, 짠, 신, 쓴, 매운 맛.

※ 金은 生産해서 만들어진 돈이다 : 香氣가 없다.

※ 財는 現實感覺의 돈이다. 流行.
   위 3가지 돈 중에서 木(생명)의 돈이 가장 좋다.
   가장 香氣가 있다.

2) 年月에 甲木이 뜨면, 長男 또는 長男 노릇을 해야한다.
   일을 많이 한다.
   그 부서의 책임자다.

第 3 章 日主論

1) 甲
　子 日主

1) 마누라 자리에 財가 앉아 있어야 하는데 印綬가 차지하고 있어 항상 母妻不合이다.
   妻와 어머니가 不合이다.
   북풍한설이다.
   환경이 나쁘다.

2) 干上에 癸가 뜨면, 火가 와서 눈이 녹으면 진물이 나므로 疾病이다
   地支에 火가 넉넉하면 괜찮다.

3) 겨울에 水가 흉신이면 文書德이 없다.
   초년고생을 해도 한다.

4) 甲子 일주는 12運星에 沐浴宮이다.

   　　　　甲

   丑(관대) 子(목욕) 亥(장생)

   그래서, 浴地에 태어나면 바람을 피거나 女難이 있다.
   부부생활을 해도 음난하게 한다.

5) 甲　　　己
   子 일주는 未를 만나면 甲己合되어 가장 싫어한다.
   木庫로 죽을 고비를 넘기거나 가정에 풍파가 온다.
   재물손실.

第 3 章 日主論

6)   甲   庚
   子 일주는 午가 오면 안 좋다.
   庚午가 흉신일 때 官災口舌. 訟事한다.
   子中에는 壬癸가 들어 있어 水가 凶神이면 안 좋다.

7) 正偏印이 혼잡하여 배다른 형제가 있는 경우가 많다.

8) 겨울에 甲子 일주가 水生木해야 하는데 여름에는 水生木 잘 해준다.
   가을, 겨울에 나무가 크지 못할 계절에는 生해주지 못한다.

9) 죽은 나무는 火가 없고 물이 많으면 浮木된다.
   질병자다.

10) 죽은 나무는 破木하여 땔감으로 사용해야 한다.
    사회에 봉사해야 한다.
    불을 보지 못하면 쓸모없다.

11) 地支 水가 凶神이면 잠 잘 곳이 없다.
12) 甲子 일주는 봄에 生木이 돼야 좋고,
    겨울에는 破木하여 棟梁木이 돼야 좋다.

13) 亥子丑月의 甲子 일주는 沐浴宮에 태어나 運이 나쁘면 나쁜소리 듣고 산다.

14) 子水가 용신이면 어머니 같은 妻를 만나는데 子가 凶神이면 惡妻 만난다.
    惡妻라도 본성은 純粹하다.

15) 甲子 일생은 妻子宮이 나쁘다.
    子는 官인 庚의 死地다.

第 3 章 日主論

2) 甲寅 日主

1) 日德格이다.
   寅中에는 丙戊가 들어 있어 자기스스로 자란다.
   그래서, 남에게 피해를 안 준다.

2) 甲寅은 建祿이라 夫婦宮이 나쁘다.

3) 寅은 湯火殺로 교통사고가 많다.
   寅이 있을 때 辛酉나 巳酉丑이 있어야 湯火作用한다.

4) 日主 중에서 甲寅 建祿이 가장 좋다.

5) 甲寅 일주는 봄, 여름, 가을, 겨울 어느 계절이라도 生木이다.

6) 甲寅 일주는 건강하고, 튼튼하다.

7) 甲寅이 丙火를 보고 地支에 調喉되면 大局이다.
   그러나, 地支에 寅午戌이 되어 타면 나쁘다.

8) 生命이 가장 싫어하는 것은 申酉金이 치거나 火가 와서 타는 것이 가장 나쁘다.

9) 干與地同으로 建祿을 이루면 남편이 들어갈 자리가 없어 남편궁이 나쁘다.
   남편이 絶이라 남편이 힘이 없다.
   金이 안 나타나야 좋다.
   木旺金絶이다. 寡婦殺이다.

第 3 章 日主論

10) 甲寅 일주는 남편이 죽어도 먹고 살 것이 있어서 시집 안 간다.
    우둔하지만 정직하다. 고지식하다.

11) 甲寅 일주는 火를 보고 균형 잡히면 곧게 큰 나무다.

12) 甲寅 일주가 조후가 안 되면 여자, 남자 모두 부부궁이 나쁘다.

13) 甲寅 일주는 木火方向으로 가야 건강하다.

14) 甲寅 일주는 西方으로 가면 불행하다.

15) 甲寅 일주가 申酉戌 方으로 가면 병원 갈 준비를 해야 한다 : 殺地다.

16) 甲   甲
    寅이나 辰은 봄에 태어난 生氣木이라 부지런하다.

17) 甲   甲
    午나 申은 꽃과 열매를 맺는 花葉木이라 감각이 발달되어 있다.

18) 甲
    戌 일주는 死木이다. 외로운 일주다.

19) 甲
    子 일주는 살아 있으면 生氣木이다.
    양기 덩어리다.
    죽으면 死木이다.

3) 甲辰 日主

```
衰    辰
旺    卯
  祿  寅
```

1) 甲辰 일주는 衰(쇠)地다.
   甲辰 일주는 마누라가 미인이다.
   甲辰 일주는 마누라가 어질고 착하다.
   내가 다스리고 있기 때문이다 : 沃土.
   華蓋다 : 土가 吉神 일 때.

※ 衰地를 金輿錄이라 한다 : 금가마.

2) 甲辰이 地支를 건드리는 것을 가장 싫어한다.
   甲   庚   庚
   辰이나 戌이나 辰이면 官災口舌, 健康問題 온다.

3) 甲辰 일주는 辰土가 沃土라 胃가 좋다.
   辰土를 가진 사람은 胃腸이 좋다.
   辰은 좋은 에너지를 갖고 있어 精力이 좋다.

4) 甲   乙   甲
   辰에 卯나 寅이 있으면 여자가 男子의 精力을 감당하지 못해 도망간다.
   만약, 女子가 辰을 가지고 있어도 마찬가지다.

5) 甲辰은 白虎殺이다.

第 3 章 日主論

6) 흡수력이 좋다.
   생명이 자랄 수 있는 흡수력이 좋다.

7) 甲辰 일주는 인물이 좋고 厚德하다.

8) 甲   甲
   辰 일주와 戌 일주는 봉건적인 생각을 갖고 있어서
   부인이 나서는 것을 싫어한다 : 마누라를 확실히 눌러
   주므로 妻가 결국 지배를 받는다.

9) 甲
   辰子辰이나 亥子丑은 아무 필요 없다.
   떠돌이. 東家食 西家宿이다.

   甲甲壬丁
   子子子亥 = 열매없는 나무다.
   냉골이다. 사람이 안 따른다.
   빚만 진다. 여자 때문에 亡한다.

10) 木이 地支에 물이 많아 浮木이 되면 죽어서 시신이
    떠내려가는 것과 같아 묻을 곳이 없다.
    결국, 죽어서도 외롭다는 뜻이다.

第 3 章 日主論

4) 甲午 日主

1) 午火가 紅艶殺이다 : 異姓이 따른다.

2) 甲午 일주는 午中에 丁己가 暗葬하여 木生火 火生土로 生해 주므로 性生活을 즐긴다.

3) 傷官은 호기심이라서 傷官生財하여 性生活도 문란하게 한다.

4) 甲午 일주는 傷官의 成分을 갖고 있어 性病주의.
   將星殺, 湯火殺.
   午火가 길신이면 將星殺로 써 먹는다.

5) 봄, 여름에 甲午 일주는 살아있는 나무이고,
   가을, 겨울에는 死木이다.
   地支에 巳午未, 寅午戌 火局이고, 水를 보지 못하면 마음의 怨을 안고 산다.
   그래서, 印綬가 없으니 조실부모하여 부모에 대한 恨이나 공부에 대한 恨을 안고 산다.
   生木이라 살아 있는데 水를 보지 못하면 죽은 것처럼 살아야 하니까.

6) 紅艶殺은 마누라를 좋아하면서도 바람을 많이 핀다.

第 3 章 日主論

7) 午火가 길신이면 마누라가 사랑을 받고 산다.
   食傷生財하기 때문이다.
   妻한테 용돈 타 쓴다.

8) 傷官은 자기 맘에 들면 최선을 다한다.
   상관이 용신인 사람들은 마누라 말을 잘 듣는다.

9) 甲午 일주의 午火가 가을, 겨울에 태어나 調喉를
   하면 妻가 돈을 벌어들인다 : 좋은 일주에 들어간다.

10) 만약, 여름 甲午 일주는 火가 많아 調喉가 안되면
    싸움을 하고 산다.
    그러나, 가을, 겨울에 태어나면 妻德이 있다.

11) 甲午 일주가 寅午戌이나 巳午未로 태어나면 生命을
    태우기 때문에 남에게 귀여움을 못 받는다.
    熱을 받으면 보이는 것이 없다.

12) 女子가 寅午戌이나 巳午未면 寡婦다.
    官인 金을 녹이기 때문이다.
    男子를 맥을 못쓰게 한다.
    무조건 寡婦다.
    그러나, 午火가 용신이면 괜찮다.

13) 남녀 모두 寅午戌, 巳午未로 調喉가 안되면 가정이
    안 된다.

第 3 章 日主論

5) 甲申 日主

1) 絶處逢生(절처봉생)이다.
   끊어진 자리에서 다시 生을 만났다.
   어려움 속에서 성공했다.

2) 地支에 偏官을 갖고 있어 힘의 논리를 갖고 있으므로
   자기가 어려울 때는 괴팍해진다.

3) 申月은 가을로 甲
                  申은 7월의 나무라서 火가 있으면
   자라고 있는 나무고 火가 없으면 죽은 나무다.
   그래서, 火가 있어 火剋金해 줘야한다.
   7월은 키워야 할 나무이므로 불을 봐야 한다.

4) 甲   庚
   申 日主가 ○이 오면 몸에 상처가 난다.

5) 甲申은 봄, 여름에 火를 보아 크면 좋고,
   가을은 從格이 되면 좋다.

6) 甲   庚
   申 일주가 寅을 만나면 離婚이나 사고, 건강문제가
   생긴다.

7) 甲   丁 乙
   申 일주가 丑이나 丑이 오면 교통사고 난다.

第 3 章   日柱論

8) 甲 일주는 乙木이 오면 부자연스러워 지므로 나쁜 일이 생긴다.
   : 빚 보증문제. 잘못 투자 : 겁재라서

9) 乙木도 大運에서 甲이 오면 안 좋다 : 木長之敗.

10) 甲申 일주는 申金이 길신이라도 殺地 위에 있어 반드시 고생을 하고 넘어간다.

11) 甲木이 乙木을 보아 乙木이 감고 올라가면 신경이 불안하다.

第 3 章 日主論

6) 甲戌 日主

1) 華蓋다. 天文星이다. 傷官의 墓다.

2) 여자 甲戌 일주는 자식이 무덤에 들어가 크다가
   죽는다.

3) 甲戌은 할머니가 功을 많이 들여 주었다.
   할머니가 절에 가서 祈禱 많이 했다.

4) 戌土는 編財인데 뿌리를 박지 못할 編財라서 가정보다는
   道에 因緣이 있고, 보편적으로 年上의 여인과 산다 :
   왜냐하면, 뿌리를 못박아서.

5) 甲戌 일주는 落葉木이라서 土多하면 土多木折이라 恐妻
   家가 많다.

6) 甲戌 일주는 地支에 寅午戌, 巳午未 火局이면 땅 속에
   있는 火가 튀어나와 나무를 태우므로 수술 수 있다.

7) 만약, 겨울에 대들보를 못 만들고 쪼개서 불을 피우면
   德積家인데 여름에 나무를 태우면 僞善者다.

8) 甲戌 일주는 유교적 본능이라 처음에는 여자가 드세나
   결국 여자가 服從한다.

9) 傷官은 나이 어린 사람과 인연이고,
   印綬는 나이 많은 사람과 인연이다.

第 3 章   日主論

10) 상관은 情이 많다.

11) 甲戌 일주는 天文星이나 신앙, 역술과 인연있다.

12) 甲
    戌 일주가 墓 月에 태어나 뿌리가 마르면 접붙여
    다시 싹이 돋아나는 格이라 고생이 많고, 雜格이다.

13) 戌中에 丁火가 있어 火氣만 있으면 나무를 태우니,
    겨울에 태어나 태우면 사회에 봉사하고, 여름에 태우
    면 僞善者다.

14) 죽은 나무는 庚金과 丁火를 봐야 貴格인데, 1, 2월은
    가지를 쳐주는 역할을 한다.

15) 甲戌 일주가 죽은 나무이기 때문에 가을, 겨울에 태어나야
    길한데 죽은 나무가 生地로 가면 고통이다.
    : 생지공망.

16) ○ ○ 님 四柱.
         庚 甲 庚 丙
         午 戌 子 戌 = 죽은 나무라서 태워줘야 한다.
    64 54 44 34 24 14 4
    丁 丙 乙 甲 癸 壬 辛
    未 午 巳 辰 卯 寅 戌
    寅卯 大運이 生地空亡이라 고통이다.
    巳 大運부터 돈 만졌다.
    죽은 나무라 火가 오면 송진 생긴다.
    (03. 癸未년 암수술)
    戊辰年에 백일공부 잘했다. 己巳年에 공부 안됐다.
    庚辰년에 破木되어 좋았다.
    庚申年도 破木되어 좋았다.

第 3 章 日主論

2. 乙木 日主論

乙

丑 亥 酉 未 巳 卯

(1) 甲木은 乙木으로 나타나는데,
    癸水, 丙火로 키우고, 金으로 다스려야한다.

    丙辛戊庚
    申酉寅戌 구조면 地支가 申酉戌金局으로 寅木을 치고, 寅戌로 타버려 키우지 못할 木이라 뽑아내야한다.

(2) 乙木은 浮木 (뜨는 것)을 싫어한다.

(3) 乙木은 생명력이 强하다.

(4) 乙木은 매춘부가 가장 많다.

(5) 甲이 있는데 乙木이 있으면 甲을 감고 올라가므로 甲木이 싫어한다.

(6) 生命을 가진 부드러운 풀을 乙木이라 한다.

(7) 乙木이 어느 계절에 태어났느냐에 따라 貴를 따진다.
    貴하여 값이 나갈수록 외롭다.
    乙木은 高貴하여 혼자 사는 사람이 많다.

第 3 章 日主論

(8) 봄은 잔디, 여름은 화초나 곡식, 가을은 단풍, 겨울은 온실 草에 비유한다.

(9) 甲木은 온실에서 키울 수 없다.
그래서, 丁火로는 못 키우고 그을리기만 한다.

(10) 乙木은 丙火가 正用神이다.

(11) 乙木 일주가 四柱에 甲이 있는 사람은 감고 올라가므로 괜찮으나 사주에 甲木이 없는데 大運이나 歲運에서 甲이오면 乙木이 죽는다.
甲木의 몸을 감으니 활동력이 상실된다.

(12) 乙木이 乙木을 또 보면 雜格이다.
陰濕해진다.
성병, 冷, 대하가 많다.

(13) 壬癸水가 乙木을 相生하는데 壬水는 땅 물이라 괜찮으나 癸水는 비라서 凶하다.
癸乙壬이면, 비가 내린 格이라 꽃이 안 피고 落花之像과 같다.

(14) 만약에 壬癸水가 오면 꽃이 피지 못하게 한다.
여자는 방광, 성병이 온다.

(15) 乙木에 金이 오면 흉터가 있다.

(16) 生木 = 乙 乙 乙
　　　　　　未 巳 卯
　　　　　2월 4월 6월이면 과일나무. 벼. 곡식이다.
먹을 福이 있다.

第 3 章 日主論

(17) 死木 = 乙 乙 乙
           丑 亥 酉
           12월 10월 8월이면 반드시 불을 봐야한다.
   억세풀과 같아 값이 안나간다.
   불을 봐서 살아 있어야 한다.
   大運이 生地로 간다 해도 불을 못 보면 運이 없다.

(18) 甲木 = 양기덩어리.
     乙木 = 실체의 木. 생명. 향기.

(19) 甲木 = 양기덩어리라서 오직 태양을 봐야 키울 수
            있다.
     乙木 = 丙火나 丁火로도 키울 수 있다.

(20) 卯木 가진 사람은 향기가 많아 性生活을 많이 한다
     : 桃花다.

(21) 겨울에 태어난 乙木은 귀하나 외롭다.

(22) 불을 보지 못한 乙木은 水草다.

(23) 乙木은 아무데서나 불만 있으면 키울 수 있기 때문
     에 적응력이 뛰어나다.

(24) 乙木은 봄에는 화초로, 여름에는 벼꽃으로, 가을은
     단풍으로, 겨울은 藥草에 비유한다.

(25) 乙木은 물이 많은 것을 가장 싫어한다.

第 3 章 日主論

(26) 乙木이 丙火를 보면 꽃피는 나무다.
    干上에 나타난 丙火는 나타난 꽃이다.
    地支에 있는 꽃은 향기는 있으나 활짝 핀 꽃이 아니다.
    寅中丙火 : 接붙인 꽃이다.

(27) 乙木은 壬癸水를 안 쓴다.
    향기를 없애기 때문이다.
    美의 창조자다.
    예술, 감성이 뛰어나다.

(28) 乙木은 꽃피고 열매 맺을 때가 生木이다.
    丑 亥 酉 未 巳 卯 = 陰.

(29) 乙乙乙   乙乙乙
    卯巳未 = 生木. 濕木.   酉亥丑 = 死木. 땔감.

(30) 乙丑 일주는 불을 보지 못하면 갈초(마른풀).
    불을 보면 : 살아 있는 나무다.
                침술, 의사, 종교인.
    그러나, 丑中에 辛金이 들어 있어 질 좋은 나무이나 약초구실을 한다.

(31) 乙木 일주는 火가 많은 사주는 잘 산다.
    꽃피고 향기가 많아서 돈이 있으면 즐겁게 산다.
    藝術星이 많기 때문에 운동이나 특징적인 것을 살려 나간다.

第 3 章 日主論

(32) 乙亥 일주는 물병에 꽂은 꽃에 비유한다.
= 甲木暗藏.
불을 보면 살아 있어 접붙인 나무다.
그래서, 亥子丑月은 火가 用神이다.
戊土가 많으면 울타리와 같아 身弱해도 돈이 많다.

(33) 乙木은 봄, 여름은 사치한다.
가을은 고독하다.

(34) 乙木은 겨울에 丁火를 보면 온실에서 크는 나무라 편하게 산다.
그러나, 丙火를 보면 바깥에서 살아야 하므로 힘들게 산다.
정신력이 强하다.

(35) 봄, 여름에 乙 일주가 木多火熄이 되면 애들이 안 된다 : 丁火가 있고 乙木이 많으면.

(36) 乙木은 적응력이 强하나 野合을 잘 하므로 큰 局이 안 나온다.

(37) 가을, 겨울 乙 일주는 약초라서 임자를 만나야 하는데 부부궁이 안 좋다.
꽃이 피기 어려우니 妾이 많다.

第 3 章 日主論

1) 乙丑 日主

(1) 자갈밭이다.
    丑中에 癸 3/10. 辛 1/10. 己 6/10 으로 자갈밭이고 차서 뿌리를 튼튼히 박지 못한다.

(2) 乙丑 日主 :
    ① 官庫를 갖고 있어 官이 凶神이면 중년에 남편이 죽는다.
    ② 華蓋作用한다 : 여름 華蓋는 인기가 있으나 가을 華蓋는 고독하다.
    ③ 偏財를 깔고 있는데 가을, 겨울에는 구두쇠다. 수전노다. 봄, 여름은 돈 잘 쓴다.
    ④ 湯火殺이다.

(3) 겨울에 乙丑 일주로 태어나면 갈초다.
    활인업한다.

(4) 봄, 여름 乙丑 일주는 냄새나는 濕한 土가 쌓여 썩어 있다.
    12월은 썩은 흙이다. 오물.

(5) 여름에 乙丑 일주가 丁火를 보아 태우면 상처입는다.

(6) 乙丑 일주는 大局 세우기가 어렵다.

(7) 乙丑이 자라나는 구조라면 火를 봐야 좋고,
    丑未沖으로 치면 乙木이 뽑힌다.

第 3 章   日主論

(8) 乙丑 일주가 丑未沖이면 수술환자가 많다.

(9) 乙丑 일주가 身弱하면 從殺로 가는 것이 좋다.
    地支가 巳酉丑이 되어 있어서.

(20) 乙丑 일주는 丑中에 辛金이 있어 뿌리박기 어렵다.
    偏財 마누라 속에 칼이 들어있어 악처 만나기 쉽다.
    갑자기 마누라한테 꼼짝못한다.

(21) 丑土는 土를 의미하는데 土가 地支에 많으면 종교
    (불교)에 관심이 많다. = 시은적덕(施恩積德)

(22) 乙丑 일주는 남, 여 모두 부부인연이 박하다.

(23) 乙丑 일주는 조후가 안되면 간이 상한다.
    : 金剋木 당하여.

2. 乙亥 일주

(1) 甲木(겁재)의 長生地라서 첩, 후실, 장가 두 번 간다.
배다른 형제 있다.

(2) 天文星을 갖고 있어 종교, 신비철학, 영감이 발달.
명상이 발달한다.(참선수행, 호흡 등)

(3) 壬 乙
○ 亥이면 正印으로 가을, 겨울생은 부모와 인연이 박하다.

(4) 甲
子에서 자라서 亥까지로 核이다.

(5) 가을, 겨울에 태어난 乙亥 일주는 죽은 나무다.
火가 있으면 접붙여 사는 나무이고,
火가 없으면 죽어 있어 좋은 남편 만날 수 없다.

(6) 乙亥 日主는 관상용이라서 現地妻가 많다.
보는 꽃이다. 사치스럽다. 멋 부린다. 소모성. 눈요기감.

(7) 乙亥 일주가 봄, 여름 生地에 태어나면 죽은 나무에서 싹이 돋아나 꽃이 피는 격이라 얼굴이 예쁘다 :
美를 창조하는 글자다.

第 3 章   日主論

(8) 乙 일주는 유연한 적응력이 있다.
꽃을 피우므로 미를 창조하고,
넝쿨이라 실과 인연이라 직물관련 사업한다.

(9) 乙 일주는 감상력이 발달했다.

(10) 乙 일주가 여름에 乙庚金을 하면 감수성이 強하여
일찍 연애한다.

(11) 乙 일주는 몸이 유연하여 무용에 소질 있다.

(12)   乙
亥卯未木局으로 크려고 하고,

       乙
巳酉丑金局으로 木을 자르려 한다.

(13) 남자 乙 일주는 예술방면에 천재적인 소질이 있다.
: 사치품, 운동, 예술성.

(14) 乙 일주는 집안에 있기를 싫어하고, 밖에 나가기를
좋아한다.
丙火를 보면 커야하므로 돌아다니고 싶고, 의욕이 많
아진다. 비가 오면 덜 나간다.
태양이 안 뜨면 감상력이 약하다.

(15) 乙木이 봄, 여름에 丁火를 보면 환경이 짜증스러워
신경질 잘 부린다. 답답하다.
겨울에는 丁火를 가져 갖혀 있으면 편해서 좋다.
그래서, 봄, 여름에 乙 일주가 丁火를 보면 환경이
나빠서 자기 자유가 억제된다. 불평불만이 많다.
중년에 나이 들면 신경이 예민해진다.

第 3 章 日主論

(16) 乙 = 새 乙
　　 亥 = 바닷물로 亥水가 凶神이면 떠돌아다니며
　　 산다.
　　 바닷가에서 물을 보고 산다.
　　 낙이 없어 주색에 빠진다.
　　 낭만적으로 산다.

(17) 봄, 여름에 태어난 乙亥 일주는 살려고 노력하는데
　　 가을, 겨울에는 죽은 나무라 풍파 겪고 산다.

(18) 만약에 乙亥 일주가 겨울에 태어나 水가 凶神이면
　　 생명줄이 나빠서 병원출입을 많이 한다.

(19) 乙亥 일주도 천문성이라 불교, 철학에 인연있다.

(20) 乙亥 일주가 地支에 亥卯未木局이면 봄, 여름은
　　 꽃밭인데 삶 자체가 凶하다.

　　　 예 : 乙　　　乙
　　　　　 亥卯未. 亥寅卯辰

(21) 乙 일주가 가을에 寅卯辰 木局이면 :
　　 ① 욕심이 많다.
　　 ② 불량한 친구, 나쁜 친구가 많다.

第 3 章 日主論

3) 乙酉 日主

(1) 마른 풀이나 불만 있으면 산다.
    未月, 巳月은 살아있는 나무다.
    나무가 살아 있어야 하는데 죽은 나무면 땔감이기
    때문에 運이 없다.
    (노동의 댓가, 월급쟁이다)

(2) 乙酉 일주는 여자로 태어나면 남편이 까다롭다.
    그래서, 乙酉 일주는 자기 옆에 丙丁을 끼고 있어야
    괜찮다.

(3) 乙酉 일주 女子가 丙丁을 보면 자식인 火가 用神이므로
    남편궁이 좋지않다.

(4) 乙木은 봄, 여름은 丙火를 반기고, 가을, 겨울은 丁火
    를 봐야한다.

(5) 돌 틈에 핀 꽃이다.
    ① 日支에 偏官을 갖고 있어 건드리면 성질이 고약하다.
    ② 乙木에 酉가 절지(絶地)라 인덕이 없다.
    ③ 火를 보면 살아 있고, 火가 없으면 죽은 꽃이다.
    ④ 絶地에 태어나 고상한 성격, 고상한 취미를 갖고
       있다.
       살려고 노력하는 형이다.
       의심이 나면 파고 또 판다.
       뛰어난 의사. 박사.
       여자 四柱에 酉金이 凶神이면 남편이 괴팍하다.

第 3 章 日主論

밥상 날라 간다. 구박받는다.
남편의 간섭이 심해서 夫婦宮이 나쁘다.
⑤ 가을, 겨울 乙酉 일주는 불을 봐도 외롭고,
안 봐도 외롭다.
불을 보면 약초의 구실한다.
봄, 여름에 태어나도 바위틈에서 자라려 하므로
잘 자라지 못해서 성질이 이상해진다.
⑥ 만약 가을, 겨울에 태어나 불을 봤는데 :
丁火를 보면 태우니 활인업하고,
丙火를 보면 고생이 많다.

(6) 乙
酉 일주는 從殺이 되면 仁을 버리고 의리로 가므로
너무 청렴하여 남들이 시기한다.

(7) 乙木은 유연하기 때문에 바람이 불어도 적응을 잘 한다.
올바르게 산 사람은 세상을 원망하지 않고, 처세를 잘 하고 산다.
남들한테 의지할 줄도 알기 때문에 남과 더불어 산다.

(8) 만약, 乙酉 일주가 地支에 寅卯辰이 있어 酉金에 잘리면 生命을 자르므로 凶하다.
주머니에 돈이 있으면 쓰고 싶어한다.
木이 나타나면 變格으로 가야한다.

4) 乙
   未 日主

(1) 꽃밭이다. 亥子 등 물만 있으면 꽃밭이다.
    그러나, 調喉가 되지 않으면 나쁘다.

(2) 乙未 일주가 가을, 겨울에 태어나면 고독하다.

(3) 가을, 겨울 乙未 일주 여자는 庚辛金(官)을 싫어한다.

(4) 6월의 꽃밭이라 調喉되면 좋은 일주다.
    ① 乙木 일주는 偏財格이다.
    ② 自墓(비견 墓. 木 庫藏)로 위에 죽은 형제가 있다.
    ③ 傷官 生財하여 돈이 많이 따르므로 인기가 좋다.
       그러나, 調喉가 안되면 白虎大殺 작용하고, 調喉가 되면 白虎大殺작용을 안 한다.

(5) 丙乙
    戌未이면 調喉가 안되어 성질이 더럽다.
    乙木은 자존심 덩어리인데 지탄대상이 되고, 잘못된 아집이 강하다.

(6) 乙木이 辛金을 보면 남편이 죽는다.

(7)   乙
    亥卯未이면 木을 키우는데 土가 부족하므로 부동산이나 건축업 하면 거부된다.
       : 土가 필요하므로.

第 3 章   日主論

(8) 乙未 일주는 座墓일주라 調喉가 안되면 평생 병골로 산다 : 건강이 나쁘다.

(9) 남자 乙未 일주는 辛金은 아들, 庚金은 딸인데 辛金 아들과 이별수가 있고, 딸과는 乙庚合金되어 사이가 좋다.

(10) 乙未 일주가 調喉가 안되어 말라 있으면, 偏財인 아버지를 剋하므로 아버지와 인연이 없다.
내가 木剋土하기 때문이다.
어머니가 둘이라 배다른 형제가 있다.
불이 없어 해동이 안 되면 간이 나쁘거나 건강이 나쁘다.

第 3 章 日主論

5) 乙巳 日主

(1) 巳中丙火를 갖고 태어나 美人이다.
    巳中 庚金과 乙庚 合되어 인기가 있다.
    乙巳 일주는 巳中에 丙火가 있어 예쁘다.
    性器도 잘 생겼다.

(2) 乙巳 일주는 변덕이 많다.
    巳酉合金, 巳丑合金해서다.

(3) 乙巳 일주는 月에 좋은 글자가 있으면 人氣가 있어
    일찍 貞操를 잃는다.

(4) 乙巳 일주는 가을, 겨울에 태어나면 꽃이 이미 졌기
    때문에 (자욱만 남았다) 독신사주다 : 벌, 나비가 안
    온다.

(5) 乙 일주가 火가 너무 많아 말라 있으면 자식이 잘
    안 된다.
    죽거나 태어나도 떨어져 산다 : 戌中 辛金, 巳中 庚
    金이 녹는다.

    丙乙壬乙
    戌巳午巳

(6) 巳中에 戊丙庚이 暗葬하여 좋은 일주다.
    그러나, 巳는 變德이 가장 심하다.
    巳月은 모든 만물이 꽃피는 계절이라 未의 극치라서
    그렇다.

第 3 章   日主論

(7) 乙
    巳(沐浴), 午(長生)으로 乙木에 巳火는 沐浴地라서
    여자를 좋아한다.

(8) 乙巳 일주는 火가 용신이라 미인이다.
    "   火를 보아 滿開하였다.

(9) 乙木이 丙火를 보면 그늘이 없다. 완전히 피었다.

(10) 乙
    巳 일주가 酉나 丑이 와서 合하면 성형수술 잘못하여
    흉해진다.

(11) 봄, 여름 乙巳 일주는 초년에 인기가 좋다.
    꽃이 활짝 피어 있어서 조달한다.
    일찍 만개되었다.

(12) 가을, 겨울 乙巳 일주는 고난이 많다.
    불을 써야 하는데 申酉金이 오면 合하여 나빠진다.
    남편 글자인 金으로 인해서 나빠진다.

(13) 乙巳 일주가 亥水가 와서 巳亥沖되면 巳中에 庚金이
    깨져 기관지가 나빠진다.

(14) 乙巳 일주는 傷官을 갖고 있어 머리가 좋다.
    地支에 寅午戌이나 巳午未가 있으면 木을 태워 나쁘
    다.

(15) 바위틈에서 크려하면 어려우므로 從하는 것이 좋다.

第 3 章 日主論

(16) 봄, 여름 乙巳 일주는 浴宮에서 태어나 남자
    바꾸는 것을 좋아한다.
    巳는 傷官으로 쎅스인데 쎅스속에 官이 있어 남편
    잡아먹는다.
    밖에서는 人氣가 있는데 집에 가서는 火剋金하여 人氣
    가 없다.

(17)   乙   辛
    巳 일주가 亥 일주를 만나면 :
    沐浴宮끼리 만나 乙辛冲 巳亥冲되어 불구자 되기 싶
    다.

(18) 남자가   乙
            酉 巳 丑이면 마누라가 변질되어서 의처증
    이 있다.

```
    己 乙 戊 乙
    卯 未 寅 巳
52 42 32 22 12 2
    壬 癸 甲 乙 丙 丁
    申 酉 戌 亥 子 丑
```

신왕사주.
꽃이 활짝 피었다. 모 국회의원이다.
水 조후 정용신. 木 가용신. 水吉. 土病. 火仇
戌土가 寅戌, 卯戌 火가 되어 凶神이라 언론에 오르
락 내리락한다.
러시아 유전개발 사업관련.
甲申年에 木長之敗, 乙酉年에 金이 와서 말썽피운다.
내편(용신)이 변해서 凶神이 되면 밀고하는 자가 생
긴다.

5) 乙卯 日主

(1) 봄에 태어나면 陽氣가 너무 많아 바람을 핀다.
    여름에 태어나면 먹을 福이 많다.
    가을은 金旺節이라 四敗日에 태어난 것과 같다.
    겨울은 除濕하는 土를 剋하여 나쁘다

(2) 乙卯 일주가 午未月에 태어나면 향기가 짙어 벌,
    나비가 많이 찾아오므로 가정을 조심해야 한다.

(3) 乙木 일주가 가을에 태어나면 金의 剋을 받으므로
    가정궁이 나쁘다.
    불을 봐야 살 수 있다.

(4) 乙卯 일주가 겨울에 태어나면 土를 剋하므로 춥고
    배고픈 사람이다.
    : 除濕하는 土를 剋하므로.

(5) 겨울에 卯木이 未土와 亥卯未 合木하면 除濕하는
    土를 못쓰게 만드므로 돈 때문에 고통 겪는다.
    그래서, 乙卯 일주가 봄, 여름에 태어나야 좋다.
    봄, 여름, 가을, 겨울에 태어나도 生木이다.
    : 뿌리가 있어서.

(6) 겨울 乙卯 일주가 가장 나쁘다.

(7) 乙 일주가 子卯刑이 되면 밑뿌리가 얼어 있는 格이라
    火가 와서 녹으면 性病 걸린다.

第 3 章   日主論

(8)   乙木이 우주의 생명이다 : 우주의 주인, 향기, 아름다움이다.

(9)   乙卯 = ① 건록. ② 도화. ③ 간여지동

(10) 桃花가 格을 잘 갖춘 자는 뛰어난 예술가 등이다.
      그러나, 格이 나쁘면 바람둥이다.
      여자 桃花는 꽃이 아름다워 술집종업원으로 간다.
      그래서, 美人薄命이라 한다.

(11) 乙木은 꽃이 필 때는 아름다우나 꽃이 지면 아주 외롭다.

(12) 乙木은 화초라서 얽혀있는 직물과 디자인, 선물포장, 아나운서, 광고회사 디자인 직업에 인연이 많다.

(13) 乙木은 몸이 유연하다.
      甲木은 고지식하고, 고집이 쎄다.

(14) 乙木은 환경 적응력이 강하다.
      미인, 운동의 神이다.

(15) 乙卯 日主는 향기가 너무 강해 가정풍파가 많다.

(16) 봄에 피어난 乙卯 일주는 봄에 핀 진달래꽃에 비유.
      각 계절에 따라 비유.
      겨울에는 芝草(지초)다.

(17) 여름에 乙卯 일주는 인기가 너무 좋아 연애 걸다 세월 다 간다.

第 3 章   日主論

(18) 사주에 乙卯가 있어 길신 이면 사람이 많이 따른다.

(19) 겨울에 乙卯 일주는 외롭기 때문에 독신이다.

(20) 여름 乙卯 일주는 벌, 나비가 찾아오므로 정조가 일찍 무너진다.
   벌, 나비는 소식 또는 이성관계다.
   성감이 일찍 발달한다.
   여자는 남편 없는 애 낳을 수 있다.

(21) 乙卯 일주는 木多火滯되면 자식복이 없다.
   남자는 자식과 인연이 약하다.
   잘 키워도 자식이 배반한다.

(22) 여자는 火가 용신인데 木多火滯되면 자식복이 없다.

(23) 남자는 金이 자식인데 金剋木하여 자식궁이 약하다.

(24) 乙卯 일주는 화초라서 벌, 나비가 날아들어 가정궁이 나쁘다.
   여자 때문에 말썽.
   여자도 마찬가지다.

(25) 乙卯는 태양을 보고 밖에 돌아다녀야 화색이 돈다.
   집에 있으면 病난다.

(26) 乙卯 일주가 봄, 여름에 태어나면 한때 영화가 있고, 겨울이 되면 영화가 없어진다.

第 3 章 日主論

(27) 乙卯 일주가 丁丑月이나 丑을 보면 木生火, 火生土가
되는데 財가 용신인 者는 땅이 많다.
땅을 살수록 건강해 진다.

(28) 乙卯는 丙火가 따라 다녀야 하는데 丙을 못 보면 흉하
다.
화초가 태양을 봐야 꽃이 피기 때문.
이런 때는 傷官이 食神보다 오히려 좋다.

(29) 乙卯 일주는 뿌리를 갖고 태어나 어느 계절이라도
生木이다.
여름에 태어나면 즐겁게 살고, 乙木은 午火에 長生
한다.
가을, 겨울에는 限많은 인생이다.
11월 子月은 子卯刑이 되는데 子水는 얼음물이라
卯木의 뿌리가 상해 桃椛病이 생긴다.
자궁수술, 성기수술한다.
여름에는 子卯刑이 안 된다 : 水生木하므로.
겨울에만 된다.
地支가 따뜻하면 도화끼가 안 된다.

(30) 乙卯 일주는 사람 사귀기를 좋아하여 친구 많고,
乙卯가 庚辛金을 보면 사람을 가려 사귄다.
= 金剋木하므로.

(31) 乙卯 일주는 2월달에 태어나면 감성이 너무 풍부하여
쉽게 마음이 동요한다.
　　乙　甲
　　卯　寅 = 양기덩어리.

第 3 章 日主論

(32) 乙卯 일주가 가을 (申酉戌月)에 태어나면 木을
     자르므로 마음고생이 심하다.

(33) 만약, 乙卯 일주가 가을에 태어나면 남편한테
     고통받기 때문에 애인두고 산다.

(34) 乙卯 일주는 연약한 나무라서 地支에 巳酉丑이
     있으면 뿌리가 상할 조짐을 갖고 있어 중년에 가서
     金이 강할 때가 오면 질병을 달고 산다. : 잔병.

(35) 乙卯 일주는 食傷과 財가 傷官인 丙火가 浴地에
     있고, 財星인 土가 絶地에 있으므로 과욕부리면
     망신당한다 = 큰 돈이 없다.

第 3 章 日主論

3. 丙火 日主論

　　　　丙

　　子寅辰午辛戌 = 陽

(1) 丙火는 생명을 키우는 임무다.
    그래서, 草木을 키울 수 있으면 旺하고, 草木을 키울 수 없으면 弱하다.

(2) 丙火는 寅卯辰月에는 旺하다.
    "　　　申酉戌月에는 弱하다.

(3) 丙火는 ① 초목을 키우는 것
    　　　　② 調喉를 하는 것.

(3) 봄에 태어난 丙火는 寅木에서 長生했기 때문에 나무를 키우려고 태어나 꿈이 크다.

(4) 丙火는 태양으로 우주에너지를 말한다.

(5) 丙火는 밝은 것을 뜻한다.
    文明의 神. 사람이 똑똑하다.

(6) 태양의 열량은 항상 일정하다.
    지구가 자전과 공전을 하는 과정에서 열량이 변한다.

第 3 章 日主論

(7) 태양이 木이 클 때 태어나야 부지런하고, 값이 나간다.
태양은 목다화체를 가장 싫어한다.
나무 밑이 그늘이 져서 썩으면 결실이 없기 때문이다.

(8) 丙火는 生長死滅이 없기 때문에 아쉬움을 모른다.

(9) 丙火는 生死가 없다.

(10) 丙火가 吉神이면 活人業한다.

(11) 丙火가 열량이 많아야 하는데 己土를 보면, 열을 흡수해버려 힘이 없어지므로 싫어하여 값이 안 나간다.

(12) 丙火는 戊土가 먼지라서 태양빛을 가리므로 싫어한다.

(13) 丙辛이면, 태양이 구름을 合한 것과 같아서 태양의 임무를 망각한 사람이다.
잡기로 간다.
丁火로 辛金을 제거해 줘야 좋다.

(14) 丙火는 劫財인 丁火를 이용해서 金을 녹여 그릇을 만들기 때문에 치사하다 : 丁火 德으로 산다.

(15) 여름에 丙壬이면 바란스가 잘 맞으면 생명을 기를 수 있어서 좋다.
그러나, 그 功은 丙火에게 간다.
丙火가 생명을 키울 목적이기 때문이다.

第 3 章 日主論

(16) 丙火가 있고, 길신이면 :
　① 큰집에서 산다.
　② 화려하다.
　③ 아름답다.
　④ 크다.
　⑤ 빛난다.

(17) 丙火 용신자는 화려해야 하기 때문에 옷을 잘 입어야 좋다.
　辛金도 壬水를 보면 좋다.
　행운이 따라 다닌다.

(18) 丙癸이면, 癸水가 태양빛을 가려 나쁘다.
　자기 앞길이 안보여 가는 길이 안보이고, 답답하다.
　丙癸戊로 戊癸合되면 비가 오다가 그치는 격으로
　雨後新光으로 비온 후에 무지개가 뜬 것과 같이
　아름답다.
　아주 貴格이 나온다.

(19) 丙火는 强弱보다는 짜임을 보고 貴賤을 따진다.

(20) 丙火는 생명을 키우기 때문에 調喉를 으뜸으로 본다.
　丁火도 마찬가지다.

(21) 丙火 日主가 丙甲壬, 丙壬甲이면 :
　甲은 생명을 기르고, 壬은 調喉를 시키고 있어
　편히 사는 사람이다.

第 3 章　日主論

(22) 丙火일주가　　丙　丙　丙
　　　　　　　　　 申　子　戌
　　　　　　　　 7월 11월 9월로 힘이 없는 일주라서
木의 도움을 받아야 좋다.
겨울로 가서 곡식이 없다.
봄, 여름으로 가야 좋다.

1) 丙
子 日主

(1) 丙子 일주는 子중에 癸水와 壬水가 暗葬돼 있어
    밑에서 水剋火하므로 배우자 때문에 마음고생하고
    산다.

(2) 겨울에 丙子 일주로 태어나면 일을 죽도록 해도 소득
    이 없다.

(3) 丙子 일주는 늙은 불이다. = 힘없는 불이다.
    공상이 많은 불이다.
    가을, 겨울에 태어나면 남편복이 없다.

(4) 丙子 일주는 밖은 陽이고, 안은 陰이라서 外陽內陰格
    이다.
    子가 桃花殺인데 木을 보지 못하면 陽氣가 부족하여
    도화라 하지 않는다.
    木을 키우고 있을 때 도화가 된다.
    子水가 正官이라 품행이 방정하다.

第 3 章   日主論

(5) 丙火의 祿은 巳인데   丙
                         巳(녹) 亥(절) 子(태)

(6) 丙火가 太宮이 되어 신약하면 주체의식이 弱하다 :
    공상이 많다.

(7) 子月에 태어난 丙火는 별로 할 일이 없다.
    깜깜한 丙火라서 달로도 본다.
    庚 丙
    ○ 子 月은 身旺格이라서 金이 旺할수록 좋다.

(8) 丙甲壬이 있어 木이 길신이면 :
    木이 내편이라서 내 소유이고, 木이 흉신이면,
    내편이 아니다.

(9) 丙癸이면, 癸水가 正官인데 이런 구조면, 正官이라도
    나쁘다.
    六親論의 단점이다. 잘 안 맞는다.
    약 30%만 맞는다.

(10) 丙火 태양은 땅의 큰물인 壬水를 보아야 水火旣濟가
     되어 좋다.

(11) 丙火가 생명인 木을 키우는데 길신이면 내 소유가
     되고, 흉신이면 내 소유가 아니다.

(12) 戊 丙 壬 壬
     戌 申 子 辰 = 종살격이다.
     만약, 신약이라면 중년에 잔병, 질병자다.

第 3 章 日主論

(13) 壬 丙
　　　辰 子
　　　時　日이면 살다가 중년(미래)에 멋있는 남자가
　　　들어오기 때문에 애인두고 살거나 그렇지 않으면
　　　결혼 안하고 여경, 여군직업 갖는다.

(14) 丙子 일주 여자가 地支에 申子辰 水局이 되어
　　　偏枯되면, 남자가 애를 먹이므로 가정궁이 나쁘다.
　　　가을, 겨울에 태어나면 봄을 기다리는 태양이라
　　　運이 없다.

(15) 丙
　　　子 일주는 財가 金인데 子月은 金의 死地라서 財福
　　　이 없다.

　　　亥　子　丑
　　　病　死　墓 = 子月은 金의 死地이니 妻가 죽거나
　　　　　　　　　　 잔병치레한다.

(16) 戊乙이면, 正官인 乙木이 약해서 甲木보다 나쁘다.

2) 丙寅 日主

(1) 丙寅 일주는 부지런하다.

(2) 丙火는 卯月에 태어나면 인기가 가장 좋다.
그래서, 바람핀다.
가을, 겨울에는 인기가 없다. 눈칫밥 먹고 산다.
또, 호롱불인 丁火에 의지하여 살고 있으므로 치사
스럽게 산다.

(3) 丙火가 用神인 사주는 長男으로 많이 태어난다.

(4) 丙火가 甲을 갖고 태어나면 長男이다.
또, 학교 다닐 때는 반장, 윗자리, 책임자 역할을
한다.

(5) 丙 甲이 제일 좋다.

(6) 丙 일주가 土가 너무 많아 火晦無光이면 인물이
못났으나 그렇지 않으면 모두 잘났다.

(7) 丙火는 봉사의 별이라서 키우는 대상의 잘되고 못됨에
따라 공이 달라진다.

(8) 丙火는 빛이요 우주의 에너지다.

(9) 丙火는 자화자찬하는 자존심이 가장 많다.
잘난척 한다.
洩氣가 되지 않으면 거만하다.

第 3 章 日主論

(10) 丙火는 己土를 보면 丙火의 빛이 흡수돼 버리므로
옹졸해진다.
丙火 자신의 모습이 초라해진다.

(11) 丙火가 癸水를 보면 視力이 나쁘다.

(12) 丙火는 草木을 길러야 하기 때문에 調喉를
우선한다 = 수화기제.
그래서, 水와 火는 調喉를 가장 으뜸으로 한다.
生命을 기를 수 있는 조건을 갖추었느냐, 안 갖추었
느냐가 중요하기 때문이다.

(13) 雨後新光 = 비가 오고 난 후에 빛이 새롭다.

(14) 사람이 눈으로 볼 수 있는 것은 丙火의 德이다.
그래서, 丙火는 常識의 神이다.
안 배워도 많이 안다.
丙火는 밝음의 神이기 때문이다.

(15) 겨울에 丙火로 태어나면 官(職業)이 病이기 때문에
직업이 없이 빈둥빈둥 노는 사람이다.
地支에 除濕이 되어 있으면 괜찮다.

(16)   丙
     子   寅卯辰   申酉
     ↓   ↓   ↓
    休地   旺地   休地

(17) 丙火가 겨울에 태어나면 水(官 : 직업, 자식)이
病地이므로 할 일이 없다.
그래서, 丙火가 子月이나 申戌月에 태어나면 休(쉬는)
계절이라 할 일이 없다.

第 3 章 日主論   - 293 -

(18) 丙火가 寅卯辰月에 태어나면 旺地에 태어나 편하게
      산다 : 丙火의 德이다.

(19) 丙火가 나무(生命)를 한 그루라도 키우고 있으면
      德을 쌓는 사람으로 칭송을 받는다.
      = 선생, 학자, 발명가.

(20) 生木 = 火生木이다. 死木 = 木生火다.

(21) 丙火가 木을 가지고 있으면 칭찬 받고 산다.

(22) 丙
      寅 일주는 동트는 태양이다.
      丙 일주 중 가장 좋다.
      힘 있는 태양이다.
      굉장히 부지런하다. 바쁘다.

(23) 丙寅 일주가 美人 女子를 만난다.

(24) 生命이 있는 四柱는 생명이 살기 좋은 방향으로
      가야 솧나.
      丙
      寅 沖 申이 되면 희망이 꺾어진다.
      寅中 丙火가 꺼지기 때문이다.
      희망사항이 좌절한다.

(25) 丙寅 일주는 地支에 寅卯辰(生命)이 있어 키워야
      하는데 申酉戌이 있으면 생명을 깨기 때문에 안
      좋다.
      丙火는 戌土(亥가 지는 것)를 가장 싫어한다.
      잠들게 하는 것.
      戌中 丁火(겁재)에 의지해야 하므로 치사해진다.

第 3 章 日主論

(26) 丙寅 일주는 젊은 일주다.
      부지런하고 희망이 있다.

(27) 丙火에 寅木은 偏人이라서 눈치가 빠르다.
      偏人이 있으면 영리하고, 눈치빠르다.
      偏人은 효신살인데 寅木은 생명이라서 효신살 작용
      을 안 한다.

(28) 寅木은 향기가 풍부하여 紅艶殺이다 = 바람핀다.

(29) 학당귀인이다.

(30) 탕화살이다.

(31) 丙寅 일주는 새벽별보고 일찍 일어난 일주라서
      부지런하다.

(32) 丙寅 일주는 인물이 좋다.

(33) 丙寅 일주는 생명을 키우고 있어 부지런하다.

(34) 丙寅 일주는 寅中에 나와 똑같은 丙火가 숨어있기
      때문에 의심을 많이 받는다.
      같은 글자가 있으면 의심한다.
      행정직, 교육직에 많다.

(35) 여자 丙寅 일주는 대머리가 까져 흉하고, 남자는 멋
      쟁이, 신사가 많다
      : 대머리가 까져서.

(36) 편인은 편된 학문이라서 예술, 문학에 발달한다.

第 3 章   日主論

(37) 丙寅 일주는 부지런하고, 바쁜 일주다.

(38) 偏人을 가지면 寅木이 庚辛金 財의 絶地라서 妻가 잔병치레 하거나 체구가 작은 여자다.

(39) 丙寅 일주가 밤에 태어나면 :
丙 ○ ○
寅 亥 子 月이면 이때는 丙火가 호롱불이나 전기불 이다.
그래서, 밤에 옷을 잘 입고 있는 것과 같아 감상파 가 많다.

(40) 丙寅 일주가 여자도 머리가 좋고 사회에 출중한 人物이 많은데 木이 많으면 肺가 나쁘다.

(41) 丙寅 일주가 寅巳申三刑, 寅午戌火局이 되면 물질 운이 없다.

(42) 겨울에 丙寅 일주는 희망을 갖고 열심히 산다.
寅木이 나지시 않으면 솧나.

(43) 丙寅 일주가 비록 겨울에 할 일이 없다 해도 봄을 대비해서 씨앗을 보온하고 있어 먹을 福이 있다.
가을, 겨울에 태어나 地支에 寅木이 하나 더 있으면 먹을 복이 있고,
木만 많으면 키우지 못할 허욕만 부린 욕심쟁이다.

(44) 丙寅 일주가 金運이 와서 寅申冲이 되면 :
丙○   丙○
寅申冲되거나   寅酉이면 태양이 떨어져 버려 깜깜해 지면 과거로 돌아가므로 돈 까먹고 원점으로 돌아간 다.

第 3 章 日主論

(45) 丙寅 일주가 丙
           寅 亥 酉 申이 있다면 亥水가
통관시켜 木의 뿌리를 안 다치면 난관을 극복하여
일어난 사람이다.

(46) 丙寅 일주가 봄에 寅木이 있어 살아있으면 조상의 음
덕이나 상속이 있다.

3) 丙辰 日主

(1) 丙辰 일주는 辰中 乙木이 있어 희망이 있다.

(2) 辰戌丑未 中 辰이 가장 좋은 土다.
그래서, 辰이 있는데 또 辰이 나타나면, 시기 질투하
므로 自刑이 된다.

(3) 丙辰 일주는 干上에 나타나야 명예가 있다.
암장된 것은 감자, 땅콩 같은 곡식과 같다.

(4) 丙辰 일주는 인정이 많고, 德을 많이 쌓는 일주다.
日德格이다.

(5) 寅木 옆에 辰土가 있으면 대권을 노릴 수 있다.
: 노무현, 박정희 전 대통령.
辰土는 申이 오면 申子辰, 酉가 오면 辰酉합하여
生命을 못 자르게 한다.

第 3 章 日主論

(6) 辰土는 辰戌丑未 모두 받아주는 土다.

(7) 丙 甲
　　○ 辰이면 좋다. 먹을 福 있다.

(8) 丙辰 일주가 乙木을 보면 桃花殺로 香氣가 振動한다.
　　봄, 여름에만 꽃이 피고 가을, 겨울은 꽃이 안핀다.

　　　丙己庚
　　　辰卯子 = 卯가 桃花殺로 향기가 진동하여 여자를
　　　너무 밝혀 일찍 정력이 고갈되었다.
　　　발기부전이 되었다.

(9) 丙 일주가 桃花인 卯木이 있는데 運에서 甲乙木이
　　나타나면 결혼한다.
　　: 香氣가 나타나므로.

(10) 일덕일 : 甲 丙 戊 庚 壬
　　　　　　　寅 辰 辰 辰 戌

(11) 丙辰 일주가 머리가 좋고 똑똑하다.

(12) 丙火 = 卯 - 沐浴
　　　　　　寅 - 長生
　　　　　　巳 - 祿

(13) 丙辰에 辰은 官庫다. 墓다.

(14) 丙辰 일주는 3월 달에 태양이 沃土위에 떴기 때문에
　　　부지런하고, 꿈이 많고, 여러 가지 욕망을 갖고
　　　있다 : 예술성. 명예욕이 강하다.

第 3 章 日主論

(15) 丙辰 일주가   丙
                子辰申合하여,
     凶神이면, 官墓라서 나쁜 남자가 따라 다닌다.
     吉神이면, 애인이 남편을 출세 시켜준다.

(16) 癸丙○○
     巳辰○○으로 丙火가 癸巳 時를 만나면 태양을 가리므로 가장 싫어한다.
     자식궁에 있어 자식걱정거리다.

(17) 壬丙○○
     辰辰○○이면, 辰中 癸水가 凶神이면 나쁘다.

(18) 丙辰 일주는 辰中 乙木을 갖고 있어 손재주가 있고, 土는 胃라서 음식맛을 잘 내고, 남자는 胃가 좋아 포식을 좋아하는 식도락가다. 미식가다.
     정력이 좋다.

(19) 丙辰 일주는 머리는 영리한데 濕多者는 나이가 들면 중풍이 든다.
     혈압에 고통. 시력장애다.
     濕이 凶神이 되면 丙火를 흐리게 하기 때문이다.

(20) 丙辰 일주는 말을 잘하기 때문에 교육자가 좋다.
     건강하면 정력이 좋아 애인을 둔다.

(21) 丙辰 일주는 申酉金이 와도 申辰合, 辰酉合되어 乙木이 보호된다.
     아무리 火가 많아도 마르지 않는다.

(22) 丙辰 일주는 甲乙木을 키울 수 있다면 貴하다.
     : 甲乙木이 吉神이면.

第 3 章   日主論

(23)   丙辰 일주는 甲을 보면 괜찮으나 乙木을 보면,
       향기가 진동하여 바람을 핀다.
       잘못하면 桃花殺이다.

(24)   丙火가 卯를 보면 도화살이다.

       ○丙己庚   남자.
       ○辰卯子 = 子卯刑으로 아버지가 두 번째 마누라
       얻어 낳은 자식이다.
       濕土가 丙火의 열기를 흡수하여 정신이 삐딱하다.

(25)   桃花가 너무 强하면 변태성욕자다.
       30대 조금 넘으면 정력이 고갈된다.

(26)   丙
       辰 일주가 地支에 申子辰水局이 되면,
       從殺은 괜찮으나 그렇지 않으면 단명하다.

(27)   丙丙丙
       申子辰 일수가 三合이 되면 從格으로 가야 좋다.

第 3 章 日主論

4) 丙午 日主

(1) 丙午 일주는 調喉가 안되면 너무 强하여 사회악을 조성한다.
    타협해 버린다.
    그러나, 調喉가 되면 굉장히 좋은 일을 한다.
    타협 안 한다. 死後 명성을 얻는다.
    너무 원칙적이라서 희생타된다.

(2) 羊刃을 깔고 있어 힘이 굉장히 강하다.
    잘되면 좋고, 안되면 아주 나쁘다.
    外陽內陰의 성격이다.

(3) 調喉가 우선이다.

(4) 丙午 일주는 여름에 태어나 나무를 키우고 있으면 부지런한 사람이다.
    조후가 안되면 아주 나쁘다.
    사막이 되면 變格이나 炎上格으로 가야 하는데 생명을 말려 죽이므로 사회에 물의를 일으킨다.
    조후되면 정신세계의 주인이다.
    예의바르고, 철학이 발달한다.
    剋과 剋을 달리는 일주다.

(5) 丙火는 선두주자라서 장남이나 책임자가 된다.
    회장, 반장.
    丙火는 만물의 어머니다.

第 3 章 日主論

(5) 丙   辛
    午 일주가   酉를 보면 집안 재산을 다 까먹는다.
    丙午 일주는 옆에 辛酉金을 보는 것을 가장 꺼린다.
    가정도 깨진다.
    火剋金하기 때문이다.
    午火 인공열은 녹이는 불이라서 싫어한다.

(6) 丙火는 정신적으로 뭉쳐있어 자존심을 건드리면
    안 된다.
    강자한테는 强하고, 약자한테는 동정심이다.
    공명정대하여 굽히지 않는다.

(7) 丙火는 우주의 열에너지다.
    열이 있기 때문에 세상의 눈이다. 문화. 예술이다.
    丙火가 있으면 공명정대하다.

(8) 丙戌年은 丙火가 무덤에 들어가므로 소리만 요란하지
    실속은 없다.

(9) 土 일주는 丙年만 보면, 할 일이 있어서 땅값이 오른
    다.
    땅은 火를 만나면 어머니를 만난격이라 값이 뛴다.

(10) 丙
     午가 地支에 寅午戌이나 巳午未 火局이면,
     가뭄이 들어 생명을 불태워 없앤다.
     사회와 인연이 없어 修道하는 사람이다.
     만약 속세에서 살면 장가를 여러번 가야한다.
     소용되면 자식글자인 水가 증발되고, 처 글자인 金도
     녹는다.
     생명이 있는 사람은 修道 하지 않는다.

(11) 만약, 丙午 일주 남자라면 처는 버려도 水인 자식은
     데리고 간다.

第 3 章 日主論

(12) 丙午 일주가 태왕하면 심장이 빨리 나빠진다.
      너무 燥熱하면 폐가 빵구난다.
      여자는 비뇨기 계통이 나쁘다.
      火가 많으면 어둠을 밝히는 수사기관, 기자, 의사가
      많다.

(13) 여자가 丙午 일주인데 태왕하면,

      丙癸
      午亥이면, 水가 남편인데 증발해 버리므로 남편이
      못견뎌 내 곁을 떠나므로 씨 다른 자식 많이 둔다.
      그렇지 않으면 남의 자식 키운다.
      자식은 버려도 남편 따라 간다.
      : 水가 필요하기 때문에.
      水인 官이 필요하기 때문에 남자하고 같이 있고
      싶어한다.

(14) 丙午 일주는 너무 旺하여 너무 원칙만 주장하므로
      타협이 안 된다.
      처세가 부족하여 고달프게 산다.

第 3 章　日主論

5) 丙申 日主

(1) 丙申 일주는 석양빛이다.
    여름은 해가 길어 火剋金하므로 괜찮다.
    木을 키울 수 있다.
    가을, 겨울은 힘없는 태양으로 木을 키울 수 없다.

(2) ○丙○　　○丙○
    申子辰,　　寅午戌로 三合이 구성된다.

(3) 丙申 일주는 申中에 壬水와 庚金이 있다.
    민둥산이라 대머리가 많다.
    대머리는 머리가 좋다.
    대머리는 태양을 많이 봐서다.
    신왕하면 굉장히 좋다.
    물질을 탐하면 財官이 암장하여 나쁘고,
    학자로 가야 좋다.
    가을은 석양 노을이다.
    丙火가 病地에 앉아 있어 金水가 태왕하면 건강이
    나쁘다.

(4) 丙申 일주는 신약하면 申金이 殺로 변한다.
    악처 만난다.
    부부궁이 나쁘다.
    殺이 더 旺해져 신약하면 수명이 짧다.

第 3 章 日主論

(5) 丙申 일주는 偏財(오다가다 만난 여자)를 만나 총각 득자한다.
연상의 여인, 이혼녀 만난다.

(6) 偏財가 있는 사람은 신약하면 형제간 우애가 없다.
財가 많으면 비겁이 분산되므로.

(7) 여자 사주에 ○丙○
    子辰申이면 官인 水가 나를 감시하므로 매 맞고 살거나 피곤하게 산다.
시력이 약하다.

(8) 만약에 死神이 刑되면 부부 갈등이 많다.

(9) ○丙○
巳申巳이면, 偏財가 刑되어 妻가 변덕쟁이다.

第 3 章 日主論

6) 丙戌 日主

(1) 丙戌 일주는 丙 일주 중 가장 나쁘다.
    자기가 무덤에 들어갔으므로.
    힘없는 태양이다.
    地支에 寅이나 卯가 있어 힘을 보태줘야 좋다.

(2) 丙과 戊는 戌에서 庫, 墓다.

(3) 丙戌 일주는 죽은 형제가 있다.
    年에 있으면 조부, 月에 있으면 부모형제,
    時에 있으면 자식이 죽는다.
    食神의 무덤궁이다.

(4) 丙戌 일주는 천문성이다.

(5) 辰과 巳, 戌과 亥 사이로 은하가 흐른다.

(6) 戌이 천문이다.
    그 이유는 戌은 만물을 모두 태우므로.
    (卯戌火, 寅午戌 火)

(7) 丙戌은 白虎殺이다. 흉하다. 속세와는 연이 박하다.

(8) 丙戌은 힘없는 태양이다. 해가 무덤에 들어갔다.

(9) 甲丙
    午戌이면 태양이 다시 떠오른다.

第 3 章 日主論

(10) 丙火 일주가 死地인 戌亥子丑으로 가면 힘이 없고,
     生地인 寅午戌, 巳午未로 가면 힘이 있다.
     나무가 生地에서 자라야 질이 좋다.
     바쁘고 분주하다.
     겨울에 나무를 키우면 한가하다.

(11) 丙戌 일주는 해가 떨어진 태양이다.

(12) 戌은 보신탕집 잘된다.

(13) 辰巳를 가진 자는 개고기 먹으면 안 좋다.

(14) 戌을 가진 사람이 부적발 잘 받는다.
     천문성이 있기 때문. 직감력이 좋다.

(15) 丙戌 일주는 죽은 형제가 있다.
     그 宮의 위치에 따라 적용하다.
     무당. 역학, 종교인이 많다.

(16) 丙戌 일주는 생명을 태우므로 물질운이 약하다.

(17) 丙
     戌은 戌중 辛金이 녹으므로 조후가 안 되면 마누라가
     병약하다.

(18) 丙 일주가 地支에 火局이 되면 부인인 金이 녹으려고
     하니까 견디지 못하여 도망가려 한다.

(19) 丙戌 일주가 조후가 안 되면 혈압이 높다.
     열이 위로 쳐 올라가므로 주의해야 한다.

第 3 章   日主論

(20)   丙戌 일주는 조후가 안 되면 부부궁이 나쁘다.
        남자가 애 낳아 데리고 온다.

(21)   丙戌 일주는 태양이 졌다 하지만 간호원, 사회봉사
        자가 많다.

4. 丁火 日主論

(1) 丁火 : ① 地熱(온실)
　　　　　② 人工熱(금속을 녹인다)
　　　　　③ 촛불이다.

(2) 丁火는 地支에 뿌리를 갖고 있어야 한다.
　　봄, 가을, 겨울 戌, 未 午 = 각각 丁火 暗葬.

(3) 丁 일주가 봄, 여름에 태어나면, 木旺節로 濕木을
　　태우니 고통스럽게 산다.
　　그래서 남의 고통을 해결해 주는 사람이다.
　　의사, 경찰.

(4) 　丁　　　　庚
　　(밤, 달빛)　(하늘, 별빛)

(5) 　丁　丁　丁
　　　丑　亥　酉
　　12월. 10월. 8월
　　태양이 없는 계절에 태어나 身旺하면 모두 貴格이다.
　　겨울에 丁火가 많은 사람은 인기가 있다.
　　사람이 모인다.
　　身弱하면 남들이 안 알아준다.

(6) 丁火가 辛金을 보면 돈을 갖다 버린다.

(7) 겨울에 戊土 = 따뜻한 바람. 흙벽이다.
　　겨울에 己土 = 찬바람. 습한 흙이다.

第 3 章 日主論

(8) 丁丁丁
 卯巳未 = 陽圈地에 태어나 일을 하되 그 功은
 丙火에게 뺏긴다.
 의사, 경찰.
 格이 나쁘면 해결사. 깡패.
 부모인 乙木을 태우므로 부모와 인연이 薄하다.

(9) 印星 = ① 태어난 곳.
         ② 어머니 집(부모 집).
         ③ 환경. 배경.

(10) 丁일주는 가을, 겨울에 태어나야 좋다.

(11) 丁火의 임무는 :
    ① 地熱이다 : 태양의 복사열.
    ② 熔金成器
    ③ 인공열로 난방한다.
    ④ 생명을 키우는데는 한계가 있다.

(12) 봄, 여름에 태어난 丁火는 일해 놓고 사랑받지
    못힌다.
    나무 생육의 功은 丙火한테 가기 때문이다.

(13) 겨울에 地支에 未戌午 중 한자만 있어도 먹을 복
    있다.
    火가 많으면 많을수록 좋다.
    겨울 火多者는 積德家이다.

(14) 봄, 여름에 丁火는 태양이 뜨면 빛이 안 나므로
    얼굴이 거무튀튀하다.
    그러나 가을, 겨울은 丁火가 貴格이다.
    가을, 겨울에 丁火가 庚金을 成物시키면 貴格이다.

第 3 章 日主論

(15) 생명은 火를 봐야 번식한다.
　　 丁壬 合
　　 丙辛 合은 종자번식 合이다.
　　 초목이 자랄 때 合을 하면 외도로 간다.
　　 기력만 소모하므로 잡싹이다.
　　 애 낳아서 버린다.

(16) 불은 종자를 번식한다.

(17) 丁壬합하면 복상사다.
　　 丙辛합하면 쎅스를 좋아한다.

(18) 여름은 쓸모없는 잡싹이고, 겨울은 키울 수 없는
　　 자식 낳는다.

(19) 合은 발전이 없다. 연애만 하는 격이다.

(20) 사주에 丁火가 많은 사람은 情이 많은 사람이다.
　　 활인업하는 사람.
　　 丁火가 없고 물만 있는 자는 냉정하다.
　　 情이 너무 많으면 큰일을 못한다.
　　 丁火가 地支에 未戌土가 있으면 좋다.
　　 丁火는 地支에 뿌리가 없으면 丁火로 보지 않는다.

(21) 丁火가 乙木을 보면 乙木은 갈대숲과 같아 열량이
　　 적다.
　　 丁火가 甲을 보면 큰 열량이다.

(22) 丁火는 巳酉丑, 亥子丑으로 가야 貴局이다.

第 3 章 日主論

(23) 만약, 卯月에 丁火는 濕木이라서 태울 수 없다.
卯木은 어머니 글자인데 어머니와 나는 원수와
같다.
그래서, 가정환경이 나쁘다.
부부궁에서 木多火熄시키므로 일찍 집을 나간다.

(24) 만약에 丁火가 旺해서 卯木(濕木)을 태울 수 있으면
눈물내고 살아간다.
의사. 경찰직이다.
고통스런 일을 해결하는 직업이다.

(25) 丁 丁 丁
丑 酉 亥는 에너지만 있으면, 구석구석 열을 내므로
좋다.
그러나, 庚을 보면 별빛이라서 丁火는 보름달빛으로
본다.
辛金은 작은 별빛으로 본다.

(26) 丁火는 가을, 겨울이라도 土를 보면 열기를 흡수당
해 나쁘다.
빈둥빈둥 논다.
값없는 불이다.
만약, 壬癸가 나타났을 때 戊土는 약신으로 쓸 수
있으나 좋지는 않다.
내 힘을 빼서 제습하므로.
임시방편으로 쓴다.
戊己土가 많으면 빛이 약해 흔들린다.
바람 앞에 촛불과 같다.
신용불량자와 같다.
돈 거래 하지 말아라.

第 3 章 日主論

(27) 丁丁丁
卯巳未는 생명이 사는 곳이다. (陽圈地)
천덕꾸러기다.
클 때부터 정신적 고통을 갖고 산다.
마음고생하고 산다.
2월, 4월, 6월의 濕木을 태우는 불이라서. 검사,
변호사, 의사. 경찰직이다.
濕木이 흉신이면 타지 않는 나무를 태우므로 부모와
사이가 나쁘다.
丁 일주는 甲木을 봐야 좋다.
丁 일주는 乙木을 보면 부모 속을 썩인다.

1) 丁
丑 日主

(1) 여자는 부부궁이 나쁘다.
傷官을 깔고 앉아 나무를 키우기 힘들다.
辛癸 暗葬.

(2) 丁火 일주는 感性이 예민하다.
身弱하면 의지하려는 힘이 强해서 祈禱를 잘한다.

(3) 日主가 調喉가 안되고 凶神이면, 사회를 어지럽히며
사는 사람이다.

(4) 丁丑 일주는 丑中 辛金이 윗사람(印綬) 글자인 甲木
과 乙木을 치므로 큰소리만 치면서 산다.

第 3 章 日主論

(5)   丁 일주는 봄에는 濕木이 있어서 나쁘다.
      가을, 겨울에는 甲木이 있으면 좋다.
      木旺火滯되면 불이 꺼진다.

(6)   乙木은 9월 이후는 마른 풀이다.
      木生火 해주니 좋다.
      그러나, 乙木이 뿌리가 있으면 濕木이라 木生火
      해주지 못한다.

(7)   丁丑 일주는 丑中에 己土 傷官을 깔고 앉아있어 女子는
      남편을 거부하므로 남편의 사랑을 받지 못한다.

(8)   財墓格으로 돈이 한번 들어가면 절대 안 나온다
      구두쇠. 상처한다. 부부금슬이 나쁘다.
      墓가 길신이면 조상이 잘 살았고,
      墓가 흉신이면 조상이 못 살았다.

(9)   丁丑 일주는 白虎大殺로 갑자기 橫厄이 발생할 수
      있다.
      丑中에 암장한 癸辛己기 丁火의 열기를 흡수해 버리
      기 때문이다. 교통사고 등 발생한다.

(10) 丑은 湯火殺로 몸에 흉터가 생길 수 있다.

(11) 丁丑 일주는 男子는 음착살로 처궁(처가집)이
      나쁘고, 女子는 양착살로 시집가면 시댁(남편)이
      나쁘다.

(12) 丁丑은 華蓋殺로 學文이나 文章에 뛰어나다.
      華蓋가 길신이면 문장이 뛰어나고,
      華蓋가 흉신이면 가정이 안 좋다.

第 3 章   日主論

(13)   12월은 葛草의 계절이라서 丁火 일주에 조그만
         갈초가 있어도 써 먹는다.
         봄, 여름은 濕木이라서 木生火 못하여 나쁘나,
         가을, 겨울은 葛草라서 부모덕 볼 수 있다.

(14)   丁丑 일주는 12월로 地支에 濕이 암장하여 火氣를
         빼므로 심장이 약하다.
         丁火는 弱하기 때문에 남한테 의지하려 한다.

(15)   丁丑 일주가 地支에 戌이 나타나면 :
         丁
         丑戌이면, 戌中 丁火가 있어 좋은데 가까이 있어
         刑이 되면 丑中 癸水가 戌中 丁火를 꺼버리므로
         官災가 생긴다 : 경찰서 , 법원 등

(16)   丁丑 일주는 白虎 財庫라서 火氣가 약하면 죽은
         불이라서 從財나 從兒로 가는 것이 좋다.
         만약, 從이 안되면 가난하다.

(17)   丁丑 일주가 또 丑土를 보면 할 일이 없어 놀고
         먹는다.
         쓸데없이 남의 신세 지고 산다.

(18)   丁丑 일주는 地支에 火氣를 빼므로 기도를 많이
         한다.
         직감력이 발달한다.

(19)   丁丑 일주 女子가 길신이면, 살림을 아주 잘 하는데
         부부애정이 없다.
         사주가 冷하면 애정이 부족하고, 사주가 火氣가
         넉넉하면 애정이 많다.

(20) 乙丁乙戊
     巳酉丑戌이면, 12월 乙木이 葛草라서 잘 타니
     돈이 많다.
     戌土가 調喉除濕했다. 남편이 고급 공무원이다.
     내 한테 필요한 글자가 많으면 미인이다.

2) 丁亥 日主

(1) 天乙貴人이다.
     地支가 도와주므로 貴格이다.
     地支에 三合되면 木多火滯가 되기 때문에 나쁘다.
     未中 丁火가 暗葬해 있으면 좋다.
     丁亥 일주는 자손이 잘된다.
     貴格이다.
     亥中에 甲木의 生命의 核을 갖고 있어 貴하다.
     가을, 겨울에 貴格이 많다.

(2) 가을, 겨울에는 亥中에 壬水가 正官인데 丁壬合되어
     職場運이 좋다.

(3) 甲   丁
     戌이나 亥 일주는 天文星으로 영감이 발달했다.

第 3 章 日主論

(4) 丁亥 일주는 外陰內陽이다.
亥中에 癸와 壬이 있어서.
丁壬 暗合하여 감성이 예민하다.
丁火는 感性이라 한번 틀어지면 삼천포다.

(5) 사주에 亥水를 가지면 天才, 과학자가 많다.
亥中에는 甲木이 살아 있어서 불만 보면 큰다.

(6) 丁亥 일주는 地支에 合하는 것을 싫어한다.

```
丁        丁
亥卯      亥未
```

키울 수 없는 木이 旺하여 허황된 망상만 갖고 있기
때문이다.
己土 일주도 마찬가지다.

(7) 丁亥 일주는 地支에 合을 하지 않아야 한다.
合이 되려면 火(일주)가 旺해야 한다.

(8) 丁亥 일주에서 戌土가 土剋水하면 피가 탁해져서
病이 생긴다.
亥+木 = 核(씨핵)이다

(9) 丁亥 일주는 甲을 좋아한다.
丁亥 일주는 부모, 형제에게 기대려 한다.
甲이 옆에 있으면 배경이 든든하여 좋다.

(10) 丁 辛
亥 巳이면, 丁火가 바로 옆에 辛金을 보아 아주
나쁘다.
丁火가 보석인 辛金을 녹이려 하므로 남편이 부인을
볶아 먹거나 의처증이 심하다.

第 3 章   日主論

(11)   丁亥 일주가 壬癸를 보면 나쁘다.

(11)   丁
      亥亥이면, 스님처럼 유랑자가 많다.
      亥水는 떠다니는 淨水라서.

(12)   子水는 얼어있는 물이다. 亥水는 流動水다.

(13)   子子子는 廢水다.

(14)   丁   壬
      亥 일주가 신약하고 ○이 있어 旺하게 들어오면
      腹上死다.
      官은 希望과 幸福인데 官이 왔다는 것은 性生活을
      말하므로 신약하면 복상사다.
      비오는 날, 추운 날 성생활하지마라.
      옛날 왕들이 복상사 많았다.

(15)   丁亥 일주가 신약하면 어릴 때 잘 운다.
      심장을 튼튼하게 해줘야 한다.

3) 丁酉 日主

(1) 背逆의 神이다.
    생명을 키울 수 없다.
    용금성기하면 좋다.
    천을귀인이다.
    봄에 태어나면 나무를 잘라내므로 부부궁이
    나쁘다.

(2) 丁酉 일주의 酉金이 生命을 자르므로 나쁘다.

(3) 丁酉 일주가,
    ① 寅卯月에 태어나면 :
        나무를 자르므로 일을 많이 해도 소득이 적다.
        이율배반적이다.
        술집삐끼, 색시장사 같은 賤한 일 한다.
        局이 좋아 판검사가 된다 해도 뒷거래를 많이
        한다.
    ② 여름에 태어나면 :
        酉金이 丁火의 剋을 받아 녹으므로 괜찮다.
        酉金이 녹으면 生命이 자랄 수 있다.
    ③ 가을에 태어나면 : 火가 많을수록 좋다.
        劫財도 좋다.
    ④ 겨울에 태어나면 :
        좋은 일주다.
        조금만 도와줘도 金을 녹일 수 있어 좋다.
        그래서, 돈이 있다.

第 3 章   日柱論

(4)   天乙貴人을 깔고 앉았다.
       酉金은 완성된 그릇인데 丁火의 입장에서 볼 때는
       酉가 火爐다.
       酉金이 길신이면 돈이 귀인이라서 돈이 많다.
       酉金이 偏在라서 한번 運을 타면 돈이 많다.

(5)   丙火는 陽神이고, 丁火는 陰神이다.

(6)   12運星으로 丁火가   巳 午 未 申 酉 戌
                              ↓ ↓ ↓ ↓ ↓ ↓
                              祿 旺 衰 病 死 墓
       丁火가 酉金에 長生하기 때문에 신왕하면
       長生宮으로 보고,
       신약하면 死宮에 해당하므로 死宮으로 본다.

(7)   丁酉 일주는 부부간에 성격이 안 맞을 수 있다.
       丁火의 입장에서 자기의 뿌리는 午火인데 酉金을
       火剋金 하므로 결혼하면 의견충돌이 많다.
       丁酉 일주는 시집가면 시집식구와 사이가 나쁘다.
       丁火의 남편은 壬水인데 壬水의 엄마는 辛金으로
       火剋金하기 때문이다.
       男子가 丁酉 일주로 태어나면 자기 마누라를 火剋金
       하므로 부부 갈등이 생긴다.
       그래서, 성질이 나빠진다.

(8)   丁酉 일주는 地支에 貴人을 깔고 있어 귀여움을
       받는다.
       酉金이 길신이면 노래를 잘한다.
       酉金이 흉신이면 나쁘다.
       丁酉 일주는 한 순간에 感情을 傷할 수 있다.

第 3 章 日主論

(9) 丁酉 일주 손님이 오면 일단 마음을 편하게 해놓은
    다음 대화를 해야 한다.
    감성이 강하기 때문이다.
    丁酉 일주가 길신이면 酉가 완성품이라 의사,
    간호사, 교육자, 금융계, 금속계통, 보석감정,
    양품점 많이 한다.
    酉金은 改革의 神이라 법조계에 많다.

(10)   丁
     酉 巳 丑이면 從財나 從革으로 가야 좋다.
     巳酉丑金局은 木을 치는 글자이기 때문이다.

第 3 章 日主論

4) 丁未 日主

(1) 辰土나 未土가 있어 吉神이면 음식을 잘 먹는다.
    地支가 調喉가 되면 胃가 튼튼하다.

(2) 丁未 일주가,
    ① 봄에 태어나면 : 괜찮다.
       未中 丁火가 있어 튼튼하므로.
    ② 여름에 태어나면 :
       未土는 물만 있으면 인기 있다.
       꽃밭이다.
       여름에 丁火는 인기는 좋으나 그 가치는 적다.
       丁日主가 여름에 태어나 丁壬合木이 되면
       나쁘다.

(3) 어떤 일주든지 調喉가 안되면 나쁘다.

(4) 用神이 合되면 게으르다.
    用神은 자기의 정신이라 유력하면 능력이 있다.
    값이 나간다.

(5) 午未合土 = 操하다. 子丑合土 = 濕하다.

(6) 調喉는 地支에 있어야 좋다.

(7) 여름 丁壬合木은 雜싹이다.
    여기서, 합하여 木이라 함은 木이 아니라 精神이
    木과 같다는 뜻이다.

第 3 章 日主論

(8) 배다른 형제를 두는 수가 많다.
    엄마가 일찍 사망한 경우.

(9) 음착살로 남자는 처갓집이 나쁘고,
    여자는 시댁이 나쁘다.

(9) 丁未 일주는 華蓋다.
    여름 꽃밭에 벌 나비가 많다.
    調喉가 안되면 팔자가 쎄다.
    여름생이라서 적응력이 강하다.
    봄, 여름생은 옷 장사 잘한다.

(10) 丁 일주는 調喉가 가장 필요하다.

        庚 丁 丙 丁   .
        戌 酉 戌 寅

        壬 辛 庚 己 戊 丁
        辰 卯 寅 丑 子 亥
    3:5신약하지만, 水가 없고 寅戌火局을 하므로 燥熱
    신왕과 같다.
    調喉가 안되어 천격이다.
    水가 正用神인데 없어서 金이 假用神이다.
    용달차 운전수인데 金이 많아 正 職業이다.
    地支가 寅午戌이면 사막의 불이다.

(11) 여자가 丁未 일주로 태어나 조후가 안되면 여자는
     생명을 잉태하므로 여자사주에서 土는 子宮을
     의미하므로 辰土는 沃土라서 子宮이 좋은데
     未土는 乾土라서 자궁이 나쁘다.
     그래서, 丁 일주는 조후가 되어야 한다.

第 3 章 日主論

(12) 丁未 일주가 調喉되면, 未中 乙木(화초)이 자라기
     때문에 인정이 많은데 調喉가 안되면 성격이
     괴팍하다.
     木은 生命인데 調喉는 생명이 살 수 있는 조건을
     말한다.
     調喉되면 현실에 만족하여 긍정적이고,
     조후가 안되면 현실이 안맞아 불만족하며 살기
     때문에 파란만장하다.
     조후 안되면 표독해진다.

(13) 己 丁 戊
     未 ○ ○이면 사기꾼이다.
     조후가 안 되고 설기가 심하여 되는 일이 없어
     사기꾼 된다.

(14) 壬 丁 壬 乙   乙 丁 壬
     未 ○ ○ ○ , ○ 未 ○이면 화초가 꽃을 피우기
     위해 나타나므로 바람둥이다 : 마약, 노름한다.

第 3 章 日主論

5) 丁巳 日主

(1) 사주에 丙火가 뜨면 안 배워도 똑똑하다.
    상식이 많다.

(2) 巳는 天門星이다. 변화가 많다.
    巳丑. 巳酉. 巳申合된다.

(3) 丁巳 일주는 변화가 많아 이혼하면 후실이나
    연애하고 산다.

(4) 六合의 원리

    子丑, 寅亥, 卯戌, 辰酉, 巳申, 午未合.

따뜻한 것은 추운 것을 동경하고 추운 것은 따뜻한
것을 좋아한다.

第 3 章 日主論

(5) 丁巳 일주는 丙火(겁재)가 암장해 있어 부정적인
기질이 많고 변화가 많다.
巳中 庚金(곡식)이 있어 食福이 많다.
여기서, 庚金은 단맛으로 巳月이후 제 맛이 난다.
머리가 비상하다.
호흡기 질환, 신경성 질환이 많다.

(6) 丁巳 일주는 丙火가 암장하여 남녀모두 미인이다.
만약, 火가 흉신이면 미인은 미인이나 미운데가
있다.

(7) 寅木을 가진 女子는 속살이 예쁘다.
: 寅中 丙火가 있어서.

(8) 봄에 丁○
     巳寅 은 刑이 되어 = 고질병 있다.
수술 받는다. 단명하다.

(9) 가을, 겨울에 丁巳 일주는 생명을 태우면 나쁘다.

(10) 丁
巳 일주는 밖은 外陰이고, 안은 內陽이다.
여자 丁巳 일주는 남편이 애인 만나면 본처 버리고
애인과 산다.

(11) 巳는 庚金이 長生하여 변화의 神이다.
巳月은 삼라만상이 꽃피는 시기라 감성이 너무
풍부하여 그렇다.
大運에서 巳火가 오면 변수가 온다.
貴하면 아주 貴하고 賤하면 아주 賤하다.

第 3 章 日主論

(12) 丁巳 일주는 고란살인데 殺은 調喉가 안될 때만
     殺을 보고, 調喉되면 殺은 안 본다.

(13) 봄, 여름에 壬癸가 나타나면 구설이 많다.

(14) 丁火는 濕木을 보면 나쁘다 : 木生火 안되므로.

(15) 丁 戊
     巳 ○이면 丁火가 戊土에 열기를 빼앗겨 대국이
     안 나온다.
     설기가 심하여 주체의식이 없어진다.

(16) 丁火가 酉月이후부터 태양이 잠든 후 나와야 빛이
     난다.
     여름에 丁火로 태어나면 대우를 받을 수 없다.
     丁火에게 功을 빼앗기기 때문이다.
     가정에서도 사랑 받지 못한다.
     겨울에 丁火로 태어나 身旺하면 기가 막히게 좋다.
     특히, 子月에 태어나면 좋다.

(17) 丙 丁 丙
     巳 ○ ○이면 내보다 큰 언니 밑에 내가 있어
     후처 사주다.
     만약, 본 남편과 같이 산다면 남편이 애인한테
     가 있다.
     그렇지 않으면 혼자 산다.
     여름 丁 일주 여자는 말할 것도 없다.

(18) 못난 사람이 자기 사주가 나빠 그런 줄은 모르고
     남만 욕하여 口業을 많이 짓는다.

第 3 章   日主論

(18) 丁巳 日主는 부부성생활을 많이 한다.
　　 丁巳는 위, 아래가 모두 불이라서 환하므로 신비한
　　 것을 좋아한다.
　　 性生活할 때 불을 켜놓고 한다.
　　 천지가 위, 아래가 불이라 어두운 것을 못 본다.
　　 調喉가 안되면 몸 파는 여자가 많다.
　　 양키촌에 많다. 홍등가.
　　 위, 아래가 불이라 옷 벗는 것을 좋아한다.
　　 (조후 안 되면)
　　 亥時가 되면 巳亥冲이 되어 性慾이 發動하여
　　 亥子時가 되면 性關係하고 싶다.
　　 調喉가 안되면 편법으로 산다 : 사고가 잘못되어
　　 밀수 같은 법법행위 한다.
　　 위, 아래가 모두 불이라서 남이 잘된 것을 못 본다.
　　 : 편고 되면.
　　 자기는 도덕적으로 살고 있다고 착각하고 산다.

(19) 丁巳 일주가 조후가 안 되어 편고되면 뱀을 닮아
　　 꼬불꼬불 가고, 성격이 편굴하다.
　　 조후기 잘되어 길신이면 巳中 丙火가 巳中의 財인
　　 庚金을 놓고 떠나므로 동업하면 좋다.

(20) 丁巳 일주 여자가 操熱하면 水가 남편인데 火多水渴
　　 되어 남편이 도망가 버려 독신이 많다.
　　 남편덕이 없다.
　　 남편과 살면 남편의 정력을 너무 많이 빨아들여
　　 남편이 일찍 병신이 된다.

(21) 丁巳 일주는 酉나 丑이 오면 巳酉丑이 되어 변화가
　　 온다.

第 3 章 日主論

(22) 丁巳 일주는 巳中 庚金이 있는데 火가 旺하면,
      庚金이 녹아 질병이 생긴다.
      : 폐병, 대장질환, 치질.

(23) 丁
      巳 일주는 巳中에 丙이 있어 丙이 본 부인되려고
      한다.

6) 丁卯 日主

(1) 丁卯 일주는 濕木을 갖고 있어 심장이 弱하다.
     주위환경이 나쁘다. : 印星이 木旺火滯되어.
     태양 빛이 안 들어 밑이 冷하다

(2) 丁火 = 木旺火熄 : 乙木이 많을 때
          = 木旺火滯 : 甲木이 많을 때
     丙火 = 乙木 火熄.
          = 甲木은 滯하지 않는다.

(3) 丁火는 甲, 乙木을 즉 雜木을 싫어한다.

(4) 丁卯 일주가 봄에 태어나 木이 凶神이면 :
     양자가거나 외국가서 공부한다.
     또는 지방가서 공부한다.

第 3 章 日主論

(5) 甲丙이 있으면 맏아들이다.

(6) 丁卯 일주는 맏아들이 못된다.

(7) 丙火를 가지면 길눈이 밝다.

(8) 丁
卯 子이면, 겨울 子卯刑으로 성병.
여름은 물이 따뜻해서 괜찮다.
子가 길신이면, 子卯刑이 안 된다.

(9) 봄에 卯를 가지면 眞桃花로 性慾을 참을 수 없다.

(10) 丁火는 調喉부터 먼저 봐야 한다.
땅에 뿌리가 없으면 運이 없다.

(11) 偏枯되면 旺弱을 안 따진다.
생명이 클 수 있는 조건이 우선이다.

(12) 여름에 丁火가 調喉만 되면 먹고 사는 데는 지장이 없다.

(13) 가을, 겨울 丁火는 貴한 존재로 태어났다.
귀공자다.
자기 세상이다.
신왕하면 貴格이다.

(14) 丁 일주는 :
신왕해야 한다.
가을, 겨울에 태어나야 한다.
印星(부모)을 좋아한다. 德을 보기 위해서.

第 3 章 日主論

(15) 丁卯 일주는 지장간에 甲乙이 暗葬하였다.
　　 地支에 編印을 깔고 앉아 효신살이다.
　　 濕木을 깔고 앉아 編印 작용을 한다.
　　 그래서, 地支에 丁火의 뿌리가 없으면 불이 꺼진다.
　　 가정궁이 나쁘다.

(16) 浴敗地 :
　　 壬水는 申에 長生.　酉에 沐浴 = 망한다.
　　 丁火는 寅에 長生.　卯에 沐浴 = 망한다.

(17) 丁卯 일주는 浴敗地다 : 濕木이라서.

(18) 丁卯 일주에 부득이 卯木을 써야 할 경우는 卯木은
　　 桃花이기 때문에 女難이 많다.
　　 濕木은 陽氣 덩어리라 부부관계를 조심해야 한다.
　　 日支가 濕木이라서 크면서 환경이 대단히 나쁘다.
　　 부모 때문에 고생한다.

(19) 만약에 卯木이 凶神인데 干上에 乙木이 나타나면,
　　 濕木이 잘 자라고 있어 濕해지므로 환경이 굉장히
　　 나쁘다.
　　 丁火로 태우지 못하고 꺼진다.
　　 金이 나타나 濕木을 잘라줘야 한다.

(20) 丁卯 일주는 부모 또는 배우자와의 관계가 나쁘다
　　 : 습목이라서.

(21) 일지 印綬가 凶神이면 돈이 따르지 않는다.

(22) 丁 일주에 地支에 寅, 巳, 午, 未를 보면 좋다.

(23) 丁火가 寅木을 보면 寅中에 甲이 있어 인덕이
　　 있다.
　　 寅中에 病이 있어 속살이 예쁘다.

第 3 章 日主論

(24) 卯木이 子卯刑되면 卯木은 씨앗인데 子水는
얼어있는 물이어서 얼어있는 물은 水生木하지
못하므로 子卯刑이 되어 뿌리가 썩어 수확이 없다.
여름에도 卯木이나 子水가 凶神이면 子卯刑이
성립한다.
子卯刑은 無禮之刑이라 하는데 부부관계가 아닌
외부인과의 관계에서 발생한다. (임질, 매독 등)
子卯刑이 되어 있는 사람은 새벽마다 양기가 뻣쳐
발기하기 때문에 性慾이 일어난다.
無禮之刑이기 때문에 애를 낳아 버린 자식이 많다.

(25) 丁卯 일주는 日支 編印이라서 머리가 영리하고,
취미가 다양한데 酉金이 와서 卯酉沖하여 卯木
(生命)을 자르는 구조이면 :
결혼하면 酉金이 어느 궁에 위치하느냐에 따라 그
시기에 나쁘다.
노후에 농사지은 게 없어 허망하다.

(26) 丁   庚辛
卯 日柱기 申酉 年이 오면 생명을 잘라 없애는데
여기서 생명(卯木)은 印綬이기 때문에 문서로도
보므로 문서를 잘라 없애므로 돈 갖다 버린다.
그 해에는 돈 욕심 내지 마라.
또, 돈을 버리지 않으면 배우자가 떠난다.

(27) 丁卯 일주가 ○丁○
亥卯未木局이 되면 키울 수 없는
나무라서 거느릴 수 없는 마누라 때문에 망한다.
木多火熄이 되면 단명하거나 심장병 생긴다.
丁火가 있는 사람은 감성이 다른 사람보다
예민하다.
木多火熄이 되면 답답하다.

第 3 章 日主論

(28) 丁卯 일주가   丙丁丙丙
　　　　　　　　　○卯○○이면 丙火에 가려 치사한
삶을 산다.
항상 불안감을 안고 산다.
항상 불만족하게 산다.
丁火는 丙火를 보면 妾象이다.
그러나, 丙 일주가 丁火를 보면 애인생긴다.
어떤 일주든지 年 月에 丙丁이 뜨면, 아름다운 사람
이라서 조부 또는 아버지가 바람피웠다.
배다른 조부형제가 있거나 배다른 삼촌이 있다.
日主가 길신이면, 본부인 자손이고,
흉신이면, 첩한테서 낳았다.

(29) 丁卯 일주는 卯中에 甲乙이 있기 때문에

　　　丁甲
　　　卯○이면 잎이 많은 나무, 가지 많은 나무다.

(30) 丁卯 일주가 酉金을 보면, 酉金은 天乙貴人인데
　　　卯酉沖을 하기 때문에,

　　　丁 ○
　　　卯 酉가 밤에 태어나면 할량이다.

第 3 章 日主論

5. 戊土 日主論

(1) 나무가 서 있어야 제값을 받는다.

(2) 戊土는 태양이 있어야 木을 키울 수 있다.
    그래서, 戊土의 生氣는 丙火다.

(3) 戊土는 乙木(잡풀)을 실어한다.
    "   甲木을 키워야 소임을 다한다.

(4) 戊土는 어느 계절이라도 水와 火만 있으면 生命을
    기를 수 있다.

(5) 戊土는 宇宙에서 空氣와 같다.

(6) 戊土는 마른 흙에 비유되고 높은 산, 밭에 비유한다.

(7) 戊土가 木이 있어야 부지런하다.
    水와 火가 있어야 값이 나간다.

(8) 戊土는 ① 生命을 키우는 것.= 丙.
          ② 광산(보석)을 캐는 것 = 庚辛丁.
          ③ 제방을 쌓아 농사지을 저수지를 만드는 것
              = 金水.

(9) 나무(木)가 여러개 있으면 잡풀이다.

(10) 戊土는 甲이나 庚이 와서 자극을 줘야 값이 나간다.
     生土다.

第 3 章 日主論

(11) 물과 土는 共生關係다.
    물이 범람하면 홍수가 나서 무법자다.
    파도다. 水旺土崩이다.
    法網이 무너진 것과 같다.
    사회가 어지럽다 = 어지러운 삶을 산다.

(12) 戊土는 草木을 키우는 土라 丙火를 봐야 하는데
    丁火를 보면 수확이 적다.
    그릇이 작다. 運이 弱하다.

(13) 土는 生命을 기른다.

(14) 戊甲이면 大局이고, 戊乙이면 所局이다.

(15) 戊土가 甲乙 運에서 보면 바람을 피운다.
    여자라면, 결혼생활 할수록 남편의 위대함을 발견하게 되고,
    女子는 乙木을 보면 살면서 남편이 시시하게 보인다.

(16)   戊   戊   戊
       戌   子   申   일주는 봄, 여름에 태어나 나무를
    (9월 11월 7월) 키워야 좋다.
    힘이 없는 土다.
    중간 다리 역할하기 위해서 태어났다.
    겨울 土는 불을 봐야 한다.

(17)   戊   戊   戊
       寅(1월), 辰(3월), 午(5월) 일주는 나무를 키우려고
    태어난 사람이다.
    戊午 日柱는 건조하여 調喉가 되어야 한다.

第 3 章 日主論

(18) 土가 木이 없으면 중간 다리를 놓으려고 태어났다.

(19) 木이 있어 길신이면 향기가 있다.

1) 戊子 日主

(1) 戊子 일주는 :
    11월 산.
    생명이 없어 잠자는 흙이다(쉬는 土).
    火가 떠야 解冬된다.
    편하게 살려고 한다.
    가을, 겨울에 태어나면 편하게 살려고 한다.

(2) 겨울에 戊子 일주로 태어나고 金水가 있어 身弱하면,
    잔병이 많다.
    설기가 심해서.
    재물풍파가 많다.
    가을, 겨울에 태어나면 편히 살려고 한다.
    봄, 여름에 태어나면 자기 계절이라서 부지런하다.
    戊子 일주는 暗合이 되어 본부인 밀어내고 자기가
    들어가서 산다.
    戊子 일주는 알뜰하다.

(3) 戊子 일주는 편하게 사는 사람이 많다.

第 3 章 日主論

(4) 戊子 일주는 子中 癸水가 戊土와 暗合하였다.
外陽內陰이다 : 밖에서는 큰소리치나 집에 들어가면 꼼짝못한다.
연애하면 애인이 본부인 된다 : 마누라 갈아치운다.

(5) 戊子 일주는 胎宮이라서 財와 暗合하여 調喉되면, 여자가 잘 따른다.
그러나, 잘못 건드리면 안방 차지한다.
正財와 暗合하여 돈이 안 떨어진다.
편하게 산다 : 쉬는 흙이다.

(6) 戊子 일주가 甲乙木이 나타나면, 쉬고 있는 土를 건드리므로 賤해진다.
: 戊土가 겨울에 태어나 쉬고 있으므로.

(7) 戊子 일주가 겨울에 태어나 火가 없으면 굉장히 賤해진다.
부모 원망한다.
金 일주, 水 일주도 火가 없으면 부모 원망한다.

(8) 戊子 일주는 내 스스로 除濕하므로 귀여움 받기 때문에 물질운을 갖고 태어났는데 조후만 되면 돈이 많다.

(9) 겨울에 태어난 戊 일주가 보온이 우선인데 火가 없으면 賤해진다.
삶에 풍파가 있거나 자랄 때 잔병치레한다.

(10) 癸 戊
　　　亥 子
　　　時 日이면, 正財의 뿌리가 日支에 앉아 있어 물질복이 많다.

第 3 章 日主論

(11) 戊子 일주가 火를 보지 못하면 꿈만 꾸고 산다.
  잠들어 있는 土라서 꿈만 꾼다.
  그러나, 火를 보면 부지런하다.

2) 戊寅 日主

(1) 戊寅 일주는 :
  1월산.
  戊土가 剋을 받으면서 生命을 기르고 있어 머리가 좋다.
  寅中에 戊丙甲이 있어서 木이 안다치면 교수감이다.
  生命을 기르고 있어 生土다.

(2) 戊寅 일주
  剋中生(殺中에서 生을 받고 있다)이라서 高官이 많다.

  丙 戊 丁 己
  辰 寅 卯 辰 = 戊土에 丁火가 뜨면 땅이 말라 버린다.
  만약, 가을(申酉戌月) 生이면 惡緣이다.
  노무현대통령도 戊寅일주다.

(3) 木은 생명체인데 木中에서도 甲이 우두머리라서 하다못해 통반장이라고 해야한다.

第 3 章 日主論

(4) 甲木에 丙火까지 있으면 날개를 다는 格이다.

(5) 寅 옆에 午火가 있으면 木을 태워버린다.
    뿌리를 다 태워 못쓴다.

(6) 寅 옆에 辰土가 있어야 좋다.

(7) 戊寅 일주가 다치지 않고 있으면 밥 먹고 사는 것은
    걱정 없다.

(8) 戊寅 일주가,
    ① 봄, 여름에 태어나면 동량목을 키우므로 학자가
       많다.
    ② 가을, 겨울에 태어나면 값이 안 나간다.
       局이 下格이다.

(9) 戊寅 일주가 申酉戌이 오면 교통사고 조심해야
    한다.
    木(生命)이 다치면 몸에 상처를 입은 것과 같다.

(10) 寅木이 있으면 木이 자랄 수 있는 계절이면 좋고
    木이 자랄 수 없는 계절이면 나쁘다.

(11) 戊寅 일주는 자기계절(봄, 여름)에 태어나면,
    큰소리치면서 생활한다.
    가을, 겨울에 태어나면 쓰임새가 적다.

(12) 木을 가지고 있는 사주는 木을 치면 생명을 건드리므
    로 지탄 대상이 된다.
    좋은 일 하고도 좋은 소리 못 듣는다.
    항상, 解冬에 주의해야 한다.

第 3 章　日主論

(13)　寅時는 3:30 - 5:30 사이로 남이 잠들어 있는
　　　새벽시간인데 일어나 활동을 시작하므로 부지런
　　　하다.
　　　: 생명을 키우려고.
　　　돈이 안 떨어진다.
　　　내 능력이상으로 잘 풀린다.
　　　丙이 寅에 長生하는데 戊土도 長生과 같다.
　　　寅木이 살아 있으면 순리적으로 산다.
　　　寅木하나만 있어도 밥걱정 안한다.

(14)　戊寅 일주는 沃土와 같다.
　　　조후만 되면 밥 걱정 안한다.
　　　生命이 주인이기 때문이다.

(15)　戊寅 일주로 태어나면 조후만 되면 좋다.
　　　그러나, 寅木을 치면 밥상 엎는 격과 같다.
　　　말년에 돈이 없다. 허망하다.

(16)　사주를 볼 때 生命이 나타나면, 살 수 있는 조건을
　　　살펴야 한다.

(17)　戊寅 일주는 殺中生을 받기 때문에 머리가 좋고,
　　　복이 있다.
　　　특히, 官廳일을 풀어 가는데 도움이 된다.

(18)　戊寅 일주는 相生하기 때문에 從을 하지 않는다.

(19)　戊寅 일주는 관인상생이 되어 있어서 관찰력이
　　　뛰어나고, 자기 조심을 많이 하면서 살아간다.
　　　만약, 신약하면 겁이 많다.
　　　그래서, 미신에 의지하려한다.
　　　신약사주는 의지하려고 하는 본능이 있다.

第 3 章 日主論

(20) 戊寅 일주는 大運이 申酉戌 방향으로 가면 건강 조심해야하고, 凶厄이 많이 따른다.

(21) 戊寅 일주는 아직 열매를 맺을 계절이 아닌데 열매로 착각하여 큰소리 많이 친다.
실속이 별로 없다.
만약에 寅木이 있는데 午나 戌이 있어 태우면 나쁜데, 辰土가 옆에 있으면 申, 酉, 午가 와도 막아주어 좋다.
만약에 태우는 구조면 돈이 없다.
타버려서 재만 남기 때문이다.

3) 戊辰 日主

(1) 戊辰 일주는 3월 산이다.
沃土라서 건강이 좋다.
생명을 기르고 있어 生土다.
陽春, 晩春.
3월은 모든 만물이 땅을 밀고 나온다.
辰土는 물을 안고 있어서 水庫라 한다.
沃土를 가지면 성격이 좋다.

(2) 辰辰 子刑 : 沃土가 있는 데 또 沃土가 나타나면 서로 질투하여 子刑이라 한다.

(3) 봄, 여름에 태어나면 잘 먹고, 잘 놀고, 잘산다.

第 3 章   日主論

(4)   木을 키우는 사람은 辰土를 봐야 大局이다.

(5)   辰土가 있는 사람은 자기 몸이 沃土와 같아 건강하다.

(6)   辰土가 用神이 잡히면 妻福이 있다.

(7)   戊辰 일주는 연예인이 많다.
      辰中에 乙木인 화초가 숨어 있어서다.
      연애 잘하고 잘 논다
      할량 기질이다.

(8)   戊辰 일주는 沃土다 : 씨앗이 암장해 있어서.

(9)   戊辰 일주로 태어나 조후되면 평생 먹을 복이 있다.

(10) 辰戌 冲이 되면 나쁘다.

(12) 辰中에 있는 乙木을 키우려 할 때 酉金이 와서
      辰酉合되거나 申辰水局이면 자궁이 나빠 생명을
      잉태할 수 없어 자손이 귀하다.

(13) 戊辰 일주는 財庫를 갖고 있어 길신만 되면 돈이
      안 마르고 좋은 처를 만난다.

(14) 辰은 華蓋인데 생명을 기르는 土와 못 기르는 土가
      있다.
      華蓋는 辰戌丑未인데 생명을 기르는 土는 辰土와
      未土다.
      辰이 좋은 華蓋다.
      그러나, 辰土도 흉신이면 종교로 간다.

第 3 章 日主論

(15) 戊辰 일주는 乙木(官), 癸(財)로 財官이 숨어 있어
      공직이나 사업 등 무엇이나 할 수 있다.

(16) 辰土는 土中 가장 좋은 沃土다.

(17) 만약, 甲이 있어 용신으로 쓰면 辰土가 큰 부자다 :
      乙木은 小富다.

(18) 戊
      辰 未이면, 沃土에 乙木이 두 개가 암장하여 벌,
      나비가 찾아들므로 桃花殺 작용을 한다.
      女難, 男難이 많다.
      겨울에는 도화작용을 안 한다.
      : 벌, 나비가 없으므로.
      감성적인 성격이라서 연예인 직업을 가지면 인기가
      좋은데 가정은 안 좋다 : 가만 두지 않는다.
      돈과 미인이 있는 자라서 질투와 암투가 따른다.

(19) 戊辰 일주는 辰土에 祿을 하는데 겁재속에 癸水
      正財가 숨어있어 의심을 많이 한다 : 의처증.
      여자일 경우 辰中에 乙木이 숨어 있어 의심한다.
      : 의부증.

(20) 戊辰 일주는 겨울에 태어나면, 辰中 乙木 곡식이
      있어 밥걱정 안 한다.
      가을이나 겨울에는 生命을 기를 수 없어 물질이
      덜 풍부하다.

(21) 어떤 일주든 사주에 寅木이 있어 살릴 수 있다면
      절대 좌절이 없다.

第 3 章 日主論

(22)　　戊　　　甲　甲
辰 일주에 午나 辰이 있으면 甲이 辰土에 뿌리
박아서 굉장히 인기가 좋다.
미남 미녀다.
앞장서 가는 사람이다.
甲이 나타나 길신이면 우두머리다.
甲은 일등으로 태어났기 때문에 앞서가는 사람이다.

(23) 戊辰 일주는 地支에 財官이 암장하여 조후만 되면
외롭지 않는데 稼穡이 되면 가장 좋다.
가색은 농사를 지을 조건을 말하므로 辰土가 있어야
한다.
稼穡格은 調喉가 으뜸이다.
生命이 암장하지 않으면 稼穡이 아니다.

(24) 辰土를 싫어하는 五行이 없다.
生命을 기르는 구조라서.
단, 조후만 되면.

(25) 土는 원래 信用을 의미하는데 大運에서 土가 오면
믿음(信用)의 문제가 발생한다.
戊辰이 吉申이면 정직하다.

(26)　　○　戊　○
子 辰 申이면, 地支에 물이 범람해서 파도에 戊土가
휩쓸려 가므로 빈상이다.
재물이 자꾸 줄어든다.

4) 戊午 日主

(1) 戊午 일주는 午月 산이다.
    정열적이다.
    색감이 발달되어 있다.

(2) 戊午 일주는 午火가 戊土의 羊刃이다.
    녹음방초의 계절에 태어나면 감수성이 예민하다.

(3) 戊午 일주가 여름에 태어나 調喉가 되면 잘산다.
    감각있다. 멋을 안다.
    조후가 안되면 사막이 된다.: 조후가 우선이다.

(4) 戊午 일주가 生地에 태어나면 子午冲되어 아주 나쁘다.

(5) 戊午 일주는 활동력이 强하다.
    조후가 안되면 마누라가 惡妻다.
    조후가 되면 괜찮다.

(6) 戊午 일주는 부모형제한테 기대려 한다.

(7) 戊土의 祿은 巳火. 丙의 祿도 巳火.

(8) 戊土에 午火는 羊刃이다.
    일지에 羊刃을 가지고 있는데 양인을 때리면 너무
    강하여 전복된다.
    양인을 깔고 있는 일주는 冲이 되면 굉장히 나쁘다.

第 3 章 日主論

(9) 戊午 일주는 午中 己土 劫財가 들어 있어 항상 부모한테 불만이다.
劫財속에 印星이 들어 있어서 그렇다.
부모와 관계가 나쁘다.
戊土의 財는 水인데 妻의 자리에 午火 엄마가 앉아 있어 못 들어오게 하므로 母妻不合이다.
엄마가 며느리를 질투한다.
外陽內陰格이다 : 밖에 나가서는 밝은데 집에 들어가면 불안하다.

(10) 戊午 일주가 여름에 태어나 생명을 키울 수 없는 土라면 사막인데, 이와 같이 사막을 갖고 있으면 누구를 만나도 신세만 지고 산다.
남에게 피해준다.
戊午 일주는 水가 용신이라 여자를 무척 좋아한다.
女子의 陰氣를 빨아먹어야 좋기 때문에 정력이 너무 쎄다.
그래서, 남자가 너무 오래 하므로 여자가 잠자리를 싫어한다.
반대로 여자가 水가 너무 많으면 남자의 火가 필요하므로 남자를 좋아한다.
남자가 견지지 못하여 도망간다.

(11) 戊午 일주가 火土가 너무 많아 바싹 말라 있으면 火土重濁이라 하는데, 생명을 살릴 수 없어 活人을 할 수 없으므로 평생 남의 신세 진다.
水가 들어 올 수 없다.
돈이 없다.
賤한 일 해야한다.

第 3 章   日主論

(12)   만약에 戊午 일주가 寅午戌, 巳午未 火局이면,
       印星이 와서 조열하게 하여 태어나면서부터 부모와
       인연이 없다.
       부모가 버리거나, 입양, 부모 이혼, 타가 양육된다.
       그렇지 않으면, 父와 母가 갈라선다.

(13)   戊午 일주가 精力이 强하여 강간하거나 여자관계가
       잘못된다.
       여자도 남편이 떠난다.
       사주는 調喉가 되지 않으면 생명을 기를 수 없기
       때문에 자식을 두기가 어렵다.

(14)   戊
       午 일주가 조후가 안되면 물장사한다.
       말랐기 때문이다.

第 3 章 日主論

5) 戊
     申 日主

(1) 7월 산.
    값없는 산.
    생명이 없어 쉬는 土.

(2) 7월달의 흙이다.

(3) 南方으로 가야한다.

(4) 주위여건이 나무를 키우지 못할 여건으로 태어났다.

(5) 卯申이 暗合이면 鬼門으로 집에 鬼神이 있다.
    乙戊
    卯申

(6) 辛金 옆에 木이 있으면 木을 자르므로 구설이 따른다.

(7) 戊庚
    申○이면, 광산이기 때문에 丁火가 와서 제련해야 한다.

(8) 戊申 일주는 생명이 못 크는 글자가 차지하고 있어 凶하다.
    남자면 자식인 木을 못 오게 하니 나쁘다.

第 3 章 日主論

(9) 戊
     申 = 壬 편재. 庚 식신을 암장.

(10) 土는 만물의 어머니다.
     생산을 할 수 있어야 어머니다.
     어머니 구실을 할 수 있는 것을 生氣라 한다.
     그래서, 土는 火가 있어야 한다.
     火가 있어야 생기가 있다.

(11) 戊
     申 일주는 申金을 쓸 수 있으면 食神이라 하고,
     쓸 수 없으면 死宮이라 한다. 질병이 따른다.
     運이 없다.

(12) 戊土는 높은 산을 의미하는데 申金은 높은 石佛로
     깊은 산중에 기도하는 사람이다.

(13) 여자는 申金이 흉신이면 자식복이 없다.

(14) 申金은 가을 산에 비유 하는데,
     戊庚辛은 가을 돌산에 비유한다.
     丁火가 나타나 庚金을 캐주지 않으면 무위도식하는
     사람이다.
     주위 사람들에게 신세지고 사는 사람이다.

(15) 土는 나무를 키우는 것이 목적인데 木이 오면,
     남편이 庚辛의 剋을 받아 건달이다.
     만약, 火가 있으면 木生火 해서 남편을 받아 줄 수
     있다.
     土에 庚辛이 나타나면 木을 키울 수 없다.

6) 戊
戊 日主

(1) 戊戌 일주는 9월 산이다.
　　戊戌 일주는 땅이 너무 말라 있어 調喉가 우선이다.
　　水가 필요.
　　생명이 없어 쉬는 土.

(2) 제일 나쁜 土다. 魁罡이다.

(3) 초목을 안 키우는 土다

(4) 생명 키우기를 거부하는 土다 : 태우므로.

(5) 道人의 사주다 : 명상을 잘 한다.

(6) 戊戌 일주가 초목을 키우기 어렵다.

(7) 戌土에 뿌리를 막은 나무는 死木이다.
　　예 : 甲
　　　　戌 일주

(8) 辛戌庚己
　　戊戌午丑 = 광산구조다. 火로 제련해야 한다.
　　　　　　　　木을 못 키운다.

(9) 辛庚戊庚
　　酉申午戌 = 돌산이다. 火用이다.
　　　　　　　調喉 水가 필요 없다.

第 3 章 日主論

(10) 광산구조에서 나무를 키울 수 없는데 대운에서
     木이 등장하면 가정에 풍파가 난다.

(11) 戌중에는 자갈이 암장하여 나무 키울 조건이
     아니다.
     戌 + 子 = 丑土다 : 그래도 나쁘다.

(12) 戊土가 寅卯辰 巳午未(生地)에서 태어나야
     명성이 있다.

(13) 戊土가 申酉戌 亥子丑月이면 값이 안 나간다.

(14) 用神이 유력하면 정신이 유력하다.
     정신이 유력하면 능력이 있는 것이다.
     베푼다 (德, 香氣)

(15) 戊
     戊 일주는 魁罡이다.
     魁 = 우두머리 괴. 북두칠성 큰별 괴
     罡 = 큰별 강.

(16) 괴강이 있는 사주는 배우자가 괴강이 있는 사람을
     만나야 잘산다.

(17) 戊戌土는 戌中에 丁火가 암장해 있는데 印綬인
     丙火의 卯宮이다.
     부모궁에 이변이다.
     華蓋는 꽃이 펴 있어야 華蓋인데 戊土는 木이 없어
     華蓋가 아니다.
     못쓰는 화개다.= 무속인.
     좋은 화개는 학자다.(辰. 未)

(18) 간여지동이 태왕하면 財를 치므로 가정이 불행하다.

第 3 章   日主論

(19) 戊戌 일주는 마른 산이다.
    나무를 심어도 살 수 없다.
    광산이 좋다.

(20) 戊庚丙
    午戌亥이면, 광산이라서 조후를 따지지 않는다.
    조후는 생명이 있을 때 따진다.
    이 사주는 火가 가장 필요하다.

(21) 戊戌 일주는 어느 계절이라도 조후가 되면 젊잖다.
    말을 아낀다.

(22) 土 일주가 편고되면 색시장사, 돈놀이 많이 한다.
    水가 필요하다. 밤에 하는 술집 등.

(23) 戊戌 일주는 丙火가 무덤에 들어가므로 내가 무덤에
    들어간 것과 똑 같다.
    직업은 앉아서 하는 직업이다.
    火가 많으면 종기, 치질, 치루가 생긴다.

(24) 癸 戊
    亥 戌 이면 : 조열하여 나이가 들어도 여자
    時 日   좋아한다.

(25) 戊   甲 乙
    戌 일주가 자기 옆에 寅이나 卯가 있으면
    木은 향기이기 때문에 마누라인 水가 木을
    기르므로 마누라 德에 산다 : 장가가야 출세한다.
    사람은 남녀가 香氣에 의해서 인연이 된다.

(26) 신왕재왕하면 부자가 많다.

(27) 여자가 戊戌 일주로 태어나면 水를 훼하기 때문에
    시집가면 시댁과 인연이 박하다.

第 3 章 日主論

(28) 戌
　　　戌 일주가 地支에 寅午戌이면 중년과부다.
　　　남편인 寅木이 타서 날라갔다.
　　　年月에 있으면 일찍 과부된다.
　　　生命을 태우면, 남자는 처자덕이 없고,
　　　　　　　　　　　여자는 남편덕 없다.
　　　생명을 살리면 제 갈길 간다.

(29) 생명을 태운 사주는 修道해야 한다.

第 3 章 日主論

己土 日主論

(1) 己土도 土이기 때문에 丙火가 있어야 한다.

(2) 丙火(태양) = 생명을 키우는 土와 같다.
     火生木 = 生木이다. = 火滯. 木生火 = 死木이다.

(3) 戊土는 陽土다.
     己土는 陰土 : 발아하고, 저장한다.

(4) 己土가 生命을 갖고 있으면 굉장히 다루기 어렵다.

(5) 己土는 열려나 충신이 많다.

(6) 己土는 濕한 土이기 때문에 庚金을 가장 좋아한다.
     그 이유는 己土는 庚金이 쟁기역할을 하여 건드려
     주면 습기가 말라서
     木 키우기가 좋다.
     또, 丙火가 와서 말려 줘도 좋다.

(7) 己土는 乙木을 키우기가 어렵다.
     乙木이 오면 신경계통, 간, 갑상선 등 병이 온다.

(8) 己土는 물밑에 가라앉아 있어 안떠내려 간다.

(9) 己土는 묘판으로 쓴다.
     그래서, 큰 나무는 못 키운다.

(10) 己土는 甲을 보면 나무가 썩는다.

第 3 章 日主論

(11) 己土는 진흙이라 제방용으로 쓸 수 없다.

(12) 己土는 꼭 丙火로 말려야 하는데 丁火로 말리면
사막화된 마른땅이 되어 못쓴다.

(13) 己土는 낮은 土. 전답에 비유한다.
항상 건드려 줘야한다.
12월 丑土는 丑未沖이 되어야 좋다.

(14) 丙乙壬壬　　丁
子丑子申이면, 未대운에 丑未沖이 되어 가장 좋다.

(15) 己土는 濕하기 때문에 甲, 乙木이 나타나는 것을 가장
싫어한다.
甲은 습土 되고, 乙은 뿌리가 썩는다.
己土가 乙木이 나타나면 여자는 남편이 안 된다.
　"　　"　　　"　 남자는 직장이 안 좋다.

(16) 己土는 戊土를 보면 戊土德에 출세한다.

(17) 甲木에 乙木이 나타나면 그늘이 져서 乙木이 죽어
버린다.
그러나, 原流에 있으면 등라계갑으로 좋다.

(18) 己土의 가장 큰 단점 :
己土가 甲이 오면 甲己合하여 생명을 썩게하고,
己土에 乙木이 오면 뿌리가 썩는다.

甲己己乙
子丑丑未　化格인데, 稼穡格과 같다.
　　　濕해서 火가 조후용신.

第 3 章   日主論

(19)   인간은 의식체다. 의식이 주인이다.

(20)   己土는 생명을 키우기 위해서는 火를 봐야한다.

(21)   대운에서 火가 오면 지나가는 인연이라서 그때만 좋다.
그러나, 그때가 지나면 運이 없어진다.

(22)   己土는 丙火를 봐야한다.

(23)   己土는 丙火가 뜨면 正用神이 떠서 부지런하다.

(24)   己土는 癸水를 가장 싫어한다. : 불을 끄므로.

(25)   己 己 己
酉 亥 丑   봄을 대비해서 준비중인 土다.
8월 10월 12월
만약, 이런 일주가 봄, 여름에 태어나면 남보다 뒤쳐진다.
: 몸을 덮혀야 히므로.

(26)   己 己 己
未 卯 巳
6월 2월 4월
생명을 키울 계절이므로 부지런하다.

第 3 章 日主論

1) 己丑 日主 (12월 흙)

(1) 己丑 일주는 무조건 火를 봐야 한다.
    火方(여름)으로 가야한다.
    가을, 겨울에 태어나면 아무 쓸모없다.
    火를 보지 못하면 죽은 土다.
    한가한 사람이다.

(2) 大運에서 己丑이 오면 큰 변화가 온다.
    丑 다음 계절인 봄으로 봄은 生命을 싣고 오기 때문이다.
    그래서, 12월 丑土는 丑未沖이 되어야 좋다.

(3) 丑은 金의 庫로 7월~12월까지로 고철 무덤이다.
    비린내 냄새나는 土다.

(4) 만약, 12월(丑月)에 태어나면 丑未沖을 해줘야 한다.
    丑未沖하여 丑中에 辛金을 제거해줘야 좋다.

(5) 丑은 金의 墓라서 金이 오면 잡아넣어버려 돌산으로 변해버린다.
           丑
        巳酉丑 = 合金.

(6) 丑土는 여름 火氣를 모두 흡수하므로 조후용으로 좋다.
    辰土도 조후용이다.

第 3 章 日主論

(7) 陰 : 乙 丁 己   辛 癸
         亥卯未   巳酉丑
         木局(生命)   金局(生命을 자르는 구조)으로 구성
     되어 있다.

(8) 陰은 陰의 뿌리를 갖고 나오고, 陽은 陽의 뿌리를
     갖고 나온다.

(9) 己丑은 나무의 뿌리를 자르는 辛金이 암장해 있어 木
     을 키우는 구조가 아니므로 여자는 남편궁이 나쁘다.
     火가 와야 한다.
     火가 없는 여자는 자식, 형제, 돈 복이 없다.
     食傷이 墓宮에 들어가 있어 말을 하면 여러가지 폐해가
     온다.
     먹고 사는 방법이 다르다.
     丑土는 寅月부터 시작해서 맨 마지막이므로 먼지와
     오물이 쌓인 흙이다.
     냄새나는 흙이다.
     土는 華蓋인데 火를 보면 華蓋가 되고 火를 보지 못
     하면 木(생명)을 키울 수 없어 華蓋가 아니다.
     못쓰는 華蓋다.

(10) 己丑土는 丑中에 生命을 자르는 辛金이 들어 있어서
     값어치가 없는 土다.
     돌자갈이 있는 土다.
     木이 멀리 있어 안다쳐야 한다.
     丑土는 쇠가 고철이 된 土라서 먼지 끼고 냄새나는
     土다.
     12月 丑未冲은 손질하여 돌자갈을 골라내는 冲이라
     좋은 冲이다
     이런 때는 木이 있어도 좋다.

第 3 章 日主論

(11) 만약, 巳酉丑이 되면 木을 키울 수 없으므로 從으로 좋은데 그렇지 않으면 허풍만 쎄다.

(12) 丑土는 火가 넉넉하여 살아 있으면 木을 키울 수 있어 木을 福이 있다.

(13) 己丑 일주는 丑未冲이 되면 장가가면 부인의 내조 德으로 산다.

2) 己亥 日主 (10월)

(1) 己亥 일주는 무조건 火를 봐야 한다.
    火方(여름)으로 가야한다.
    가을, 겨울에 태어나면 아무 쓸모없다.
    火를 보지 못하면 죽은 土다.
    한가한 사람이다.

(2) 絶宮에 태어났다.

(3) 亥中에는 壬 正財, 甲 正官을 깔고 있어 잘사는 집안 출신이다.

(4) 己 일주가 가을, 겨울에 태어나면 妻가 도망간다.
    亥未木局, 亥卯木局.

(5) 戌亥 = 天門星으로 직감력, 천문의 이치를 공부하는 사람이나 무당이 많다.

第 3 章 日主論

(6) ○己○
卯亥寅 = 키우지 못할 나무가 있어 불구자가 되거나 정신이상자가 많다.
그러나, 불을 보면 괜찮다.

(7) 亥月에 태어나면, 아예 亥子丑 從財나 從兒로 가는 것이 좋다.

(8) 水가 유력하면 잘사는 집안이다.
吉神이면 상속 받고, 凶神이면 亡한 집안이다.

(9) 己丙甲 구조면 相生해서 좋다.

(10) 己乙丙이면, 용신인 火가 오면 木이 크므로 木剋土 하여 죽어버린다. = 잘 봐야 한다.

(11) 己甲
亥○이면, 여름에 木이 크면 化格이 깨져 죽어버린다.

(12) 여자가 己亥 일주로 태어나면 丙丁火가 시어머니 인데, 시집가면 시어머니와의 관계가 나쁘다.
시어머니로 인해서 이혼한다.
丙火가 오면 木이 자라므로.

(13) 戊己土 일주는 생명을 기우는 것이 임무인데, 地支에 巳酉丑을 깔고 들어오면 성격이 나쁘다.

(14) ○己○
亥卯未木局이면 향기를 가지고 있어 인기는 좋으나 키울 수 없으므로 망상이다.
분수를 모른다. 현실과 동 떨어진다.

第 3 章 日主論

(15) 己　　丁
　　 亥 일주는 巳가 오면 :
　① 절지다.
　② 財官이 伏藏(복장)해서 길신이면 돈이 많다.
　③ 外陰內陽 格이라 성질이 나면 무섭다.
　④ 己亥 일주는 천문성을 갖고 있기 때문에 巳火가
　　 沖되면, 천문이 열려 기도하는 사람, 신 받는
　　 사람이 많다.
　⑤ 己亥 일주는 亥中 甲木이 있으나 추워서 얼어있
　　 는 물로도 본다.
　⑥ 己亥 일주는 얼어 있어서 봄, 여름이 되어 녹으
　　 면 무너진다.
　　 얼어 있어야 좋다.
　⑦ 解冬되면 亥中 甲木이 튀어나와 木剋土하면 凶해
　　 진다.
　　 그래서 金水 運이 더 좋다.
　⑧ 己亥 일주는 火運이 오면 병든다.
　⑨ 己亥 일주는 外陰內陽이라서 劫이 많고,
　　 배짱이 없어 자살, 자해하는 경우가 많다.

　　 戊 己
　　 辰 亥
　　 時 日
　　 辰中 癸水와 戊土가 합하여 劫財가 돈을 갖고 가버
　　 리므로 돈 거래하면 나쁘다.

(16)　己亥 일주는 기분이 우쭐한 것을 좋아한다.
　　 亥中 甲木 官이 있어서 띄워주면 좋아한다.

(18)　己 己 己
　　 亥 卯 未 일주는 합을 잘 봐야 한다.

第 3 章 日主論

(19) 만약, 己   己○ ○己
　　　　亥 일주가 亥未, 亥未이면 合한 木을 키울
수 있으면 좋은데, 못 키우는 구조라면, 木剋土하여
마누라 때문에 신세 망친다.
겨울에는 키울 수 없으므로 집안 망한다.
불행을 자초한다.

(20) 戊 己
　　　辰 亥
　　　時 日
辰亥 원진이 되면 영혼과 관련된 장의사나 공동묘지
관리인 같은 직업 갖는다.

(21) 己亥 일주는 지지에 亥卯未 木局이 되면 평생 무위
도식하는 사람이다.
키우지 못할 생명 또는 직업, 소망, 희망이다.
여자는 남편이다.
官이 잘못되면 망상이다.
그래서, 地支에 三合 木局을 싫어한다.

(22) 三不忌 :
① 官 = 목적, 벼슬, 희망이 없다.
② 돈이 안 따른다.
③ 남자는 자식이 안 된다.
여자는 불량한 남편 만난다.
土는 나무가 뿌리를 박기 때문이다.
土는 생명을 길러야 되는데 못 기르면 이런 형상이
온다.

第 3 章 日主論

(23) 合 = 情을 의미한다.
　　　　사랑, 정을 통한다. 뜻이 같다.

　　己 己 丙 甲
　　丑 酉 寅 申
　　丙火用神이다.
　　망상 때문에 부도내고 외국도망 갔다.
　　생명을 자르면 자비가 없다.
　　폐병으로 죽었다.
　　3번 장가갔다.

3) 己酉 日主 (8월)

(1) 己酉 일주는 무조건 火를 봐야 한다.
　　火方(여름)으로 가야한다.
　　가을, 겨울에 태어나면 아무 쓸모없다.
　　火를 보지 못하면 죽은 土다.
　　한가한 사람이다.

(2) 성격이 모가 난다.
　　생명의 뿌리를 酉金이 자르기 때문이다.
　　생명을 키울 수 없는 背逆의 神이다.

(3) 酉 옆에 木이 있으면 수술 수 있다.

第 3 章 日主論

(4) 己酉 일주는 생명을 거역했기 때문에 여관업, 일수장사, 술장사, 깡패가 많다.
생명을 거역하는 구조다.
군인, 경찰, 수사기관에 종사자가 많다.
= 時柱가 좋으면.

(5) 己酉 일주는 가을, 겨울에 태어나면 木이 없어서 생명을 배역하지 못하니 괜찮다.
봄에 태어난 己酉 일주가 가장 나쁘다.
여름도 나쁘다.

(6) 己酉 일주가 초목을 키울 구조면 반드시 火를 봐야 한다.

(7) 酉金은 午火를 가장 무서워한다.
午酉破로 성격이 아주 나쁘다.

乙己丙甲
丑酉寅申 = 폐병으로 죽었다.
평생 돈 안벌고 사기친다.
57세 庚辰年 12월 폐암 사망.
3 : 5 신약.
金이 病. 火가 藥用神. 장가 세 번 갔다.
金木이 심하게 상전하면 한 가정 못 지킨다.

(8) 酉金은 완성품이다.
酉金이 木을 보면 날카로운 칼로 보고, 火를 보면 빛나는 寶石이다.
酉金은 절대 변하지 않는다.
己酉 일주는 바위 위에 얕게 土를 덮어놓은 것과 같아서 뿌리를 박을 수 없다.

第 3 章 日主論

(9) 만약, 己酉 일주가 木을 갖고 태어나면 평범한 사고가 아닌 특이한 사고를 한다.
성질이 괴팍하다.
이유가 많다. 반대로 간다.

(10) 四柱에 生命을 거부하는 글자를 가지고 있으면 은연 중 갑자기 괴팍성이 튀어나온다.
신약하면 변덕이다.

(11) 丙 己
寅 酉 구조면 丙火가 酉金을 다스려 주어 좋다.
時 日
약국, 병원, 의사 같은 좋은 일 하는 사람이 많다.

(12) 己酉 일주가 신약하면 자기도 모르게 거짓말을 많이 한다.
사기꾼이 많다.
거짓말 많이 한다.
막노동꾼, 떠돌이가 많다.

(13) 己酉 일주는 일반적인 직업이 아닌 모난 직업이 많다.
경찰, 검찰, 기무사, 기자가 많다.
목적 달성을 위해서는 끝까지 파서 밝히는 직업이다.
그래서, 권력직으로 가야 하는데 일반직으로 가면 상사와 트러블이 많다.
직장에서 불평이 많다.
윗 상사에 대하여 불만이 많다.
개인적으로 독립하여 하는 일이 맞다.
: 지배받지 않는 자유스럽게 하는 직업.

第 3 章 日主論

(14) 己酉 日主가 寅卯生命이 나타나면 갑자기 말썽을
일으킨다.
지탄의 대상이 된다.

(15) 己酉 日主가 身弱하면 변화가 많다.
말썽을 많이 부린다.

(16) 乙 己 丙 甲
　　　丑 酉 寅 申
身弱이다.
父가 검사였다.
부친이 죽으면서 재산이 망했다.
事業하면서 3번망했다.
木(生命)을 키울 수 없다.
食傷이 凶神이라 거짓말 많이 한다.
폐암으로 죽었다.
化格이나 變格으로 가야한다.

4) 己
未 日主 (6월) : 간여지동

(1) 己未 일주는 生土다. 木을 키우고 있다.
     초목을 키울 계절에 태어나야 한다.
     己土는 어느 때라도 丙火를 필요로 한다.
     할 일이 있는 사람이다.

(2) 冬土에 나무가 무성하다.
     조후만 되면 부자다.
     사람착하고 인덕이 있다.

(3) 己○   未○
     未亥   卯未 = 나무를 키울 수 없는 구조로
                      가정풍파가 많다.
                      이혼하거나 독신이다.

(4) 특히, 己未 일주는 地支 三合을 싫어한다.
     여름에는 木이 썩기 때문이다.
     겨울에는 못 키운다.

(5) 干與支同은 줄기와 뿌리가 똑 같다.
     너무 태왕하면 마누라 들어갈 자리가 없다.

(6) 겨울 己未 일주가 火가 많으면 온실화로 밥걱정은
     안한 대신 큰 局은 아니다.

(7) 己未 일주는 丙火를 보면 용모가 아름답다.
     未中 乙木이 있기 때문에 조후가 되면 미인이 많다.
     : 연예인.

第 3 章   日主論

(8) 여자 己○   己○
         未卯   未亥
   官(남편)이 病이라서 마누라 때문에 신세 망친다.
   남자는 자식이 안 좋다.

(9) 사주에 향기가 있으면 人氣가 있다.

(10) 만약, 甲己甲이면, 잘 크는 나무를 썩게 하므로
    나쁘다.
    化格이 되면 괜찮다.
    己甲
    未寅이면, 合이 되어 반은 크고, 반은 썩으므로
    볼품이 없다.
    값이 안 나간다.
    노동의 댓가 받고 산다.

(11) 己未 일주는 화초가 만발하여 조후되면 마음의
    여유가 있다.
    자선심이 있다.
    성격이 좋다.
    생명이 크기 때문에 未土가 華蓋다.

(12) 丑 戌은 생명을 자르는 辛, 庚金이 있어 어느 때에
    는 金의 성격이 튀어나온다.

(13) 己未 일주는 봄, 여름에 태어나면 좋다.
    가을, 겨울에 태어나면 木을 키울 수 없기 때문에
    노동의 댓가 받고 살아야 한다.

(14) 己 일주는 甲과 合해지는 것이 나쁘다.
    처자궁이 안좋다. 노후에 아무 한게 없다.

第 3 章 日主論

(15) 己
未 일주가 己乙丙이면 꽃과 태양을 보아 미인이다.
향기가 너무 많아 제 갈길 못 간다.
너무 잘 생기면 만인의 애인이 되라는 뜻이다.
甲木은 多年生 식물이라 향기가 오래간다.

(16) 己 일주는 甲이 오면 甲己合되어 농사를 망친다.
만약, 여자면 가문을 망친다.

(17) 己未 일주는 調喉가 안되면 土操로 火土重濁이다.
여자가 火土重濁이면 자궁에 病이 생겨 번식이
안 된다.
부부생활 조심해야 한다.

(18) 己未 일주는 未中에 乙木이 들어있는데 木의 무덤이
다.
鬼墓地다.
鬼墓地에 앉아 있고 凶神이면 무당, 기도한다.
刑이 되면 귀신 장난에 휘말린다.
자해한다.

5) 己
巳 日主 (4월)

(1) 己巳 일주는 生土다. 木을 키우고 있다.
     초목을 키울 계절에 태어나야 한다.
     己土는 어느 때라도 丙火를 필요로 한다.
     할 일이 있는 사람이다.

(2) 巳火가 地支 12자 중에 가장 변화가 많다.
     머리가 좋다.
     현실 감각이 발달했다.

(3) 巳火 = 巳午未火局
            巳酉丑金局
     巳의 의식은 合에 가 있다.
     그래서, 변화가 많다.
     그 이유는 ?
     巳火는 火가 主體인데 庚이 巳에 長生했기 때문에
     巳火는 庚辛金의 어머니다.
     그래서 巳火는 자식인 金을 그리워한다.

(4) 己乙甲
     巳○○이면, 돌밭이라서 木의 뿌리를 못 내린다.

(5) 여름에 태어나면 머리가 영리하다.

(6) 봄, 여름에 잉태한 사람은 어머니가 보는 것이 많아
     색감이 발달해 있다.

第 3 章 日主論

(7) 겨울生은 자연을 보지 못해 미술감각이 없다.

(8) 己庚丁
    巳戌亥이면, 돌산이라서 丁火로 캐내야 한다.
    개척자, 혁명가. 火用神이다.

(9) 己土는 돌산도 좋아한다.
    나무를 못 키우기 때문이다.

(10)   己
        巳   이면, 생명을 못 키우니 나쁘다.
    申酉丑

(11) 사주에 火가 암장해 있으면 피부, 인물이 곱다.

(12) 己土는 巳中의 戊土(겁재)도 좋다.
     : 己土의 땅을 넓혀주므로.

(13) 巳와는 酉나 丑이 오면, 合하여 변덕이 많다.
     변색된다. 변화 온다.
     이중간첩과 같다.

(14) 巳中 庚金은 불속에서 다듬어진 돌이다.

(15) 己巳 일주는 妻宮에 火가 凶神으로 못쓰면,
     母와 妻의 갈등이다.
     앙숙이다.
     劫財가 들어있어 흉신이면 배다른 형제가 있을 수
     있다.

第 3 章 日主論

(16) 己巳 일주는 영리하다.
불(문화의 神)을 갖고 있기 때문이다.
융통성이 많고 영리하다.
생명을 키우는 불이라 酉金이나 丑이 오면,
合하여 변덕이 많다.
그래서, 잘된 사람이 있는가 하면 못되면 요령꾼,
사기꾼이다.

(17) 正印 = 生母.
編印 = 계모다.
그러나 실제 명리에서는 그렇지 않다.

  예) 甲 亥에서 長生.
      丙 寅   "
      壬 申   "
그런데, 庚金은 巳中 丙火에서 태어나므로 庚金은
돌연변이다.
서양사람은 '부모는 부모고, 나는 나다' 라는
생각을 갖고 산다.

(18) 己巳 일주는 : 己庚丁
                  巳戌○이면 : 조후가 필요없다.
불(火)만 있으면 된다.
여기서 丁火는 연장, 인공기계다.

(19) 己巳 일주는 巳中에 丙火가 暗葬하여 이사,
문서 변동이 많다 : 丙火가 凶神이면 낭패본다.

(20) 己巳 일주는 巳中 丙火가 있어 나무가 클 때인 봄,
여름에 태어나야 좋다.
가을, 겨울에 태어나면 나쁘다.
추동절은 광산 구조가 좋다.

第 3 章 日主論

6) 己
卯 日主 (2월)

(1) 己卯 일주는 生土다. 木을 키우고 있다.
    초목을 키울 계절에 태어나야 한다.
    己土는 어느 때라도 丙火를 필요로 한다
    할 일이 있는 사람이다.

(2) 己土가 殺(甲乙)을 깔고 앉아있어 불안하다.

(3) 겨울에 己卯 日柱가 火를 보지 못하면 格을 세울 수 없어 깡패가 많다.

(4) 卯月은 2월에 태어난 흙이다.

(5) 己卯 일주는 地支에 木이 合이 되어 들어오면 아주 나쁘다.

(6) 己卯 일주가 酉金이 오면 나무를 베어내니 부부궁이 나쁘다.
    성격이 까다롭다.
    중년이후 건강이 나쁘다.= 질병자다.
    하극상이다.
    만약, 남자라면 惡妻 만난다.
    殺地에 앉아있어 剋을 받으니 소심하고, 예민, 날카롭다.
    그래서, 위장병, 신경성병, 위가 나쁘다.

第 3 章 日主論

(7)　己甲乙
　　　卯酉○이면, 후처이거나 애인만 두고 산다.
　　　官이 病이면 가정궁이 나쁘다.

(8)　卯가 있는데 地支에 巳酉丑이 있어 木을 자르면,
　　　官(혈통)이 나쁘다.

(9)　官 = 조상, 국가, 法, 가문, 혈통, 집안의 씨앗.

(10)　사주에 卯가 있는데 子卯刑이 있으면 :
　　　刑 = 구속(몸이 자유롭지 못하다)
　　　　 = 장애인

(11)　겨울 子卯刑은 싹이 얼어 상처가 있어 못쓴다.
　　　씨앗이 얼었다. : 성병이다.

(12)　여름 子卯刑은 水生木 해주기 때문에 무례지형이라
　　　陽氣를 억제 못해서 그렇다.

(13)　　己
　　　　卯
　　　亥卯未 : 殺이 알맞으면 官이고,
　　　　　　　殺이 너무 많으면 鬼로 본다.

(14)　正官, 編官을 암장했다.

(15)　○ 己 ○
　　　酉 卯 申으로 생명을 자르면 자신이 성질이 별나다.

(16)　己卯 일주는 濕木이라 성질이 날카롭다.
　　　복통, 편식이 많다.
　　　나이가 들면 지구력이 약하다.

第 3 章 日主論

(17) 地支에서 치고 올라오므로 내가 살기 위해서 정신력이 강하다.
그래서, 木을 제거해야 하느냐, 키워야 하느냐를 판단해야 한다.
봄, 여름에는 木을 자를 수 없다.
만약 자르면 자손궁에 문제있다.
: 자식, 명예, 직장, 조상, 혈통
여자일 경우는 남편궁이 나쁘다.
남편의 성질이 나쁘다.
남편의 기합 받고 산다.

(18) 丙 己
　　　寅 卯 이면 귀격이다. 木生火, 火生土다.
　　　時 日
판검사, 세무사, 회계사다.
남들이 해결하지 못할 일을 한다.
그렇지 않으면, 木을 못 키울 변격이 좋다.

(19) 원래 하극상은 성격이 유별나다.

(20) 地支가 강하면 부부의 성격이 안 맞는다.

　　　乙 己 甲 乙
　　　○ 卯 ○ ○ 이면, 관살혼잡이라서 후처나 시집을 여러번 간다.

(21) 己卯 일주가 지지에 巳酉丑이면 생명을 자르므로 나쁘다.

第 3 章 日主論

(22) 己
      卯 子 刑이면 남녀 모두 성병 주의해야 한다.
      그러나, 여름은 水生木하여 子卯刑이 되지 않는다.

(23) 己   乙
      卯 일주가 酉를 보면 생명을 자르므로 100% 이혼
      이다.

(24) 己卯 일주는 木을 기를 수 있는 조건이면 좋은데,
      木을 기를 수 없는 조건이면 변심하여 배우자 궁이
      나쁘다.

第 3 章 日主論

7. 庚金 日主論

(1) 庚金은 陽이기 때문에 子 寅 辰 午 申 戌과 合을 한다.

(2) 金 = 쇠, 과일, 구름 작용, 축대, 水路로 본다.

(3)   庚   丁
     (투박한 보석)   (인공열. 인공장비)
     申 = 세련되고, 가공된 보석.

(4) 庚金은 쇠로 革. 從革格이라 한다.
     용금성기 함이 가장 길하다.

(5) 庚金은 너무 强하면 부러진다.
     그래서, 酉金(兩刃)을 싫어한다.
     너무 태약하면 녹는다.
     그래서, 사주에 金일주가 가장 부자다.

(6) 金은 火와 水를 가장 반긴다.
     水火의 가치 기준에 따라서 貴賤이 정해진다.

(7) 金이 土多金埋면 나쁘다.
     서양 사람은 부모를 생각하지 않는다.
     동양 사람은 木이기 때문에 印星(부모)에 의지하려 한다.

(8) 金은 癸水를 싫어한다. = 金이 녹슬어 폐병 생긴다.
     庚癸丙
     子巳寅 이면 : 여름 비가 절반만 씻겨 주기 때문에
     반대편은 녹이 쓸어 폐병, 비염이다.

第 3 章   日主論

(9) 金은 봄에 태어나면 가장 나쁘다.
    봄에 나무를 자르려 태어났기 때문이다.
    일해도 소득이 없다.
    여름에는 火에 金이 長生하여 괜찮다.

(10) 天干 10 字 중 가장 强하다.

(11) 金多火熄 : 불구자. 상처 난 사람. 장애자.

(12) 火多하면 소용된다 : 녹는다.
    그래서, 金은 革이다.

(13) 申酉年의 政府 = 80~82년 庚申. 辛酉年 전두환.
                92~93년 壬申. 癸酉年 김영삼.
                04~05년 甲申. 乙酉年 노무현
    개혁.

(14) 庚金은 完成된 金이라서 丁火로 녹여야 한다.
    辛金도 잘 다듬어진 보석이라서 壬水로 씻어줘야
    光이 난다.

(15) 庚金에 酉金은 羊刃으로 너무 强해 부러진다.
    약하면 주체성이 없다.

(16) 사주에 金이 균형을 잡히면 돈이 많다.

(17) 金은 肅殺之氣로 火가 없으면 냉혹하고 차다.

(18) 土多金埋를 가장 싫어한다. 사람이 어리석다.

(19) 庚은 12地支 중 亥子, 寅卯 말고는 모두 金을 돕는
    다.

第 3 章 日主論

(20)   戊 庚 己 戊 = 토다금매.
       寅 子 未 戌   金用. 水吉. 木藥. 土病. 火仇神.
       여자라면 火(官, 남편)이 病인 土를 도와 남편이
       무능하다.
       남자라면 官이 자식으로 자식이 안 된다.
       印綬가 凶神이면 환경이 나쁘다.

(21)   庚癸이면, 濕氣나 비로 庚金이 녹이 쓸어 수명이
       짧다.
       폐나 대장이 나빠 병마에 시달린다.

(22)   金水傷官格에 초년 火運이 오면 병마, 폐, 대장에
       病이 온다. 수명이 짧다.

(23)   戊 庚 癸 丙
       寅 子 巳 寅 = 火病. 水藥用神.
       火多水渴이다. 폐병. 생사 넘나들었다.
       戊土가 마르면 상생 할 수가 없다 : 먼지 낀 것.

(24)   金의 母는 巳火로 火속에서 큰다.
       火剋金으로 조심성이 있다.
       예비정신. 봄, 여름에 태어난 金은 연한 金이라
       철이 없다. 순수하다.

(25)   金이 봄에 태어나면 겁이 없고, 약해 기스가 잘 난
       다. 상처나 흉터가 많다.
       어린 아이처럼 순박하다.

(26)   亥子月 金水傷官格은 무조건 火를 봐야 한다.

(27)   가을엔 성숙돼 무게가 있다.

第 3 章 日主論

(28) 庚庚庚
    子戌申이면, 成熟之金. 속이 알차다.
    庚子 일주 金水傷官格의 眞格.
    마누라를 색을 밝히는 여자 만난다.

(29) 庚庚庚
    午辰寅이면, 成長之金. 어린 아이에 비교.

(30) 金水傷官格은 火를 보지 못하면 인물이 없다.
    미운얼굴. 火의 단련이 안돼서.
    火를 봐 다듬어 지면 세련미가 있다.

1) 庚
     子 日主

(1) 子에 死. 12운성. 死宮. 설기해 알맹이가 없다.

(2) 地支 食傷으로 水多하면 水多金沈.
    죽을 고비를 넘기거나 대수술 받는다. 死宮.

(3) 死는 죽은 사람의 생각을 갖고 있다
    건강관련업. 의사. 한의사.
    격이 나쁘면 돌팔이. 민간요법.
    맛있는 음식. 노는 것. 먹고 노는 것 좋아한다.

(4) 金水 傷官格은 火를 못보면 인물이 없다.
    火의 단련이 안돼서 미운얼굴, 火를 봐 다듬어지면
    세련미가 있다.

(5) 食傷이 旺하면 고집이 쎄고, 역학, 과학, 연구가, 진리 탐구, 소설가, 예술가다.
食傷은 현실세계.
傷官은 고통받고, 밑바닥, 사랑 못 받고 자라는 것, 하늘에 버림받은 글자로 정 많고, 호소력 많고, 독특한 개성이 있다.

(6) 庚子 일주는 감성이 풍부해 쎅스를 즐긴다.

(7) 여자 庚子 일주는 身弱하면 短命. 방광, 허리가 아프다 : 쎅스를 많이 해서.

(8) 水多하면 갈아엎는다. 단명, 불구, 질병자다.
신약하면 지구력이 약하다.

(9) 庚子 일주는 감상적인 부부생활로 소모가 많다.

(10) 火多하여 地支를 말리면 일이 많아도 실속이 없다
폐. 대장, 신경통.

(11) 火가 없어 얼어있는 구조.
巳午未로 運이 가면 녹아 가라앉는다.

(12) 庚은 원광석 구조. 녹여야 할 구조.
丁火로 成物이 되어야 한다.

(13) 만약, 申子辰水局이면 惡妻 만난다.
女子 三合하면 마누라 때문에 고통 받을 일.
마누라가 집안 亡하는 경우가 많다.
女子 申子辰合이면 官(남편)의 혼을 뺀다.

(14) 庚子 일주는 南. 女 모두 배우자 관리 잘해야 한다.

第 3 章 日主論

2) 庚寅 日主

(1) 庚寅 일주는 寅中 戊丙甲이 暗葬.
    절처봉생. 생명 자르는 구조.
    寅中 丙戊 相生해 준다.

(2) 干上에 甲乙木이 나타나면 金은 허욕. 財多身弱.
    沖이 안되어야 한다.

(3) 編財. 욕심발동. 허욕. 沖. 백년해로 못한다.

(4) 봄 庚寅 일주는, 木을 자르려 태어난 것.
    조상덕이 없고, 삶이 조마조마하다.
    正月은 從財格. 從格이 좋고, 木財旺하면 印綬를
    치므로 아버지가 결혼을 2번 하거나 같이 살 구조가
    아니다 : 양자. 유학. 계모 밑에 자라거나.

(5) 寅申 沖하거나 午戌로 태우면 바쁘기만 하고 소득이
    없다.

    庚庚辛
    寅申○ = 무자비하게 木을 자른다.
    무법자, 독불장군, 깡패. 아버지도 그런 사람이다.
    財. 마누라. 아버지. 흩어져 가정이 온전치 못하다.
    寅中에 編官(病), 編印(戊)이 있어 吉하면 사람이
    좋다.

(6) 庚金에 印綬인 戊土로 官印常生되면 수양엄마.

第 3 章 日主論

(7) 木多하여 從財되면 財는 외국, 역마다.

(8) 寅午戌火局되면 살면서 風波다.

(9) 寅巳申 刑, 寅申冲은 事故 多.

(10) 卯年오면 乙庚金하여 마음이 들뜬다.
    : 미인, 卯桃花. 바람 발동.

3) 庚辰 日主

(1) 華蓋로 잘 쓰면 벼슬관 쓴다.(장원급제 때 쓰는 官)

(2) 地支가 12운성에서 養에 해당.

(3) 辰中에 癸水가 있어서 成物을 시킬 수 없다.
    어머니 배속에서 만삭일 때를 말함.

(4) 庚辰 일주는 日德格으로 고집이 强하나 착하다.

(5) 영국신사. 양자와 인연. 점잖다. 가볍다.

(6) 偏人으로 눈치가 빠르다. 재치가 있다.

(7) 辰土가 凶神이면 효신살(도식) 작용하여 거지신세,
    탁발신세.
    辰土가 길신이면 벼슬한다.

第 3 章   日主論

(8)   辰戌 冲 = 丁火로 成器시킨다.

(9)   丙火 = 키우는 불이고, 庚辰은 丁火로 成器가 안 된다.

(10)   庚辰 일주가 身旺하면 印綬로 씻고 설기시켜야 한다.

(11)   辰土는 여자사주에 傷官 庫(무덤)으로 자식이 무덤에 들어 있어 자식이 나쁘다.(죽는다)
내 그늘 밑에 두면 죽거나 안 풀린다.
벗어나게 해야한다 : 유학이나 이민.

(12)   辰中에 乙木이 있어 財인 마누라가 미인이 많다.

(13)   乙庚 暗合하여 마누라가 병약하다.

(14)   正財인 마누라를 사랑해 잠자리 많이 하면, 마누라가 아프다.

(15)   남자(官)인 丁火가 辰中 癸水의 헨을 받아 꺼진다.
사계절 成器 못한다.
申子辰 水局이면, 從兒하거나 설기해야 좋다.

(16)   庚
辰 酉金이 오면, 辰酉合하여 乙木을 자르므로 마누라 걱정 할 일이 생기거나 아프거나 돈 갖다 버리는 일이 생기거나 처로 인한 걱정거리다.

(17)   궁합볼 때 魁罡 가진 자는 魁罡 가진 배우자를 만나야 한다.

(18) 火多하면 乙木이 말라 물이 필요해서 물 많은 젊은 여자를 찾는다.

(19) 魁堽을 가진 여자는 군인, 법, 힘쓰는 직업을 가져라.
魁堽을 두개이상 가진 남자는 마누라가 힘이 딸린다.
이유없이 이혼한다.
辰戌 沖하면 辰中 乙木이 뽑혀 마누라가 病者되거나 이혼한다.

(20) 여름에 火가 많아 辰中癸水가 마르면 巳午未, 寅午戌火局하면 마누라가 죽는다.
물이 없어 물을 갈아먹는다.
나이 먹어도 젊은 여자 좋아한다. 정력이 쎄다.

4) 庚午 日主

(1) 午中 丁己(정관, 정인) 암장. 목욕궁. 탕화살.

(2) 天眞無垢하고 신사, 멋쟁이가 많다.

(3) 地支에서 火剋金해서 성질 急하고 앞만 보고 달리는 말이다.

(4) 여름에는 火多하여 성질 急하고 변동이 많다.
殺속에서 크니 ① 머리가 비상하다.
② 예비정신이 강하다.

第 3 章 日主論

(5) 壬水를 봐서 용신이고 유력하면 덕망가, 후덕하다.
     명예. 자손 잘된다.

(6) 봄 卯月은 乙庚合金하고, 卯木이 잘 자라 여자를
    밝힌다.
    午火 卯는 木生火하여 미녀를 좋아하고 바람 많이
    핀다.

(7) 여름에는 丑, 申 根이 있어야 한다.

(8)   庚   甲   甲庚
    午 일주에 子가 月이나 時에 있어 子午冲되면,
    갑작스럽게 불이 꺼져 사고나 부도나 건강문제가
    생긴다.
    돈이 많이 없어지거나 기도하거나 한다.
    火가 많아 용금성기해도 小局이다.

(9) 庚午 일주는 신약하고, 火多하면 바람 많이 핀다.
    여자는 감당못 할 惡夫만나고, 財가 凶神이면
    惡妻이며, 마누라 때문에 함징에 빠진다.

(10) 戊己土가 많으면 水로 못씻고, 火多하면 賤해진다.

(11) 신약하고 火多하면 흉폭하고, 성격 急하고, 막말을
     잘한다.
     악발이로 자기 성격 조절 못함.

第 3 章 日主論

5) 庚申 日主

(1) 庚申 일주는 간여지동. 건록격.
    단순하고 순박하다. 甲寅, 乙卯.

(2) 가을에 완숙하여 성격되면 大局이 많다.

(3) 丁火로 녹이려 해도 녹일 수 없어 허송세월 보낸다.

(4) 申子辰 水局으로 金旺할 때 설기하면 大局이다.

(5) 木이 있어 자르면 生命을 자르므로 하고 싶지 않은 일을 하면서 산다.
    안 좋은 일이 생긴다.

(6) 金이 겨울(亥子月)에 金水傷官格이면 무조건 火를 用한다.

(7) 庚甲
    申寅이면, 건록격이라 財인 아버지의 운명을 꺽는다.
    偏財인 妻宮에 풍파격는다.
    아니면 바람피워 풍파다.
    (철칙이고 宿命이다)

(8) 庚申 일주가 초년에 甲寅이 있으면 단명, 상처나 대수술, 죽을 고비, 병치레하다.

第 3 章   日主論

(9) 丁火(官)로 녹일 수 없어 자식이 나의 마음 만족을 못시킨다.
情이 멀어진다. 자식이 외국에 이민 많이 간다.

(10) 寅申冲은 정신적으로 고독하고, 형제가 있어도 원수 처럼 산다.
여자는 부부인연이 약하다.
丁火가 남편인데 壬水 傷官을 갖고 있어 부정적인 생각으로 남편한테 복종하는 것 같아도 남편 테스트 하면서 산다 : 껍데기 복종(庚子일주)

(11) 庚申 일주는 무관, 법관, 군인, 외과의사가 많다.
조립이 안 좋으면 술장사, 쇠 깎는 기술자다.

(12) 甲庚甲으로 冲하면 맨 처음을 뜻하므로 개벽, 시초, 장남이 아니면 형, 누나 죽는다.
맞이를 꺾었다.

(13) 庚甲丙이면 맞이가 아니라도 부모 재산 다 팔아먹는다.

(14) 甲 = 가장자리. 우두머리다.

(15) 木을 자르는 金을 肅殺이라 한다.

6) 庚戌 日主

(1) 官이 무덤에 들어간 괴강. 辛丁戊 암장.

(2) 丁火를 쓸 수 있으면 祖上의 陰德이 있다.
丁火가 凶神이면 조상의 惡業 받아 일이 안된다.

(3) 偏人으로 효신살.

(4) 괴강으로 생명을 거부한다.
괴팍한 성질. 잔혹한 성격.

(5) 신왕하면 창의력. 욕심많고 뚝심있다.

(6) 괴강으로 成物할 조건을 갖추었다.

(7) 火속에서 나온 金으로 도통하고 나왔다.
양처럼 순하다.

(8) 결국 나빠 진술 冲하면 무모한 성격. 괴팍한 성격.
모험가.

(9) 여자는 친정이 잘 살아도 태어나면 망하고, 시집가면서 시집이 망한다.
조후가 안돼 태우거나 冲하거나, 상처주면 괴팍한 성격. 큰소리. 허풍. 시끄럽다.

(10) 金水가 많으면 저수지.
겨울에 壬이 있어도 火가 없으면 쓸데없는 것이다.

第 3 章 日主論

8. 辛金 日主論

(1) 辛金은 완성된 보석이다.
     주옥. 연장(낫, 칼), 구름. 열매.

(2) 辛金은 만물의 결정체로 보기 때문에 열매로 본다.
     그래서, 다루기가 힘들다.

(3) 辛丁이면, 완성된 보석을 丁火로 녹이려 하면, 손재
     난다.

(4) 辛戊己 구조에서 土는 먼지다.

(5) 辛金 일주는 눈치빠르고, 영리하다.
     형제덕이 없다 : 옆에 있으면 상처가 나기 때문이다.

(6) 辛金은 조후를 반긴다.
     조후가 안되면 성질이 더럽다.
     그래서, 辛金은 크다 적다로 값을 정하지 않고, 빛나
     는 것으로 가치를 정한다.
     얼지 않아야 하고,
     빛이 나야 하고,
     土에 묻히지 않아야 한다.

(7) 辛金은 壬水로 씻어줘야 한다.
     亥水는 水精이므로 깨끗해야 한다.
     癸水로는 반만 씻어 주니 착각속에서 산다.

第 3 章 日主論

(8) 辛金은 자기 스스로 피곤하고, 고독하게 만든다.
     아무나 사귀지 않는다.

(9) 辛金이 뿌리가 없으면 용신으로 쓸 수 있다.

(10) 만약에 辛金이 酉金을 가지고 오면, 완성품인데
     地支에 뿌리가 없으면 완성품이 아니다.
     그래서, 완성품이 되면 용신으로 잘 쓰지 않는다.
     그러나, 완성된 보석을 용신으로 쓸 경우는 있는 재산
     을 까먹고 사는 격이다.

(11) 辛 辛 辛
     丑 亥 酉이면, 火生氣가 없다.
     12 10 8월   生氣가 없다.

(12) 위 일주에 戊
              子 時를 보면 육음조양격이다.

(13) 辛 辛 辛
     卯 未 巳이면 木을 짜르려고 태어났으므로
     사회적 대우를 못 받는다. 좋은 직업 못 가진다.

(14) 여름에 金 일주가 火가 많으면 신경질적이다.
     정신질환자가 많다.

第 3 章 日主論

6) 辛
丑 日主

(1) 華蓋로 쓸 수 있으면 문장가다.
그러나, 華蓋가 凶神이면 偏人의 작용을 하므로
효신살과 같다.

(2) 눈치 밥 먹고산다.
(3) 丑은 오물 덩어리다.

(4) 辛丑 일주가 身弱하면 妻의 德을 본다.
단, 장가가면 妻나 엄마 중에 하나는 선택해야 하므로
고부 갈등이다.
辛丑 일주가 신왕하면 마누라를 구박한다.

(5) 辛金 일주는 완성된 器物로 송곳처럼 날카롭기 때문에
잘나가다가도 콕 찍어 말하는 습성이 있다.

(6) 辛金 일주는 권력기관, 수사기관, 군인, 기자,
의사가 많다.

(7) 辛丑 일주는 丑未沖이 있으면 나쁘다.

辛丁
丑未 구조면, 가정이 깨진다.

(8) 여자는 官을 남편으로 삼는데 官은 영광이요, 희망으
로 좋은데 辛金은 官인 火가 와도 丑土가 열기를 흡
수해 버리므로 남편의 사랑을 받지 못하고 산다.
그래서, 남편한테 불평하며 산다.

第 3 章 日主論

(9) 辛丑 일주는 巳나 酉가 오면 合하여 木을 자르므로 凶하다.
곤조가 나온다.
合되어 旺해지면 남에게 지기 싫어한다.
남을 제압하려 한다.

(10) 丑土가 凶神이면 무덤이다.
그래서, 辛丑 일주는 못쓰는 보석이다.
그러나, 丑土가 길신이면 성실하다.

(11) 六十甲子중에서 辛金 일주가 가장 조심성이 많다.
미리미리 준비한다 : 유비무환.

1) 辛亥 日主

(1) 金은 官(불)속에서 큰다.

(2) 官은 殺이다.

(3) 金水傷官格은 반드시 火를 봐야 한다.

(4) 辛亥 일주는 病宮에서 태어났다.
傷官星이다.
亥水는 天門星으로 직감력, 영감이 발달.

(5) 辛亥 일주는 고란살 = 소실살이다.

第 3 章 日主論

(6) 辛亥 日主는 甲이 암장해 있어서 木이 오면, 얻어맞
    으면서도 木이 큰다.

(7) 辛亥 일주는 木을 좋아한다.
    먼지인 土를 막아주므로.

(8) 辛亥 일주는 남녀간에 傷官이 들어있어 인정이
    많다.
    그러나, 調喉가 안된 辛亥 일주는 남편이 반드시
    바람핀다.

(9) 辛亥 일주가 壬水로 씻어주는 구조는 자화자찬한다.
    머리가 영리하다.

(10) 金은 水旺하면 水多金沈이다.
    그래서, 壬水가 자식인데 자식이 많으면 많을수록 몸
    이 고달프다.
    수왕금침되기 때문이다.

(11) 辛亥 일주는 亥中 甲이 암장해 있어서 쓸 수만 있으면
    성격이 고상하다.

(12) 辛亥 일주가 지지에 亥卯未木局되어 天干과 地支 上下
    가 안 맞아서 가정이 나쁘다.
    특히, 봄, 여름에 태어나 地支에 木局되면 좌불안석
    으로 부부이혼하기 쉽다.

(13) 己土 일주와 辛金 일주는 亥卯未木局을 잘 봐야 한
    다.
    가정이 깨지기 때문이다.

(14) 戊 辛 癸 癸
     子 亥 亥 亥 = 육음조양격의 眞格. 박문봉씨 사주.

3) 辛
酉 日主

(1) 건록, 장성.

(2) 봄에 태어나면 조산이다.

(3) 辛酉 일주가 봄에 태어나면 절지에 태어나 생명(木)을 자르므로 양자를 가거나 팔아줘야 한다.

(4) 辛酉 일주는 완성품이라 여름에 태어나면 초년에 죽을 고비를 넘기고 간다.
병마에 시달리면서 자란다.
불속에서 자라기 때문이다.

(5) 辛酉 일주는 유비무환의 정신이라 불확실한 일은 안 한다.
신용을 A급으로 친다.
말의 책임을 진다.
자기 품행을 지킨다.
그래서, 성격이 결백하고 정직하다.

(6) 辛酉 일주는 여름에 태어나면 불속에서 크므로 몸 어느 한 곳에 질병이 있다.

(7) 여자 辛酉 일주는 土가 인성으로 시부모인데, 시집가면 시부모와 갈등이 생긴다.
土는 먼지이기도 하다.

第 3 章 日主論

(8) 辛酉 일주가 길신이면 마음의 여유가 있다.
     여유롭다.

(9) 辛酉 일주가 巳나 丑이 와서 合하면 木을 자르므로
     賤한 일을 한 사람이 많다.
     귀한 직업을 못 갖는다.

(10) 辛酉 일주가 木이 나타나 자르면 가족간의 사이가
     안 좋다.

(11) 辛酉 일주가 丙火가 조후되면 좋다.

(12) 辛酉 일주가 조후가 안되면 자화자찬을 많이 많다.

(13) 辛酉 일주가 흉신이면 土局에서 출생했는데,
     土生金하면 더 나빠지므로 이민을 간다.

4) 辛未 日主

(1) 辛未
     亥 卯 = 財庫 위에 태어나서 먹을 福이 있다.

(2) 亥卯未 되어 凶神이면 장가 여러번 간다.

(3) 辛未 일주는 여름 보석인데 木이 旺하면 상처난
     보석이다. 木旺金缺이다.

第 3 章 日柱論

(4) 辛未 일주가 봄, 여름으로 가면 가정 풍파가 많다.

(5) 辛未 일주는 未中에 乙木이 있어 향기가 있어서 미인이 많다.

(6) 辛未 일주가 봄, 여름 木旺節에 태어나면 고혈압, 辛未 일주가 金旺節에 태어나면 저혈압이 많다.

(7) 辛未 일주는 금융계에 종사자가 많다.

(8) 봄, 여름에는 꽃밭에 앉아있어 女難이 많다.

(9) 辛未 일주가 여름에 태어나 조후가 되면 열매가 달려 있는 격이라 예술감각이 풍부하다.

5) 辛巳 日主

(1) 멋있는 일주다.

(2) 육양지에서 태어났다.

(3) 尅中 출생이라서 미인이 많다. (잘 다듬어져서)

(4) 殺中 生印했다.

(5) 正官인 丙火 속에서 출생하여 길신이면 좋은 집안에서 태어났다.

第 3 章 日主論

(6) 官印 有情格이다.

(7) 辛巳 일주가 巳中丙火가 있어서 불을 가장
    싫어한다.
    더 이상 불이 나타나면 정신노이로제 된다.

(8) 여름에 태어난 辛巳 일주는 金이 녹아서 病者가
    많거나 노이로제가 많다 : 폐, 대장, 해소 병, 비염.

(9) 辛巳 일주가 염천에 출생하면 죽을 고비를 넘기고
    간다.

(10) 辛巳 일주가 官을 깔고 앉아있어 눈치가 빠르고 총
    명하다.

(11) 辛巳 일주가 여름에 태어나면 地支에 丑酉辰이 나타
    나야 좋다.
    火氣를 흡수.

(12) 辛巳 일주는 지지에 火氣를 흡수하는 글자가 있으면
    남자는 자식이 안되고 여자는 남편이 안 된다 ; 가
    정이 파괴된다.

(13) 辛巳 일주는 간상에 불이 뜨면 불의 공포증이 생긴
    다 : 노이로제.

(14) 火가 흉신이면 巳中의 戊土가 장모인데 장모와 合이
    들어서 장모와 의논한다.

(15) 辛 辛 丁 癸
     巳 亥 亥 亥 일주는 巳亥冲되어 장생궁을 때리면
     이혼하기 쉽다.

第 3 章 日主論

6) 辛卯 日主

(1) 辛卯 일주가 地支에 亥卯未合되면 지지의 힘이 너무 커져 바람을 핀다.

(2) 장성 도화다.

(3) 봄에 辛卯 일주는 나무를 자르므로 가정이 나쁘다.
사회에 역행하며 산다.

(4) 봄에 辛卯 일주는 지전살이다.
잘라도 잘라도 木은 자라므로 노후가 허망하다.

(5) 가을에 辛卯 일주가 卯酉沖으로 나무를 잘라버리면 좋을 수도 있다
: 나무를 잘라야 할 때.

(6) 辛卯 일주가 봄에 태어나 지전살이 되면 초년고생이 심하다.

(7) 辛卯 일주가 정재, 편재가 있어 바람을 많이 핀다.

(8) 辛卯 일주가 木이 흉신이면, 벼슬을 욕심부리지 말아라 : 재생관하므로.

(9) 봄에 辛卯 일주로 태어나 木이 흉신이면 아버지가 두 번 장가갔거나 하여 배다른 형제가 있을 수 있다.

第 3 章 日主論

(10) 辛卯 日主는 卯중에 甲을 木이 있어 흉신이면,
아버지가 바람을 많이 핀다.

(11) 辛卯 일주에 年月에 木이 흉신이면 아버지가 바람피워 낳은 자식일 수 있다.

(12) 辛卯 일주가 木이 흉신인 여자는 돈보고 결혼한다.

(13) 辛卯 일주가 신약하고 卯가 흉신이면 장가가면, 처에게 정력을 빼앗겨 병든다.

(14) 辛卯 일주는 從財로 따라가면 木을 자르지 않아 좋다.

(15) 丁辛○○
酉卯○○이면, 밖의 글자가 旺하여 本妻와 이혼하거나 喪妻 또는 妻가 家出한다.

(16) 辛卯 일주가 財가 길신이면 은행 등 금융업 종사자가 많다.

(17) 辛卯 일주가 地支에 亥卯未 합되면 가정 풍파가 많다.

9.　壬水 日主論

(1)　　　　　壬水

　　　　子 寅 辰 午 申 戌

(2)　壬水는 陽水인데도 하향하고,
　　　癸水는 陰水인데도 상향한다.

(3)　水는 태양과 더불어 수화기제를 시켜야 하는데
　　　己土가 와서 己土濁壬을 가장 싫어한다.

(4)　壬水는 얼어있는 것을 가장 싫어한다.

(5)　壬水가 여름에 태어나면 농사, 조후, 먹는 물로 쓰이므로 바쁘다.
　　　그러나, 겨울에는 쓸모없어 천하다.

(6)　壬水는 왕해도 흘러가야 하고 木을 키우기 때문에
　　　金이 오면 흉하다. 선무 공덕이다 : 木을 치므로.

(7)　물이 많으면 홍수와 같아 戊土로 제방을 쌓아야 한다.
　　　물이 넘치면 사회에 피해를 준다.

(8)　기토탁임이 잘못되면 폐수다.

(9)　印綬가 많으면 파도치는 것과 같다.
　　　삶의 파란이 많다.

第 3 章   日主論

(10)   壬水의 가장 큰 임무는 초목을 키우는 것이다.

(11)   壬水는 ① 초목을 키우는 물. (먹는 물, 생명수)
             ② 조후용
             ③ 보석을 씻어주는 작용 : 세광.
             ④ 농사용으로 저수지 용도다.
       이 4가지에 해당하면 활인업한다.

(12)   壬壬壬
       子戌申이면, 물이 쓰임새가 없어서 일을 많이 하고도 소득이 없다. 버림받은 물이다.
       火가 있는 者는 먼저 봐야한다.
       쉬고 있는 물이라 값이 안 나간다.

(13)   壬壬壬
       寅辰午이면, 물이 쓰임새가 있어 인기있는 사람이다.
       바쁘고 분주하게 산다.
       식복과 돈이 많은 조건을 갖추었다.
       활동히는 물이다.

第 3 章 日主論

1) 壬子 日主

(1) 羊刃을 갖고 있어 氣가 쎄다.
　　羊刃은 폭발력이 있다.
　　沖이 되면 강도가 쎄다.
　　　申　　子　　辰
　　　백성　군왕　농토
　　子는 將星 殺이다.
　　외양내음격이라 자기를 자제시킬 수 있다.

(2) 壬子 일주는 財, 官이 節이 되기 때문에 여자는 부부궁이 나쁘다.

(3) 比劫 태왕은 팔자가 쎄다. = 君劫爭財되므로.

(4) 壬子 일주가 辰月에 태어나면 辰中 癸水가 들어 있어서 엄마가 流産을 많이 한다.

(5) 壬戌○○
　　子戌○○이면 官이 旺하게 때리면 죽을 수도 있다.

(6) 壬子 일주는 아래 위가 물로 구성되어 있어서 겨울 壬子 일주는 財(火)를 굉장히 밝히기 때문에 바람핀다.

(7) 壬子 일주가 신왕하고 봄, 여름에 태어나 木을 기르면 바쁜 사람이다.

第 3 章   日主論

(8) 壬子 일주가 여름에 태어나면 四敗日인데,
봄에 庚   여름 壬   가을 甲   겨울 丙
　　　申　　　子　　　寅　　　午
= 四敗日에 태어나면 인덕이 없다.
= 四敗日에 태어나면 庚辛 巳酉丑이 있어야 빈골이
아니다.

(9) 壬子 일주가 겨울에 태어나 調喉가 안되면 사회윤리 도덕을 깬다
: 밀수, 도박 등.

(10) 壬子 일주가 申子辰 水局이 되어 태왕하면 변화가 많다.
일시적으로 돈을 벌어도 곧 망해버린다.

(11) 壬子 일주가 火를 보고 調喉되면 사회에 유익한 일을 한다.
큰 포용력을 갖고 있다.

第 3 章　日主論

2) 壬寅 日主

(1) 좋은 일주다

(2) 印綬가 寅卯辰으로 가면 病으로 가니 너무 태약하면
   어릴 때 죽을 고비를 넘는 등 병약하다.

(3) 寅木 속에는 財, 官, 食神이 들어있어 좋다.
   교수, 사장감이다.
   그래서, 壬寅 일주가 寅木이 다치지 많으면 좋다.

(4) 壬寅 일주는 식당이나 나무 기르는 일을 한다.

(5) 壬寅 일주는 베푸는 德을 많이 쌓는다.
   食神格중에서 壬寅 일주가 가장 좋다.

(6) 壬寅 일주가 從兒格으로 가면 寅中에 丙火가 있어
   從財格으로 간다.
   從財格은 兒又生兒라 한다.

(7) 만약, 從兒格이나 從財格이 되면 머리가 영특하다 :
   고급두뇌다.

(8) 寅木이 凶神이 되면 말이 더럽다.
   나쁜 소리를 잘한다. (식상이므로)
   나쁠 때는 아주 나쁘다.

第 3 章 日主論

(9) 만약에 寅木이 吉辰이면 男子의 경우는 妻가 아름답다.
   寅中에 丙 = 훤하다. 달덩이 같다.
         甲 = 시원하고, 쭉 빠졌다.

(10) 壬水의 食神인 寅木은 장모이기도 하는데 길신이면 장모가 좋다.

(11) 寅木이 길신이면 妻, 장모, 자식궁이 화목하여 행복하다.

3) 壬辰 日主

(1) 子卯宮이다.

(2) 밑에 글자인 辰土를 잘 봐야 한다.
    辰土의 움직임에 따라 변한다.

(3) 괴강인데 좋으면 높은 사람인데 흉하면 공갈, 큰소리친다.

(4) 辰은 日德日로 물이 마르지 않는다.

(5) 일덕일로 태어나면 건강하다.

第 3 章 日主論

(6) 辰土는 물통이다.
     그래서, 辰土 옆에 木이 오면 물통이 깨져 나쁘다.

(7) 壬辰 일주는 물과 龍이 배합이 되어 봄, 여름에
     태어나면 일이 많다.
     분주하고 바쁘다.

(8) ○ 壬
     卯 辰이면, 卯가 陽氣 덩어리다.
     남자는 바람둥이다.
     여자는 자궁이 깨져 病이 있어 수술한다.

(9) 壬 ○
     辰 卯가 오면, 官을 건드리므로 억울한 일을 당한다.
     辰中에 乙木과 卯木이 野合하여 土를 剋해서 그렇다.

(10) 辰中에는 乙 3/10. 癸 1/10. 戊 6/10이 들어 있다.

(11) 寅 丙
     辰 辰이면, 반드시 재물이나 부부궁에서 사고가
     나거나 돈이 나간다.

(12) 壬丙
     辰辰이면, 바람둥이다.

(13) 壬 일주에 卯와 病이 바람이다.

(14) 일주가 庫에 해당하면 어릴 때 반드시 죽을 고비를
     넘기고 간다.

第 3 章 日主論

```
壬 乙 辛 丙
辰 未 丑 戌
```

(15) 壬○○
辰子申水局되어 旺해서 凶神이 되면 좋지 않거나
運이 없다.

(16) 壬辰 일주는 습기가 항상 있어 調喉가 되면 자궁이
좋아 늦게까지 性生活한다.
男子도 辰을 가지면 性器라서 마찬가지다.

(17) 만약에 습기가 없으면 빨리 마른다.
빨리 늙어버린다.
辰戌 冲이 되면 물이 새버려 흉하다.

(18) 辰과 戌이 冲되어 있으면 생리가 불규칙하다.
더위와 추위를 조절하는 土끼리 冲하여 깨져서.

(19) 壬辰 일주는 官이 食傷의 무덤이라서 官은 조상으로
억울한 조상이 있다.
무당, 종교로 간다.

第 3 章 日主論

4) 壬午 日主

(1) 壬午 일주는 봄, 여름에 태어나 조후되면 貴格이다.
    = 물과 불을 갖고 있어서.

(2) 壬午 일주는 日支 合이다 = 財官.

(3) 日支 暗合은 부부성생활이 좋다.

(4) 壬午 일주에 丁火가 길신이면 잠자리가 좋다.

(5) 午는 장성인데 태궁이라 어머니 배속에서 놀고 있는 형상이라 밖의 물정을 모르기 때문에 순박하다.
    태궁을 가지면 호기심이 많다.
    태궁이 길신이면 멋쟁이다.
    午火는 탕화살이다. 끓는물. 교통사고도 탕화다.

(6) 壬午 일주가 지지에 火局을 형성하여 조후가 안되면 탕화(교통사고)가 난다.

(7) 壬水가 신약하면 庚辛金이 나와서 도와주면 탕화가 안 된다.

(8) 봄, 여름에 丁壬合 = 바람둥이가 많다.
    가을, 겨울 丁壬合은 잡싹이다.

(9) 天干에 合 = 나타내는 것.
    地支에 合 = 잠자리로 나타난다.

第 3 章 日主論

(10) 丁壬合이 되어 있는데 庚金이 나타나 合을 깨면,
     질투 불평불만이 많다.

(11) 壬
     午 일주가 午火가 있는데 寅木이 와서 木을 태워
     없애면 돈을 태워 없애버린다.
     한때 돈을 벌어도 어느 순간 모두 없어진다.
     木을 태우는 사람은 순리적인 일만 해야한다.

(12) 壬
     午 일주가 酉月에 태어나면 午中 丁火가 印星인
     酉金을 녹이므로 큰 수술한다.

(13) 壬 戌
     子 午이면, 포악한 남편 만난다.

(14) 壬 戌
     子 子이면 水旺土崩이라 밖에 여자를 좋아한다.
     : 여자가 겁재라서.

(15) 壬壬
     子子이면 형제, 동기간으로 인하여 신세망친다.
     어느 계절이냐를 봐야 한다.

5) 壬申 日主

(1) 壬水는 長生이다.
   ① 長生 = 배경있는 물. 물이 맑고 깨끗하다.
      조후가 되어야 한다.
   ② 長生이면서 偏印이다. : 어머니가 자식을 기를 때 正印만 갖고는 못 기르고 편인의 성분으로도 키운다.

(2) 申月은 날씨가 맑아야 하기 때문에 壬水가 水를 싫어한다.
    신약해도 그렇다. 인성을 좋아한다.

(3) 壬申 일주가 여름에 태어나면 사람들이 잘 속고 잘 믿는다.
    그러나, 겨울에 태어나면 그렇지 않다.

(4) 가을에 태어난 壬辛 일주는 나쁜 조건에서 태어났다.
    火가 필요한데 印綬月이라 더욱 차게 하므로 환경이 나빠 일찍 고향 떠난다.

(5) 壬申 일주는　　　　丙
    　　　　　　　　巳 午 未 申
    　　　　　　　　녹. 왕. 쇠. 병.
    財가 病地에 있다.
    사주에 火氣가 없으면 여자가 시집가면 시아버지 宮이 나쁘다.
    남자는 마누라 宮이 나빠 상처하는 수가 있다.
    만약, 그렇지 않으면 해당 육친이 병들거나 운이 나쁘다.

第 3 章 日主論

(5) 壬癸
    辛卯이면 내가 형제 때문에 골병들거나 형제가 내 때문에 골병든다.

(6) 壬申 일주는 母妻不合이다.
    妻인 丁火가 못 들어 가기 때문이다.
    : 丁과 辛이 剋을 하므로.

(7) 壬申 일주가 과식하면 배탈난다.
    胃 기능이 弱하다.

(8) 壬○○
    申子辰水局이면, 내가 불에 빠지므로 싫어한다.
    = 水多金沈.

第 3 章 日主論

6) 壬
戌 日主

(1) 壬戌은 華蓋殺로 日德日이다.
    가을, 겨울은 추우므로 일덕이 되고
    봄, 여름은 일덕이 아니다.
    일덕은 잘 구성되면 局이 크다.
    戌은 천문성이다.
    壬戌은 백호대살이다.
    백호대살은 성격이 착하다.

```
          金
        4  9  2
    木   3  5  7   火
        8  1  6      = 지구 조판이다. 十五 眞珠
          水
    戊 丁 丙 乙 甲 癸 壬
    辰 丑 戌 未 辰 丑 戌
```

☯ 조상이 잘못 죽어 眞玉에 갇혀있는 것을 白虎라 한다.

(2) 壬水 申=장생, 酉=목욕, 戌=관대.
    戌은 壬水의 冠帶 白虎다.

(3) 壬戌 일주는 戌中의 丁火가 合을 하여 돈에 대한
    비밀이 있다.

(4) 壬戌 일주는 財庫라 횡재수가 있다.

第 3 章   日主論

(5)   壬戌 일주가 지지에 물이 없고 刑까지 있으면,
      수술하고,
      조후 안되면 암, 종양.
      신약하고 술이 길신이면, 신앙심, 자선심이 많다.

(6)   白虎大殺은 사주 어디에 있어도 해당한다.

第 3 章 日主論

12. 癸水 日主論

　　　　　癸

　　丑 亥 酉 未 巳 卯

(1) 癸水 = 형체가 있을 수도 있고 없을 수도 있다.
　　　미세한 안개와 같아서.
　　　활명수다. 너무 많으면 홍수 난다.

(2) 壬水 = 하향의 본능이 있고,
　　　癸水 = 상향의 본능이다.

(3) 癸水 = 약하기 때문에 변격이 많이 난다.

(4) 癸水 = 신약한데 변격이 안 되면 남을 골병들게 한다.
　　　　　 = 남한테 이용을 많이 당한다.

(5) 癸水 = 생명을 키우기 위해 태어났는데 생명이 자라는 계절에 태어나면 좋은데 그렇지 않으면 마음고생한다.

(6) 가을, 겨울에 癸水는 인성을 거부한다.
　　　그래서, 이민가거나 부모와 떨어져 산다.

　　　癸　癸　癸
　　　酉　亥　亥　 = 봄, 여름에 생명을 키우기 위해
　　8월 10월 12월　　 태어나면 좋다.
　　　그러나, 地支에 생명을 자르는 金을 갖고 있어서

第 3 章 日主論

환영받지 못한다.

(7) 가을, 겨울에 태어나면 더욱 차게 하므로 환영받지 못한다.

(8) 부모 떨어져 살아야 한다.
    부모 원망하기 때문이다.

(9) 財는 외국, 무역, 개방, 현실인데 인성과 반대의 생각이기 때문에 부모와 떨어져 살아야 한다.

(10) 癸   癸   癸
      未   巳   卯 = 봄, 여름에 태어나면 인기있다.
      6월 4월 2월   신약하면 인기가 좋아 바람 많이 핀다.

1) 癸
     丑 日主

(1) 地支에 官을 깔고 있으나 못쓰는 官이다.
    ① 丑土 = 印綬의 庫다.
           = 印綬의 무덤은 부모덕이 없다.
           = 인내가 필요하다= 환경이 나빠서.
    ② 偏官을 갖고 있으면 남편의 성격이 사납다.
    ③ 比肩이 무덤에 있어 죽은 형제가 있는데 현재의 통변은 엄마가 유산을 시켰다라고 해라.
    ④ 백호대살로 교통사고가 많다.

第 3 章 日主論

(2) 丑中에는 자갈이 들어있어 해동이 늦다.

(3) 만약, 木이 나타나도 丑中에 辛金이 있어 木을 거부
    하는 글자이기 때문에 생명을 기를 조건이 아니므로
    남에게 사랑받지 못한다.

(4) 겨울에 癸丑 일주로 태어나면 고생이 많다.
    그래서, 丑未沖이 좋다.

(5) 癸丑 일주는 旺해서는 안된다.
    겨울이 길어지고 찬기운만 더해 슬픈 일만 생긴다.
    처덕, 자식덕이 없다.

(6) 甲 癸 ○ ○
    寅 丑 ○ ○이면 대운, 세운에서 酉나 巳가 오면
    合하여 생명을 자르므로 교통사고, 자식 때문에
    놀랄 일이 생긴다.

(7) 癸가 丙火를 가려 視力이 일찍 나빠진다.

(8) 癸丑 일주가 색맹이 가장 많다 : 조후가 안되면.
    조후가 되면, 권력기관에 많다.
    조후가 되면, 금융계통에도 많다.

(9) 印綬 卯를 가지면 배다른 형제, 두 부모를 모실
    수 있다.

(10) 癸丑 일주가 合하여 조후가 안 되면 욕구불만으로
     신경쇠약이 많다.

(11) 癸丑 일주에 丑이 또 있으면 비 맞고 있는
     소(牛)라는 뜻으로 일만하고 칭찬 받지 못한다.
     여자가 시집가면 편관이 흉신이라 매맞고 산다.

第 3 章 日主論

　　　丑이 탕화라서 교통사고 많이 난다.
　　　시집가면 울면서 산다.

(12)　癸戊
　　　丑午이면 찬기운이 解冬되어 좋다.
　　　合하여 解冬되어 좋게 된다.

(13)　癸丙丁
　　　丑午未이면, 水局火 하여 돈에 허실이 많다.

(14)　　癸
　　　丑酉巳이면 나쁘다.

第 3 章 日主論

2) 癸
   亥 日主

(1) 癸水는 陰이고 亥는 陽이라서 外陰內陽인데 亥中에
    壬甲이 있어 생명을 기르고 있어 의욕적이다.

(2) 亥는 천문성으로 영감이 발달, 철학에 인연.

(3) 亥는 陰錯殺이다.
    癸丙
    亥巳이면 財가 節宮에 오기 때문에 돈을 쫓는다.
    새로운 것을 변화해야 한다.
    그래서, 한 대 밑에 자식을 잉태한다.
    헌 것을 새것으로 바꾸려 하므로 재혼이 많다.
    그렇지 않으면, 바람을 많이 핀다.

(4) 癸亥 일주가 여름에 태어나 신약하면 가정궁이
    나쁘다.
    파란이 많다.
    겨울에 태어나면 힘한 일 하고 산다.

(5) 比劫이 왕궁에 있고 金의 생부가 더 있으면 가정이
    안 된다.
    印星을 반기지 않는다.

(6) 癸亥 일주가 조후가 안 되면 남편은 처를 좋아하나
    자신은 남편을 싫어한다.

第 3 章 日主論

(7) 癸亥 일주가 財, 官을 좋아해서 財物과 명예욕이
     强하다.

(8) 癸亥 일주는 金이 어머니 宮인데 외가가 안 좋다.

(9) 時에 甲乙
     寅卯가 나타나 從하지도 못하고 조후가 안되면
     자식이 고통준다.

(10) 여자가 여름에 태어나 신약하면 정조관념이 안
     좋다.

(11)   癸
     亥卯未이면 너무 인기가 좋아 정조 관념이 없다.

(12) 癸亥 일주가 丙火를 剋하여 조후가 깨지면 시력이
     나쁘다.

(13) 癸 일주가 지지에 亥卯未 合木하면 癸水를 洩氣하므
     로 외국에 가는 것이 좋다.

(14) 地支에 木이 합하거나 金이 木을 치면 중년에 사고가
     많이 난다.

3) 癸
酉 日主

(1) 癸는 비기 때문에 닭이 비를 맞고 있다.

(2) 癸酉는 沐浴宮으로 바람피거나 풍파다.
    丙 甲 壬 庚
    卯 子 酉 午 : 목욕궁.

(3) 癸酉 일주는 酉金이 완성된 보석이라 金生水를 바라는데 거꾸로 癸水가 씻어줘야 하기 때문에 배우자한테 불만이다.

(4) 偏印을 깔고 앉아 있어 효신살 작용을 하고, 흉신이면 해로 못한다.
    길신이면 살 수 있다.

(5) 酉가 將星에 해당하여 불평불만이 많고, 지전살에 해당하므로 風波가 많다.
    그래서, 酉金이 있으면 자존심이 강하다.
    아쉬운 소리 안한다.
    酉金이 흉신이어서 생명을 자르면 자기 신세를 자탄한다.
    그래서, 자기 뜻대로 안되면 자살한다.

(6) 癸酉 일주가 가을, 겨울에 태어나면 보석을 눈으로 덮어놓으므로 비밀이 많게 산다.
    그러나, 봄, 여름에 태어나면 괜찮다.
    특히, 가을, 겨울에 태어나면 독신이 많다.

第 3 章   日主論

(7) 지전살은,
봄 : 辛. 여름 : 丙. 가을 : 癸. 겨울 : 丙
　　　卯　　　　午　　　　酉　　　　子
= 빈껍데기다. (빈골)

(8) 癸酉 일주는 癸戌
酉午이면 남편이 여자 때문에 바람을
피우거나 이혼한다.

(9) 酉가 金生水 못하니 항상 불평, 불만이 많다.

(10) 癸酉 일주는 깜깜한 밤의 닭이라 인내심이 많다.
예술가가 많다.

(11) 癸酉 일주가 조후되면 미남, 미녀가 많다.

(12) 癸酉 일주가 태약하면 변질이 잘된다.

(13) 癸酉 일주는 남자는 장가가면 妻와 母의 사이가
나쁘다.

(14) 癸酉 일주는 巳酉丑 合을 만나면 合이 되어 보석
성분이 없어지고 印綬가 되어 문서덕 본다.
그런데, 만약, 寅午戌이면 火가 火剋金하므로 갑자기
변동이 많다.

第 3 章   日主論

4) 癸未 日主

(1) 辰戌丑未 = 華蓋.

☯ 華蓋는 원래 木이 암장해 있어야 花蓋다.
   뛰어난 인물이 많다.
   화개는 아름다운 나무로 머리에 씌워주는 것을
   말한다.

☯ 華蓋는 ① 영광. ② 고독. ③ 수도
   화개는 무덤이기 때문에 새롭게 탄생하는 의미가
   있다.

(2) 癸未 일주에 未土는 食神의 墓, 庫다.
     속썩이는 자식이 있다.
     하극상한다.
     그래서, 항상 불안하다. 財官太過.

(3) 여자가 癸未 일주로 태어나면 食財官이 암장하여
     어디가도 인기가 있다.
     술장사. 옷 장사. 음식장사로 돈을 잘 번다.
     남자도 돈 잘 번다.

(4) 癸   戌戌戌
     未가 戌辰午를 만나면 일부종사 못한다.
     癸水가 증발되어 버린다.
     변격은 괜찮다.

(5) 여자 癸   戊
          未 일주가 午일을 만나면 戊癸合火하여 애인
     잘못 만나 신세망친다. 남자도 마찬가지다.

第 3 章 日主論

(6) 여름에 癸未 일주가 조후가 잘되면 예술감각이 뛰어나다.
주색에 빠져 가정이 나쁘다.
감성이 너무 지나쳐서 그렇다.

(7) 원래 財官이 旺하면 내가 旺하여 대처할 수 있으면 명예가 많은데 財官이 凶神이면 남에게 듣기 싫은 소리 잘한다.

(8) 癸未 일주는 끝없이 증발하여 변화가 심하니 마음이 흔들려 중년에 바람을 많이 핀다.
남자가 이런 구조면 여자를 자주 바꾼다.
남자가 너무 태약하면 악처를 만나 빨리 늙어 버린다.
그래서, 신약사주는 여자를 잘 만나야한다.
地支에 印綬인 金이 들어와야 좋다.

(9) 癸未 일주가 亥卯未木局이면 가정이 안 좋다.
木局은 접붙인 것과 같아 인기가 있어 바람을 핀다.
合木하면 사람이 요염해진다.

(10) 癸未 일주에 巳午未를 만나면 악부 만난다.

(11) 癸未 일주가 丑未沖 :
　　　戌未刑 : 未中 乙木이 깨진다.
未는 戌을 가장 싫어한다.
외국에 가 있을 때 戌未 刑이면 木이 깨져 없어져 행불된다.

5) 癸巳 日主

(1) 地支에 戊庚丙을 暗葬하여,
    ① 日支와 스스로 合했다. 自合.
    ② 外陰內陽
    ③ 신왕하면 재관쌍미격 眞格이다.
       財와 官이 있어 아름답게 해준다.
       火生土. 土生金. 金生水해준다.

(2) 癸巳 일주는 自合이 강해서 자살하는 경우가 많다.

(3) 癸巳 일주는 여름에 허약하여 증발하므로 변격이 많다.
    地支에 조후되면 변격이 안 된다.

(4) 신왕하여 財官印을 잘 부리면 매우 좋다.

(5) 癸 일주가 巳에 絶이라서 신약하면 변화가 많고, 힘이 없다.

(6) 癸巳 일주가 연애를 하면 暗合하여 안 놓아 주기 때문에 동반 자살하는 경우가 많다.

(7) 만약, 癸巳 일주 남자라면 물을 태양(丙火)을 좋아한다.
    물은 태양이 없으면 값이 안나간다.
    특히, 남자가 신약하면 여자를 좋아한다.
    바람둥이다. 죽을 둥 말 둥 연애한다.

第 3 章 日主論

(8) 癸巳 일주가 신약하면 공부에 인연없다.

(9) 癸巳 일주가 신왕하면 지지에 戊庚丙이 陽이 暗葬하여 미남미녀를 만난다.

(10) 丙火는 가장 아름다운 것. 빛나는 것.

(11) 癸巳 일주가 너무 태약하면 꿈을 많이 꾼다.
일찍 비뇨기과에 이상이 와서 일찍 성생활 못한다.
어릴 때 자다가 오줌 많이 싼다 : 야뇨증.

6) 癸卯 日主

(1) 2월 화조에 이슬이 맺혀 있는 것.
  = 예술 감각이 발달.
  ① 癸가 卯에 長生했다.
  ② 金이 病地(印綬)
  ③ 癸에 卯가 천을귀인.
    卯가 불을 봐야 귀인작용한다.
    그러나 卯가 불을 못보면 인기가 없다.
    귀인은 살아 있어야 사랑 받는다.
  ④ 卯가 桃花다.
    卯가 眞桃花로 철없는 桃花라 앞뒤 안 가리고 연애한다.
    오는 성인의 桃花라 생각하면서 연애한다.
    예를 들면 40대로 구별하면서 연애한다.

第 3 章 日主論

(2) 癸水는 午에 長生하고 卯가 살아 있으면 존경받는다.

(3) 癸
卯 일주는 천간에 庚辛金이 나타나면 좋아하지 않는다 : 卯木을 치므로.
생명을 역행하므로 반대로 간다.

(3) 癸卯 일주가 사주에 火가 너무 많으면 꽃이 일찍 피어 도화를 재촉하므로 일찍 바람피고 꺾인다.
일찍 色難을 격거나 바람핀다.
불이 없으면 늦게 꽃이 핀다.

(4) 癸   庚辛
卯 일주가 ○○을 보면 金生水 水生木하므로 부부생활할 때 누드로 한다.
쎅스 좋아한다.

(5) 丙癸○○
辰卯○○이면, 이슬 머금은 화초로 태양을 보아 아름다워서 예술감각이 발달한다.
문장력이 뛰어나다 : 자연그대로를 감상해서.
           : 癸水가 나무를 잘 키우므로.

(5) 봄에 태어난 癸水가 丙火를 보면 인기가 좋아 부지런하고 바쁘다.
순발력, 재치력, 향기가 있다.

☯ 사람은 각각 다른 향기를 갖고 있다. 交感應이다.

(6) 癸卯 일주가 음식솜씨가 있다.

第 3 章 日主論

(7) 癸卯 일주가 地支에 亥卯未 合木이면 바람을 핀다.

(8) 사주에 濕木이 많으면 중풍이 온다.

(9) 癸卯 일주가 봄, 여름에 태어나면 실력보다 능력이 좋다 = 감각이 빠르다.

(10) 癸卯 일주는 향기를 갖고 있어 정력을 갖고 있으므로 젊어지려는 본능 때문에 멋을 부리므로 부부궁이 불안 할 수 있다.

第 四 卷
四柱學 天干. 地支와 日主論

3판 1쇄 인쇄 : 2016. 6. 30
3판 1쇄 발행 : 2016. 7. 05
지은이 : 韓吉洙
펴낸이 : 방은순
펴낸곳 : 도서출판 프로방스

주　　소 : 경기도 고양시 일산동구 백석2동 1301-2
　　　　　 넥스빌 904호
전　　화 : 031-925-5366~7
전　　화 : 031-925-5368
이 메 일 : provence70@naver.com
등록번호 : 제313-제10-1975호
등　　록 : 2019년 6월 9일
ISBN : 978-89-89239-42-0(13720)
　　　　978-89-89239-36-9(세 트)

지적재산권 보호법에 따라 무단복제 및 복사를 엄금함.
파본은 구입처나 본사에서 교환해드립니다.

정가 : 30,000원.